청/소/년
자원봉사 활동론

에듀웰

VOLUNTARY ACTIVITY

청/소/년
자원봉사 활동론

윤기종 지음

이담
Books

우리 사회에는 예로부터 이웃의 좋은 일이나 어려운 일을 서로 돕고 나누는 상부상조의 전통이 내려오고 있다(최일섭, 1996). 상부상조에서 비롯된 이러한 자원봉사활동은 현대사회에 있어서 시민의 자발적인 참여를 통해 복지사회를 구현한다는 점에서 매우 중요한 의미를 지니며 이에 대한 사회적 필요성과 가치가 매우 높게 인식되고 있다.

그러나 복지사회를 향한 이러한 전통이 더 이상 지속되지 못하고 있는 것이 오늘의 실정이다. 최근 ≪매일경제신문≫이 실시한 설문조사에 따르면 구호·인권 단체에 가입해 '활동한 적이 없다'는 응답자가 86.6%에 달했다. '활동한 적이 있다'는 응답자는 3.4%에 불과했고 '가입만 하고 활동을 안 했다'는 응답자도 7.3%였다. 미국인들은 자원봉사를 하거나 소액인 1달러를 기부하는 것에 대해 큰 보람을 느낀다고 한다. 하지만 한국 국민은 자신이 가진 1,000원은 아무 가치가 없고, 남을 돕는 일은 돈 있는 사람만이 하는 것이라고 생각한다는 응답자가 주류를 이루고 있는 것으로 나타났다(≪매일경제신문≫, 2008. 8. 14.).

또한 세계 주요국의 자원봉사 현황과 비교해 보아도 그 차이는 확연하게 드러난다. 2003년 10월 말을 기준으로 사회복지시설에서 일하는 우리나라의 자원봉사자는 24만 7,063명으로, 이는 전체 인구 중 0.52%에 불과하다. 반면 미국의 경우는 인구 대비 자원봉사자 비율이 55.5%, 영국은 48%, 일본은 25% 등으로 집계됐다. 한국은 미국에 비해 100분의 1에도 못 미치는 수준이다. 한국(2007년도 1인당 국민소득 2만 45달러)과 경제 수준이 비슷한 싱가포르(2만 8,730달러)의 인구 대비 자원봉사자 비율도 9.3%로 한국보다 20배 가까이 높다(한국사회복지협의회, 2003). 최근 우리나라의 자원봉사활동 지속자는 34만 5,064명에 불과하다. 연령별로 보면 10대 38%, 20대 21%, 30대 11%, 40대 16%, 50대 9%, 60대 이상 5%로 10대 청소년이 대다수이며, 직업별로 보아도 청소년 49%, 주부 20%, 기타 31% 순으로 나타났다(한국사회복지협의회, 2008). 이러한 결과는 학교 재학 때는 자원봉사활동을 의무적으로 실천하다가 성인이 되어서는 거의 실천하지 않는 셈이다.

이렇듯 사라져 가는 아름다운 전통을 회복하고 복지사회 구현을 위한 자원봉사자 확보와 청소년 문제 해결을 위한 인성교육 차원에서 1995년에는 중·고등학생들의 자원봉사활동이 제도화되었다. 1995년 5월 31일 교육개혁위원회가 제시한 신교육체제 수립을 위한 교육개혁방안에서는 중·고등학교 청소년들의 자원봉사활동 상황을 학교생활기록부에 반영하며, 이를 상급학교 진학에 반영하도록 규정하였던 것이다(교육과학기술부, 2006). 이러한 교육개혁의 한 방안인 청소년자원봉사활동은 교육적 차원에서 연간 20시간씩을 의무적으로 체험하도록 함으로써 장차 성인이 될 청소년들이 자발적으로 봉사활동을 생활화하는 능력을 배양할 수 있는 기회를 제공함과 동시에 자원봉사의 인력으로 확보되기를 유도하고 있다. 뿐만 아니라 자원봉사활동의 기회를 통해 청소년 개인은 주변인들을 돌아보면서 현재 자신의 상황을 이해하며 폭넓은 대인 관계를 형성하는 인성교육의 효과를 가져올 수 있다.

청소년자원봉사활동이 제도화된 지도 13년이 지났고, 주 5일 수업제 실시[1]로 여가의 증가라는 측면에서 청소년자원봉사활동을 활성화할 수 있는 계기도 마련되었다. 그러나 현재 청소년자원봉사활동은 교육개혁위원회에서 제시한 취지나 기대와는 달리 자원봉사활동에 대한 의식과 지속적 참여의 변화가 거의 없는 실정이다.

청소년자원봉사활동이 지금처럼 본래의 취지와 역행한 원인을 살펴보면, 가정에서는 학습에 방해되는 것으로 인식하여 부모가 동기부여와 환경을 제공하지 못하고 있기 때문이다(김영이, 2007). 학교에서는 자원봉사활동에 대한 사전 교육이 미비하고 교사나 학교장의 적극적인 관심이 미흡하며(이상현, 2005; 하칠, 2005), 상급학교 진학에 필요한 점수만을 위해서 형식적으로 시간만 채우기 식으로 운영되고 있다(차선경, 2002; 이명화, 2003). 자원봉사활동에 대한 학교 당국과 교사들의 인식이 부족한 것도 큰 원인이다(김영이, 2007). 청소년자원봉사활동의 성패는 학교장을 비롯한 모든 교사들

---

1) 주 5일 수업제는 2005년에 월 1회, 2006년부터는 초중·고등학교에서 월 2회 시행되고 있다. 따라서 2006년 3월부터 전국 초·중·고교는 매월 2·4주 토요 휴업일을 시행하고 있다(서울특별시교육청, 2007).

의 인식이 무엇보다 중요함에도 불구하고, 교사들의 준비가 부족하다는 점이다. 따라서 자원봉사에 대한 지식이나 체험이 없는 교사들의 지도로는 청소년들이 체계적이고 효과적인 자원봉사활동을 수행하기에는 불가능하다. 자원봉사활동에 대한 교육과학기술부의 보상 정책도 미흡하다. 교육과학기술부가 자원봉사활동을 내신 성적에 반영하겠다고 발표한 후 일부 대학에서만 의무시간 이상으로 실시한 청소년에게 가산점을 주는 방식을 채택하고 있을 뿐이다.2) 청소년들의 자원봉사를 수용하는 기관이나 사회의 전반적 의식에도 문제가 있다. 자원봉사활동을 실시하는 기관의 프로그램 부족, 활동 터전의 부족, 관련 기관 종사자들의 지도 여건의 부족, 시간 부풀리기 등 여러 가지 원인으로 인하여 형식적인 자원봉사활동으로 흐르는 등 많은 문제점들을 안고 있다. 일반적으로 복지시설이나 관공서에서 청소년들에게 요구하는 업무는 봉사의 개념을 실천하기 위한 활동이 아니라 단순한 편의를 위한 잡무가 주류를 이루고 있다(권순미, 2001). 따라서 그 일을 수행하는 청소년들의 활동 가운데 어떠한 보람이나 기쁨을 느낄 수 있으리라 기대하는 것은 현실적으로 불가능하다.

이상과 같은 원인들로 인하여 청소년자원봉사활동은 실천 방안과 그에 수반되는 인식이 결여됨에 따라 본래의 목적에도 합당한 결과를 이끌어 내지 못하게 되었다. 본래 의미의 자원봉사활동이 실천되지 못함으로써 지속성이 저해되고 결과적으로 성인이 되어서는

---

2) 2008학년도 전국대학입시자료를 근거로 자원봉사를 통한 대학 입학의 사례를 살펴보면 우선 정시 모집에서는 4년제 대학을 기준으로 약 41개교에서 청소년부 요소 중 봉사활동 반영 비율을 1~16.7%까지 반영하고 있으며 그중 30개 대학은 5~10%까지도 반영하고 있다. 자원봉사자 특별 전형의 사례를 보면 약 36개교에서 최소 2명에서 최대 104명까지의 인원을 모집하고 있으며, 모집 기준을 활동의 기본 기준 시간으로 40~300시간으로 정하거나, 관련 분야 수상 경력 또는 3~5년의 경력을 요구하는 대학이 주류를 이루고 있다(한국대학교육협의회, 2008).

중단되는 사례가 증가하고 있는 실정이다. 의무시간 후의 지속적 참여율은 20% 수준에 머무르고 있어서 인성함양을 위한 교육적 차원에서도 시급히 해결되어야 할 과제이다.3) 자원봉사활동이라는 개념이 아직까지 정착되지 못한 사회의 분위기는 청소년들에게 자원봉사활동에 대한 가치를 과소평가할 수밖에 없고, 치열한 입시제도 속에서 부정적 시각만을 만들어 줄 뿐이다.

따라서 중·고등학생들이 상급 학교의 진학에 필요한 점수를 취득하기 위하여 자원봉사활동에 형식적으로 참여한다면, 그것은 본래적 의미를 벗어난 활동으로서 청소년자원봉사자 활용 기관이나 자원봉사활동 대상자 모두에게 도움이 되지 않을 뿐 아니라, 이들이 상급 학교를 진학한 후에도 자원봉사활동에 무관심하게 될 소지가 많다.

이러한 문제를 해결하기 위해서는 청소년자원봉사활동에 대한 이론적인 이해가 재정립되어야 할 것이다. 그동안 자원봉사활동에 대한 이론적 연구는 다양하게 논의되어 왔다. 이 중 지나치게 자발성과 이타성, 무보수성 측면에서만 조망해 옴으로써 자원봉사활동을 자원봉사자의 자기희생에만 초점을 두고 생각하게 되어 청소년들의 자원봉사활동의 지속적인 참여에 큰 장애 요인이 되어 왔다. 먼저 자발성의 경우, 청소년자원봉사활동은 순수한 자발성만으로 이루어지지 않는 경우도 있다는 사실이다. 비자발적이지만 청소년자원봉사활동이 가지는 긍정적 효과나 가치는 큰 의미가 있기 때문에 자원봉사를 활성화하기 위해 이를 제도적으로 채택하고 있다.4) 둘째,

---

3) 자원봉사활동을 지속적으로 참여하는 비율은 본 연구자의 조사 결과(2008. 6. 남녀 인문계 고교와 실업계 고교 126명 조사 결과) 지속자(22%)가 중단자(78%)에 비해 월등히 적은 것으로 나타났고, 서울특별시립 청소년진흥센터(2006)의 연구결과를 보아도 지속(26.5%)하는 청소년에 비해 중단자(73.5%)가 훨씬 높게 나타나 청소년의 자원봉사활동 지속률은 현실적으로 20% 수준에 불과하다.

4) 이러한 유도된 자발성의 경우 자원봉사의 범주에 포함시키지 않는 것에 대해 남기철(2007)은 참여자의 자주성을 최대한 보장할 것을 주장하기도 한다.

이타성의 문제이다. 자원봉사활동은 다른 사람을 돕는다는 이타성을 가진다. 그러나 실제로는 이타적 측면만 있는 것이 아니라 이기적 측면도 있다. 특히 청소년의 경우 자원봉사활동을 통해 자아실현과 함께 해당 분야의 지식을 얻거나 상급 학교 진학과 취업에서 가산점을 얻는 것은 분명히 이기적 측면에 해당한다. 따라서 이타적 측면과 이기적 측면이 함께 존재한다는 사실을 고려해야 할 것이다. 셋째, 무보수성의 문제이다. 자원봉사활동은 기본적으로 보수를 받는 활동이 아니지만 경우에 따라 자원봉사자에게 여러 가지 직·간접적 형태의 보상이 이루어지기도 한다.[5] 특히 수입이 없는 청소년의 경우 자원봉사활동을 위해서는 이동을 위한 교통비나 활동을 위한 실비 등이 소요된다. 이런 경우 자원봉사자가 활동을 위해 필요한 경비까지 부담하기는 어려운 실정이다. 최근에는 청소년진흥센터를 중심으로 다양한 보상 방법이 이루어지기도 한다. 이러한 보상이 무조건 자원봉사활동의 순수성을 떨어뜨리는 것으로 인식하여 청소년일지라도 무보수로 이루어지는 것을 당연시하기보다는 최소한의 경비를 포함한 유형·무형의 보상을 포함하는 쪽으로 재개념화가 이루어져야 할 것이다.

뿐만 아니라 청소년자원봉사활동의 지속과 중단에 영향을 미치는 근본적인 연구가 미흡한 실정이다. 청소년자원봉사활동의 지속에 영향을 미치는 선행 연구에서 권순미(2001)는 자원봉사활동의 활동 터전에서 내용의 만족 정도, 기관 담당자의 만족 정도, 활동 형태, 영향 인물 유무, 참여 강도, 자원봉사활동 내용 및 시간의 결정 주체 등이 지속에 가장 크게 영향을 미치는 것으로 보고하였다. 차선경

---

5) 최근에는 순수 자원봉사를 지칭하는 볼런티어리즘(Volunteerism)과 민간 영역, 비영리 단체의 복지 기관·재단, 종교 단체에서 행해지고 있는 소정의 유급 직원들을 활용하여 사업을 전개하는 볼런타리즘(Voluntarism)으로 구분하기도 한다(김범수, 2007).

(2002)은 참여 동기가 ‘내신 성적 때문에’ 등과 같은 이기적 동기가 가장 크게 작용하는 것으로 보고하였다. 이명화(2003)는 사전 교육이 지속에 큰 변수로 작용하는 것으로 보고하였다. 김종오(2003)는 조사 대상 고등학생 자원봉사자 중 반수 이상이 본래 의미의 자원봉사활동보다는 상급 학교 진학을 위한 봉사 점수 확보의 방안으로 자원봉사활동을 하는 것으로 보고하였다. 최윤근(2004)의 조사에서는 청소년자원봉사활동의 연속 의지에 영향을 주는 것은 가족과 함께하는 자원봉사활동이 있을 경우에 연속 의지가 높은 것으로 조사되었다. 임정모(2004)의 조사에서는 선생님을 자원봉사활동에 가장 큰 영향을 미친 사람으로 응답하여, 학생에 대한 교사의 영향력이 크게 작용하고 있음을 알 수 있었다. 오영석(2005)의 조사에서는 개인적 특성에서는 남자보다는 여자, 성적은 중위권 또는 상위권 학생들에게서 자원봉사활동의 지속도가 높게 나타났다. 이상현(2005)과 하칠(2005)의 연구에서는 청소년자원봉사활동의 지속적인 참여 요인으로 학교의 권유라고 응답하여 학교에서 자원봉사활동 분위기 조성이 중요하게 작용하는 것으로 나타났다. 김영이(2007)의 조사에서는 자원봉사활동에 대하여 긍정적 인식을 갖고 있는 청소년들이 부정적 인식의 청소년에 비하여 특기·적성을 활용한 자원봉사활동에 대한 만족과 지속적 참여도가 가장 높은 것으로 나타났다.

지금까지의 청소년자원봉사활동에 대한 선행 연구는 자원봉사활동의 발전에 끼친 영향이 컸던 것도 사실이다. 그렇지만 주로 청소년들의 표면적인 자원봉사활동 실태 조사와 자원봉사활동 현장에서 활동하는 고등학생 자원봉사자들의 지속 의지를 통한 지속 예측에 관한 연구가 대부분이라고 볼 수 있다.

자원봉사활동에 대한 지속 의지는 미래의 자원봉사활동 지속 여부에 관한 것으로써 도덕적으로 자원봉사활동을 해야 한다고 생각하기 때문에 대부분 긍정적인 답변을 하고 있다. 그러나 참여하고 싶다는 참여 의지와 실천을 결부시킬 수 있을지는 의문이다. 도덕성에 근거해서 참여 안 하겠다고 답할 경우 자신은 도덕적으로 문제가 있다는 자책감에서 참여하겠다는 의사를 보일 수 있을 것이다. 지금 실천하고 있는 청소년은 성인이 되어서도 청소년 시절에 자원봉사활동에 대한 경험을 토대로 실천할 가능성이 높지만, 현재 지속적으로 참여하지 않는 청소년은 참여할 확률이 그만큼 낮다고 볼 수밖에 없기 때문이다.

이러한 현상은 성인이 되어서 지속하는 비율을 보아도 알 수 있다. 통계청에 의하면 우리나라 15세 이상의 자원봉사활동 참여율(2006년 12월 기준)은 14.3%로 이 중 15~19세가 59.5%를 차지하고 있다(통계청, 2008). 또한 최근에는 사회에서 자원봉사활동에 대한 필요성과 요구로 인해 고등학교 내의 교육 과정을 통한 자원봉사활동 참여자들이 급증하고 있으며, 이들에 대한 각종 통계는 자원봉사활동 인구가 크게 증가하고 있다고 발표하고 있으나 실질적인 자원봉사활동을 지속하는 청소년 인구는 극히 적은 실정이다.6)

이와 같은 청소년자원봉사활동 문제점과 중요성에 입각한 대안을 개인을 둘러싼 다양한 요인에 초점을 두고 논의할 필요가 있다. 따라서 청소년자원봉사활동에 대한 이해와 지속요인을 생태체계적 관점에서 종합적으로 분석하고 지도방안과 실천적 지도지침서를 마련할 필요성을 가지고 현장 교사의 입장에서 저술하였다.

---

6) 고등학생 중 자원봉사활동에 지속적으로 참여하는 비율은 본 연구자의 조사 결과 지속률은 22%로 나타나 현실적으로 매우 낮은 실정이다. 서울특별시립 청소년진흥센터(2006)의 연구 결과에서도 지속률은 26.5%로 나타났다.

목차

제 1 부

청소년자원봉사활동의 이해

제1장 청소년자원봉사활동의 개념과 특성

1. 청소년자원봉사활동의 개념

　자원봉사는 자원과 봉사의 합성어이다. 즉 스스로 원하여 다른 사람을 도와주는 행위라는 의미를 가진다. 자원봉사를 영어로 볼런 타리즘(voluntarism) 또는 볼런티어리즘(volunteerism)이라 하고, 자원 봉사활동 또는 봉사활동을 영어로 voluntary action 또는 voluntary activity라 한다. voluntarism, volunteerism, voluntary action은 모두 인간의 자유 의지(will)와 욕망(desire)을 나타내는 라틴어 'voluntas' 또는 헬라어 'volo'에서 기원하는 것이다(김영조·정연욱, 2008).

　이 용어들의 실제 사용 예를 보면, 볼런티어리즘(Volunteerism)은 일반적으로 자원봉사주의로 순수 자원봉사를 지칭하는 용어로 사용 된다. 즉 자신의 의지나 선택 또는 권유에 의해 자발적으로 무보수 로 순수하게 자원봉사활동에 참여하는 활동을 말하며 자원봉사정 신, 자원봉사철학, 자원봉사주의라고 일컬어지기도 한다. 또한 볼런 타리즘(Voluntarism)은 민간 영역, 비영리 단체의 복지기관·재단, 종교 단체에서 자발적으로 행해지고 있는 활동으로 정부 기관은 포 함되지 않는다. 여기에는 사회복지 관련 NGO, 소정의 유급 직원들 을 활용하여 사업을 전개하는 경우까지를 포함한다(김범수, 2007).

　자원봉사자란 자유 의지를 가지고 자기 스스로 강요받지 않은 상태에서 이웃이나 지역사회의 복지 및 발전을 위해 헌신하는 사람이라고 정의할 수 있으며, 자원봉사활동이란 이웃과 지역사회의 복지와 문제 해결을 위하여 자신의 능력과 시간을 자발적으로 할 애하여 무보수로 봉사하는 희생적인 활동을 일컫는 개념으로 규정할 수 있다(보건복지진흥원, 2005). Gidron의 정의에서는 정규적인 활동이라는 측면이 추가되어 있는 점이 특징적이다(Benjamin Gidron, 1984). 한편 김영호는 상대에게 주는 의미만 있는 것 같은 '봉사'라는 표현은 적절치 못하므로 '자원복지활동원'이라는 용어를 사용하기도 한다(김영호, 1997).

따라서 자원봉사활동이란 공공복지를 향한 가치 이념인 동시에 자주적·협동적 실천 노력으로 사회적 환경을 개선하기 위하여 자신이 가지고 있는 재화, 지식, 시간, 노력의 자원을 제공하는 활동이라고 정의할 수 있다.

한편 청소년자원봉사활동은 다음과 같은 요소를 지닌다. 즉 의무감에 의한 구속적인 활동이 아니라, 자신의 의지에 의한 자발적인 활동으로서 자발성을 지닌다. 보수나 대가를 바라지 않고 자신의 시간과 노력을 들여 베푸는 활동이며 타인이나 사회를 위한 활동으로서 무보상성, 이타성, 공익성을 띤다. 즉흥적인 선행이 아니라, 사전 계획하에 이루어지는 의도적인 활동이며, 일시적이고 한시적인 활동이 아니라, 스스로 계획한 목적이 달성될 때까지 계속되는 지속적인 활동으로서 계획성, 지속성을 갖는다. 개인적인 활동보다 단체로 협동하여 실행할 때 더욱 효과를 발휘하는 활동이라는 점에서 집단성, 단체성을 가진다(서울특별시교육청, 2007).

청소년자원봉사활동을 광의의 봉사활동으로 이해하기도 한다. 길은배(2004)는 자원봉사활동을 하는 동안 청소년들이 봉사 대상자에게 직접적인 도움을 주기도 하고, 봉사자 자신도 보람과 흥미를 느끼고, 자신이 살아가는 공동체 속에서 일체감을 느끼게 되고, 자신이 가지고 있는 재능이나 소질도 발견한다고 하면서 자원봉사활동을 광의적 측면에서 바라보고 있다. 또한 청소년백서에서 청소년자원봉사활동을 청소년 육성 정책과 청소년 교육 정책이라는 두 관점에서 본 것은 청소년자원봉사활동의 광의적 개념을 염두에 둔 것이라고 할 수 있다. 즉 육성이라는 차원에서의 청소년자원봉사활동은 청소년들로 하여금 자원봉사활동을 통하여 자신의 존재 의미와 주변에 대한 고마움을 깨닫게 하는 계기를 마련하여 바람직한 인성을 함양하도록 하고, 자원봉사활동을 하는 동안 다른 사람과 협력하고, 서로 도우며 활동함으로써 한 사람의 사회구성원으로서 공동체 의식을 일깨우도록 하는 청소년 활동의 하나로 볼 수 있다(국가청소년위원회, 2007).

이상에서 제시한 대표적인 정의들을 통해서 청소년자원봉사활동에 대한 개념을 다음과 같이 정리할 수 있다. 청소년자원봉사활동은 자발성・이타성・무보수성・지속성을 가지고, 교실 안의 학습을 바탕으로 한 학습의 연장선에 있고, 사회생활의 간접적 경험이 되고, 지역사회에 대한 책임을 바탕으로 하고 있으며, 협동심・정직성・도덕성 등의 인성 개발에 도움을 주는 활동으로 볼 수 있다. 이런 활동을 할 때에는 활동자인 청소년 고유의 특성이 충분히 반영되어야 하며 청소년자원봉사활동을 자발성이 강조되는 봉사보다는 교육이 강조되어야 한다는 의미에서 학습과 연결하여야 한다.

2. 청소년자원봉사활동의 특성

동양에서는 지육, 덕육, 체육을 자녀 양육의 3대 목표로 삼아왔다. 지육은 사회인으로 살아가기 위해 필요한 지식을 배워가는 것을 말하고, 덕육은 이웃을 위해 봉사할 수 있는 정신을 키우는 것을 말하며, 체육은 자기 몸을 잘 다스릴 수 있도록 교육하는 것을 말한다. 이 세 가지를 잘 함양해야 사람으로서 사람답게 살아갈 수 있다고 믿었다. 우리는 먹고 운동함으로써 자기 몸을 가꾸거나 학교에 나가 배움으로써 지식을 쌓아가기는 하지만 이웃을 위한 봉사정신이나 그 실행은 다른 것에 비해 아주 낮다. 이것은 우리나라 교육에 있어서 무엇이 문제인가를 보여준다. 자원봉사는 이러한 문제점에 대한 하나의 해결대안이다. 자원봉사는 인간애를 기반으로 하는 자발적인 정신, 자발적인 복지활동, 그리고 자발적인 기관이 필요하다. 자원봉사가 성공을 거두기 위해서는 단순히 도움을 준다는 차원보다 인간의 공동복지를 향한 가치를 구현하기 위해 민주적인 방법에 따라 자발적으로 협동하고 실천한다는 깊은 철학적 인식과 함께 그 정신을 실현한다는 것이 중요하다.

자원봉사활동의 특성에 대한 관점은 <표 1>과 같이 학자들 간에 약간씩의 차이가 있다.

<표 1> 자원봉사활동의 특성

		자발성	이타성	무급성	지속성	헌신성	학습성	협동성	자아실현	희생성	공공(복지)성	전문성	공동체성
Ilsley		○	○	○		○	○	○	○	○			
김범수		○	○	○	○	○	○	○	○		○	○	
김동규	성인	○	○	○				○			○	○	○
	청소년	○	○	○			○	○			○		○

Ilsley는 자원봉사활동이라고 말할 수 있는 공통적인 구성 요소로서 자발성, 이타성, 지속성, 헌신성, 학습성, 협동성, 자아실현성, 희생성 등 여덟 가지를 제시하고 있다(Ilsley, 1990).

김범수(2002)는 자원봉사활동의 특성을 자발성, 이타성, 무급성, 지속성, 자아실현성, 학습성, 헌신성, 공공성(복지성), 협동성, 전문성 등 열 가지로 보다 폭넓게 제시하고 있다.

김동규(2005)는 성인자원봉사활동과 청소년자원봉사활동의 특성을 다음과 같이 구분하고 있다. 성인자원봉사의 특성으로는 자발성, 이타성, 무보수성, 지속성, 사회성, 복지성, 공동체성, 전문성을 들고 있다. 한편 청소년자원봉사활동의 특성으로는 자발성, 이타성, 지속성과 계획성, 무보수성, 사회성, 공동체성, 복지성, 학습성으로 보았다.

한편 서울특별시교육청(2007)에서는, 청소년자원봉사활동은 완전한 의미의 봉사활동이라기보다 자원봉사활동을 통한 학습, 곧 '봉사 학습(Service Learning)'의 개념에 더 가깝다고 청소년자원봉사활동의 특성을 말하고 있다. 첫째, 청소년자원봉사활동은 계획에서 평가까지 전 과정을 학교가 지도하는 활동으로서 청소년들의 성장을 돕고, 사회에 기여할 수 있어야 하며, 교육적으로 의미 있는 활동이어야 한다. 학습의 일환으로 이루어지는 청소년봉사활동은 학교 단위의 활동이나 개인 단위의 활동을 막론하고 계획 수립과 검토 과정을 거쳐 실행되어야 하며, 이 과정에서 학교장 또는 지도교사의 승인 절차가 필요하다. 둘째, 청소년자원봉사활동은 초·중·고등학교 청소년들의 신체적, 지적, 사회적, 도덕적 발달 단계를 감안하여 <표 2>와 같이 학교급별로 적절한 활동이 이루어지도록 해야 한다. 초등학교의 경우에 학생들의 본격적인 자원봉사활동 실천을 지도하기보다는 봉사 정신과 태도를 기르는 데 중점을 두고, 주로 교내 및 학교 주변을 중심으로 자원봉사활동을 하도록 한다. 중학교에서는 완전히 자발적인 자원봉사활동을 하기는 힘들지만 어느 정도의 자원봉사활동 실천은 가능하다.

<표 2> 학교급별·학년별 연간 자원봉사활동 시간

학교급	학년	자원봉사활동 권장 시간	학교 교육과정에 의한 자원봉사활동 시간
초등학교	1	연간 5~6시간 이상	•
	2~3	연간 6~7시간 이상	
	4~6	연간 10시간 이상	
중학교	전 학년	연간 18시간 이상	연간 10시간 이상
고등학교	전 학년	연간 20시간 이상	

따라서 봉사 학습의 개념에 입각하여 학교에서 안내, 지도된 활동을 중심으로 실천하도록 하고, 학교 내외뿐만 아니라 지역사회의 공공기관에까지 활동 영역을 확대한다. 고등학교에서는 자발적인 자원봉사활동을 권장하고, 지역사회의 다양한 부문으로 활동 영역을 확대한다. 특히, 청소년들에게 자신이 장차 선택하려는 진로 영역과 관련하여 자원봉사활동을 실천하도록 지도함으로써 진로 선택에 도움을 얻을 수 있도록 한다.

학자들이 말하는 자원봉사활동의 특성들을 종합하면 다음과 같다.

1) 자발성 (free will)

자원봉사는 자발성 및 자주성이라는 특성을 가지고 있다. 자발성 및 자주성이란 자원봉사가 자신의 의사로서 활동을 하는 것임을 말한다. 오로지 개인의 자유의지에 따라 자발적으로 이루어지는 활동이라야 한다. 아무리 도덕적으로 옳더라도 다른 사람에 의해 의무로 강제되어서는 안 된다. 이웃이라는 연대감 속에서 자발적으로 도움을 서로 주고받아야 한다. 민주사회의 가장 큰 힘은 시민 스스로가 자발적으로 참여한다는 점이다. 민주적 인품과 인간관계에서 주도적 역할을 하는 것이다.

2) 이타성(공익성)(altruism)

자원봉사활동은 다른 사람의 생명을 존중하며 이웃과 더불어 사는 가치관에 바탕을 두고 이타주의 정신에 바탕을 두고 있다. 이타주의는 다른 사람이나 사회의 선을 위해 이기주의적이 아닌 헌신을 의미한다. 물론 절대적인 이타주의를 갖는 것이 불가능하지만, 자원봉사활동 과정을 통하여 상대적인 이타주의 정신이 내재하게 될 수 있다. 사실 자원봉사활동을 통해 새로운 것을 배우는 기회의 습득, 도덕적 선행이나 도움을 실천하였다는 심리적인 만족감 등의 반대급부를 얻을 수 있다.

3) 무보수성(absence of financial remuneration)

무보수성이란 경제적 보상과 관련되는 것으로 자원봉사활동에 대해 금전적 보수를 받지 않음을 의미한다. 진정한 자원봉사는 무보수성, 무조건성으로 사랑에서 우러나오는 자발적인 것이어야 하며 상호 간의 봉사가 우리 모두의 행복과 삶의 의미를 증대시켜 준다는 사실을 체험하도록 해야 한다. 자원봉사활동은 무보수성을 강조한다.

최근에는 자원봉사활동에 필요한 최소한의 경비나 수당은 받아야 한다는 여론이 많다. 그러나 자율적인 참여의 자원봉사활동 그 자체가 최우선적인 목표가 되어야 하며, 이러한 경제적 보상은 자원봉사활동이 잘 유지되도록 하는 매개체에 불과하다. 자원봉사자에게는 무엇보다 정신적, 정서적 보상이 있다. 자원봉사활동을 통해 봉사자 스스로 인간적 발전이나 성숙, 그리고 도움을 받는 수혜자의 성취나 고통의 제거를 경험함으로써 얻을 수 있는 충족감이나 봉사한다는 그 자체에서 얻어지는 만족감이 무보수성에 해당한다.

4) 지속성(계속성)(continuity)

자원봉사는 지속성을 가진다. 모두가 복된 삶을 누리는 공동체 건설에 헌신한다는 사명의식이 필요하다. 이는 일회성이어서는 안 되며 꾸준히 실천되어야 한다. 인간애의 에토스(ethos)가 결코 중단되어서는 안 되기 때문이다. 자원봉사활동이 권력이나 외부의 강제 또는 체면 때문에 하는 것이라면 그 일은 오래갈 수 없다. 그러나 자원봉사는 결코 그런 것이 아니며 그 정신은 계속 유지되어야 할 만큼 값진 것이다. 도움을 받는 사람도 결국은 남을 돕는 입장에 설 수 있게 된다. 자원봉사활동의 지속은 자기희생과 자기성숙, 이웃에 대한 사랑, 커뮤니티와의 강한 사회적 연대감 없이는 불가능하다.

5) 헌신성(commitment)

자원봉사활동에서 헌신은 자원봉사활동의 필수적인 구성요소이다. 헌신의 목적은 도움을 필요로 하는 개인이나 혹은 사회적 정의와 같은 비전이나 이상을 실현하는 것 등의 다양한 형태로 존재할 수 있다.

6) 학습성(service learning)

학습이란 가르침과 같은 공식적인 수단을 통해서 혹은 경험과 자기 훈련 등과 같은 비공식적인 방법을 통한 지식, 기술, 태도 및 신념 등의 획득을 말한다. 자원봉사를 통하여 일정한 지식과 기술을 터득할 수 있다. 어떤 의미에서 삶은 학습인데, 그것은 우리들의 모든 경험이 가르침을 위한 교훈이 되기 때문이다. 그러므로 자원봉사활동은 체험학습이며 복지교육이고 민주시민 교육이다.

7) 협동성(cooperation)

인간은 사회적 존재이므로 사회생활을 통하여 서로 의존할 수밖에 없다. 자원봉사는 인간이 한 시민으로서 사회에 영향을 주고 사회적 책임을 다하며 뜻있는 일을 할 수 있는 매우 보람 있는 일이다. 협동성이란 각 개인이 다른 인간들과 무언가 공통을 가졌다고 의식하고 그들 가운데 자기 자신도 소속되어 있다고 강하게 느낄 때 발생할 수 있다. 인간은 외적인 모든 차이에도 불구하고 근본적인 공통의 감정을 느끼고, 소속의 감정을 느껴 서로 협력해야 한다는 것을 인식하고, 이를 실천에 옮기는 노력의 과정을 통해서 사회성 혹은 협동성이 표현된다(조휘일, 1988).

협동성은 자아실현이라는 인간이 추구해야 할 인생의 의미 및 목표를 확보하고 달성하는 데 필요불가결한 요소로 작용하므로 주는 것보다 오히려 얻는 것이 더 많은 활동이다. 따라서 지극히 이해관계를 따지는 현대의 생활에서도 현명한 사람들은 자신의 삶을 보다 풍요하고 건전하게 유지하기 위해 자원봉사에 관심을 기울이고 참여함으로써 사회성을 강화하고 자기개발을 도모해야 할 것이다(김영호 외 1990).

8) 자아실현성 (self-realization)

개인적인 자원봉사활동은 각 개인이 한 인간으로서 자신을 사회적 존재로 자각하고 스스로 다른 사람에게 또한 다른 사람과 더불어 봉사하는 경험을 가짐으로써 인격적 성장을 가져옴과 동시에 자신의 잠재능력을 실현하는 기회를 갖게 한다. 자원봉사활동은 봉사가 의미하는 바와 같이 '주는 자와 받는 자' 관계에서 일어나는 것과 같은 일방적이고 일시적인 자비심, 감상주의 또는 값싼 영웅주의에서 볼 수 있는 것과 같은 것이 아니라 한 인간으로서 스스로 다른 사람과 더불어 선한 활동을 하는 것을 통하여 자아실현(self-realization)을 위한 하나의 기회로 삼고 지금까지 이기적인 삶을 살아왔던 자기를 초월하여 참자기(real self)를 나타내는 데 뜻이 있다. 여기서 말하는 자아실현은 참자기를 찾는 일이자 참자기를 성취시키는 일이다. 또한 이것은 진실한 자기의 궁극적인 표현인 무사무욕의 달성이자 계속적인 성장과 자기회복(self-renewal)의 과정이다 (M. S. Knowles, 1982).

매슬로우(A. Maslow)는 여러 가지 욕구단계 가운데 자아실현을 존재가치의 실현(B-value)이라고 말함으로써 이것이 인간을 가장 인간답게 만드는 것이라고 하였다. 자원봉사는 봉사를 하는 자신뿐 아니라 봉사를 받는 모두가 이 사회의 일원으로서 중요한 존재라는 인식을 갖게 만들 뿐 아니라 자아를 실현하는 귀중한 삶의 체험 기회를 제공한다.

9) 희생성(sacrifice)

자원봉사자들은 자원봉사활동을 함으로써 일정한 시간이나 소요 경비 등을 투입하게 되는데, 이러한 시간과 노력 등의 투입은 자원 봉사활동에 중요한 요소이다. 그러나 명심해야 할 사항은, 희생이란 자신이 가지고 있는 것을 다른 사람과 함께 나눈다는 의미로서 상호 발전의 기회이며 쌍방의 경험이라는 점이다. 따라서 자만심이나 우월감을 가져서는 안 되며, 상대방의 인격을 존중해야 한다.

10) 공공(복지)성(public welfare)

자원봉사활동의 특성은 복지성을 띠고 있다. 복지성이란 개인이나 그들의 공동체인 인간사회의 발전에 목적을 두는 것을 말한다. 따라서 자원봉사활동은 사람이 사람다운 생활을 하며 인간다운 처우를 받는 데 이바지하고 도움을 줌으로써 복지사회를 만드는 데 기여한다. 복지사회란 다 같이 행복하게 살 수 있는 사회를 말한다. 이것은 복지국가와는 다른 개념으로 지역사회의 전 주민이 자원복지의 가치관을 가지고 공동의 행복을 위해 모든 사람들이 참여하는 것을 말한다.

복지성은 자원봉사가 다른 사람과의 관계뿐 아니라 그들을 위한다는 정신에 바탕을 두고 있고, 인간사회의 복리와 발전, 그리고 인간이 인간다운 생활을 영위할 수 있도록 도움을 주는 데 목적을 두고 있다.

11) 전문성 (professional)

자원봉사는 누구든지 실천할 수 있으나, 이를 효율적이고 효과적으로 실천하기 위하여 자원봉사에 대한 전문적 지식과 기술을 가지는 것이 필요하다. 특히 자원봉사관리업무는 자원봉사관리에 대한 전문적 지식과 기술을 가진 전문가가 담당해야 할 것이다. 그리고 의료봉사나 법률자문처럼 일부 자원봉사의 경우 일정한 지식과 자격을 가진 전문가만이 실천할 수 있는 경우도 있다.

12) 공동체성 (community)

자원봉사는 모두가 힘을 합하여 바른 공동체사회, 사람답게 사는 공동체, 사랑의 공동체를 구성하고자 하는 데 뜻을 두고 있다. 자원봉사는 공동체 의식을 높일 뿐 아니라 그러한 삶을 실현하는 장이다. 이 공동체성은 사회에 대한 소속감, 주인의식, 확고한 투지력, 적극적인 참여 없이는 불가능하다. 자원봉사의 성패 여부도 시민이 얼마나 공동체 의식이 강한가에 달려 있다 해도 과언이 아니다. 미래의 사회는 공동체사회라고 말하는 학자들도 많다. 이미 베르댜예프(N. Berdyaev)의 소보노스트(Sobonost), 부버(M. Buber)의 대화공동체사회가 인간이 추구해야 할 사회로 보았고, 메이너드(H. Maynard, Jr.) 등은 제4의 물결로 공동체사회, 특히 도덕적 공동체사회의 도래를 강조하였다. 자원봉사는 사회를 맑고 바른 공동체로 만드는 데 기여하는 가장 기본적인 요소로 작용한다.

이상에서 살펴본 대로 자원봉사활동에 대한 이론적 연구는 다양하게 논의되어 왔다. 이 중 지나치게 자발성과 이타성, 무보수성 측면에서만 조망해 옴으로써 자원봉사활동을 자원봉사자의 자기희생에만 초점을 두고 생각하게 되어 청소년들의 자원봉사활동의 지속적인 참여에 장애 요인이 되어 왔다. 먼저 자발성의 경우, 청소년자원봉사활동은 순수한 자발성만으로 이루어지지 않는 경우이다. 그러나 청소년자원봉사활동이 가지는 긍정적 효과나 가치는 큰 의미가 있기 때문에 자원봉사를 활성화하기 위해 제도적으로 채택하고 있다.[7] 둘째, 이타성의 문제이다. 자원봉사활동은 다른 사람을 돕는다는 이타성을 가진다. 그러나 실제로는 이타적 측면만 있는 것이 아니라 이기적 측면도 있다. 특히 청소년의 경우 자원봉사활동을 통해 자아 실현성과 함께 해당 분야의 지식을 얻거나 상급 학교 진학과 취업에서 가산점을 얻는 것은 분명히 이기적 측면에 해당한다. 따라서 이타적 측면과 이기적 측면이 함께 존재한다는 사실을 고려해야 할 것이다. 셋째, 무보수성의 문제이다. 자원봉사활동은 기본적으로 보수를 받는 활동이 아니지만 경우에 따라 자원봉사자에게 여러 가지 직·간접적 형태의 보상이 이루어지기도 한다.[8] 특히 수입이 없는 청소년의 경우 활동을 위해서는 이동을 위한 교통비나 활동을 위한 실비 등이 소요된다. 이런 경우 자원봉사자가 활동을 위해 필요한 경비까지 부담하기는 어려운 실정이다. 최근에는 청소년진흥센터를 중심으로 다양한 보상 방법이 이루어지기도 한다. 이러한 보상이 무조건 자원봉사활동의 순수성을 떨어뜨리는 것으로 인식하여 청소년일지라도 무보수로 이루어지는 것을 당연시하기보다는 최소한의 경비를 포함한 유형·무형의 보상

---

7) 이러한 유도된 자발성의 경우 자원봉사의 범주에 포함시키지 않는 것에 대해 남기철(2007)은 참여자의 자주성을 최대한 보장할 것을 주장하기도 한다.

8) 최근에는 순수 자원봉사를 지칭하는 볼런티어리즘(Volunteerism)과 민간 영역, 비영리 단체의 복지 기관·재단, 종교 단체에서 행해지고 있는 소정의 유급 직원들을 활용하여 사업을 전개하는 볼런타리즘(Voluntarism)으로 구분하기도 한다(김범수, 2007).

을 포함하는 쪽으로 재개념화가 이루어져야 할 것이다.

이와 같이 청소년들이 행하는 자원봉사활동도 일반 성인들이 수행하는 자원봉사활동과 여러 가지 면에서 유사점이 있다. 하지만 청소년들의 자원봉사활동이 지닌 다른 점은 자원봉사활동과 동시에 교육 과정의 연장선상에서 교육적인 성격을 띠고 있다는 사실과 함께 이타적인 면과 이기적인 면, 자발성인 동시에 유도된 자발성, 그리고 무보수성과 다양한 보상이 이루어지는 차원에서 일반적인 자원봉사활동과는 구별된다.

학교 청소년자원봉사활동은 청소년들이 자신의 정신적, 육체적 자원을 활용하여 타인이나 사회를 위하여 대가를 바라지 않으면서 일정한 기간 동안 자발적으로 활동하여 보람과 흥미를 느끼고, 자신이 가진 재능이나 소질을 발견하며, 자신이 살아갈 공동체 삶의 영역을 체험함으로써 건강한 인성을 형성하고 배움을 실천할 수 있는 수련활동이다. 청소년자원봉사활동은 성인 자원봉사활동과는 달리 활동 주체가 아직 미성숙 단계에 있는 청소년들이기 때문에 완전한 의미의 자원봉사활동이라기보다는 자원봉사활동을 통한 학습, 즉 봉사학습(service learning)의 개념으로 지도해 나아가야 한다. 따라서 청소년자원봉사활동은 활동 결과보다는 활동 과정에서 배우게 되는 교육적 결과에 더 큰 의미를 두어야 한다. 이런 의미에서 청소년자원봉사활동의 특성을 다음과 같이 설명할 수 있다.

첫째, 청소년자원봉사활동은 완전한 자발적 활동이라기보다는 학교를 통하여 교육적로 안내되고, 평가되는 활동이다. 따라서 자원봉사활동이 본래 추구하는 자발성과 교육적 지도의 측면이 갈등을 일으킬 수 있다. 더욱이 학교 중심 자원봉사활동의 경우는 자발성을 제한하고 있기 때문에 다소 논란이 있기는 하나, 7차 특별활동

교육과정에서는 자원봉사활동이 특별활동의 한 영역으로 확고하게 자리 잡게 됨에 따라 학교 교육과정에 의하여 교육적으로 지도되어야 하는 활동이다.

중·고등학교의 경우는 대학처럼 자원봉사활동이 교과목이나 의무로 규정되어 있는 것은 아니다. 학교에서는 봉사활동을 적극적으로 지도하고, 그 결과를 학교생활기록부에 기록하도록 되어 있다. 그러나 학교생활기록부가 상급 학교 입학 전형 자료나 취업 시의 평가 자료로 활용될 가능성이 있다는 점에서 청소년들은 봉사활동을 해야 한다고 받아들일 것이다. 이러한 봉사활동 평가제도의 도입은 교육적으로 큰 의미를 갖는 봉사활동을 청소년들에게 적극적으로 권장하기 위한 시도라고 할 수 있다. 곧 우리의 경우에 봉사활동을 강제로 규정하고 있는 것은 아니지만, 교육적으로 권장하고 있는 것이다.

둘째, 청소년자원봉사활동은 학교 교육과정에 의한 자원봉사활동과 학교의 승인을 받은 개인 계획에 의한 자원봉사활동(학교 교육과정 이외의 자원봉사활동)으로 이루어지는 활동이다. 청소년자원봉사활동은 청소년들의 성장을 돕고 사회에 기여할 수 있는 교육적인 활동이어야 한다. 학습의 과정으로 이루어지는 청소년자원봉사활동은 학교단위의 활동이거나 개인단위의 활동에 관계없이 사전에 계획이 수립되고 검토되어 실행되어야 하며 이 과정에서 학교장 또는 지도교사의 승인 절차가 필요한 활동이다.

셋째, 청소년의 발달 단계를 감안하여 각 학교급별로 적절한 활동이 이루어지도록 해야 한다. 초·중·고교 청소년들은 신체적, 지적, 사회적, 도덕적 측면 등에서 현저하게 다른 발달 상태를 보인다. 따라서 학교급별로 봉사활동 지도의 초점과 활동 영역, 내용 등을 달리해서 지도해야 하는 활동이다.

초등학교의 경우에는 학생들이 본격적인 봉사활동 실천을 지도하기보다는 봉사 정신과 태도를 기르는 데 중점을 두고, 주로 교내 및 학교 주변을 중심으로 봉사활동을 하도록 한다.

중학교에서는 완전한 자발적인 봉사활동을 하기는 힘들지만, 어느 정도 실천 활동은 가능하다. 따라서 봉사 학습의 개념에 입각하여 학교에서 안내, 지도된 활동을 중심으로 실천하도록 하고, 학교 내외 뿐만 아니라 지역사회의 공공기관에까지 활동 영역을 확대시키도록 한다.

고등학교에서는 청소년들에 의한 자발적인 봉사활동을 권장하고, 지역사회의 다양한 부문으로 활동 영역을 확대시키도록 한다. 특히, 고등학생들의 경우에는 자신이 장차 선택하려는 진로 영역과 관련하여 자원봉사활동을 실천함으로써 진로 선택에 도움을 얻을 수 있도록 지도한다.

제2장 청소년의 특성과 자원봉사의 교육적 가치

1. 청소년의 특성

청소년의 개념은 시대에 따라 또 학자, 나라, 국가의 이념과 사회 그리고 관련 법규에 따라 그 개념이 다르게 규정되어 왔다. 청소년이란 용어는 청년과 소년을 포함하는 것으로 유년, 장년, 노년에 대응하는 것이다. 연령에 따라 엄밀하고 정확한 규정은 힘들지만 대개 유년기를 벗어나는 8~9세에서 역동적 성장변화로 인한 위기적 시기를 벗어나는 24~25세 사이가 청소년기에 해당한다(임학순, 1995).

청소년과 관련된 우리나라의 법을 보면 청소년의 연령을 법규에 따라 다양하게 규정하고 있다. 민법은 20세 미만을 미성년으로, 아동복지법은 18세 미만을 보호 대상으로, 근로기준법에는 근로청소년을 18세 미만으로, 소년법에는 20세 미만을 범죄소년으로, 청소년기본법에는 9~24세 이하로 규정하고 있는데 연령층은 대체로 12~13세부터 20세경까지로 보고 있다(남정길·석희태, 1994).

청소년기는 감수성이 예민하고 정서적으로 불안한 시기다. 주변적인 특성이 강한 시기이기도 하다.

1) 학습성

청소년은 문화적인 배경에 의해 학습된다. 청소년은 도시의 구성원으로서 일익을 담당하면서 교육의 중요 대상으로 등장했다. 정보의 공유와 대량 분출에 의한 병리현상들은 우리의 청소년들에게 쉽게 학습된다.

2) 영향성

청소년들은 지역사회로부터 민감한 영향을 받는다. 가정과 학교 지역사회와 유기적인 관계 속에서 청소년들은 성장한다. 청소년들은 따라서 지역사회의 가치와 규범 그리고 환경적인 영향으로부터 쉽게 벗어 날 수 없다.

3) 가치관의 혼란

청소년기는 가치관의 혼란을 겪는다. 더구나 우리 사회처럼 이론적인 가치관과 실존적인 기준과의 괴리가 큰 나라도 흔치 않다. 다변화되는 사회 속에서 우리의 청소년들이 겪는 혼란은 더욱 그 폭이 확대되는 양상이다.

4) 우발성

청소년기의 상당수 행동은 비이성적인 상태에서 그것도 비의도적으로 발생한다. 청소년들의 비행 동기가 장난삼아서 혹은 심심해서 등으로 조사되는 것은 이러한 특성을 반증하는 것이다.

5) 윤리의식의 결여

청소년기에는 행동을 절제하고 참을 수 있는 윤리의식이 희박하며 확립되지 않을 뿐만 아니라 행동에 대한 통제력도 부족하여 비인간적이고 지탄을 받는 행동이라 해도 서슴없이 자행될 수 있다.

6) 행위 지향성

청소년들은 판단능력이 부족하다. 쉽게 결정하고 곧바로 행동하는 특성을 지닌다. 이성적으로 사태를 검증하고 분석해 행동의 토대로 삼는다기보다는 단순한 판단과 성급한 수용성으로 행동에 돌입한다.

7) 기성세대와의 부적응성

청소년들은 이상과 원칙성을 중요시한다. 이러한 이상과 원칙은 사회와 기성세대로부터 비현실적이라는 이유로 무시되곤 한다. 청소년들은 이러한 괴리와 현실사회의 모순을 거부하면서 갈등을 겪는다. 이는 곧 원만한 사회관계를 이루지 못하는 요인이 되기도 한다.

2. 청소년자원봉사활동의 교육적 가치

청소년의 자원봉사활동은 많은 교육적 가치를 가지고 있으며 이의 발현과 실천을 위한 지속적인 노력이 요구된다. 이러한 청소년자원봉사활동의 몇 가지 중요한 교육적 가치를 요약하여 제시하면 다음과 같다(권중돈 외, 2000).

1) 청소년의 건전한 인격 형성

청소년자원봉사활동은 청소년의 기본적 욕구의 충족과 건전한 인격 형성 및 자기 존재의 의미와 자기존중의 정신을 깨닫게 하는 교육적 가치를 지니고 있다. 인간의 존엄성과 가치를 인식하여 사회화(socialization)할 수 있게 만들어 준다.

2) 사회성 함양과 자아실현

청소년들로 하여금 타인과 협력하고 원만한 인간관계를 유지하게 함으로써 사회성을 기르고 자아를 실현하게 해 준다. 클라이언트를 비롯한 집단 간의 접촉 기회를 제공함으로써 타인과 원만히

교제하여 생활을 영위해 나가도록 많은 도움을 줄 수 있다.

3) 취미 향상과 여가 활용

청소년들의 취미 향상을 도모하고 여가를 활용할 수 있다. 취미의 신장과 여가를 보람 있게 보낸다는 것은 사회생활에서 보다 필요로 하는 가치 있는 인간으로 육성할 수 있는 방법이다. 자원봉사활동은 여러 방면에서 다양하게 전개되고 있으므로 청소년들은 자발적인 선택에 의하여 취미에 맞는 활동에 참여할 수 있다.

4) 지역사회에 대한 정체성 확립

체험을 통해서 가치 있는 삶에 대한 의미를 깨닫고 그 실천 과정에서 기쁨과 보람을 체험하게 하므로 이상적인 인간관계와 지역사회에 대한 정체성을 확립해 줄 수 있다.

5) 적성 발견과 새로운 기술 학습

청소년 자신의 적성을 발견할 수 있는 기회를 제공하며 새로운 기술을 학습할 수 있게 하고 이미 체득한 기술을 더욱 발전시킨다. 각자의 개성과 적성을 발견하여 키워 나간다는 것은 교육적으로 중요한 목표가 될 수 있다. 또한 이로 인하여 새로운 사물과 일에 대한 흥미가 발견되기 때문에 지적인 활동과 교육적 활동이 자극받아 지식의 확장을 가져올 수 있다. 따라서 청소년들의 장래 진로 선택에도 커다란 도움을 줄 수 있다.

6) 전인적인 인간 성장

청소년들이 신체적 정신적 건강을 지닌 전인적인 인간으로 성장할 수 있도록 도움을 준다. 현대사회에서 필요로 하는 인간은 특수한 분야에 전문지식을 갖춘 동시에 그 이외의 타 분야에 대한 일반적 소양을 지니고 있으며 신체적 정신적 정서적 건강을 지닌 전인적 인간이라 할 수 있다. 이를 자원봉사활동을 통해서 키워갈 수 있게 해 준다.

7) 학습경험 확장

자신감을 갖게 하고 잠재적인 지도력을 개발하며 학습경험을 보다 풍부하게 해 준다. 청소년자원봉사활동은 청소년들로 하여금 집단 내에서 자기발견 혹은 자기표현을 할 수 있는 보다 많은 기회를 가지게 함으로써 자신감을 갖게 해 주는 교육적 가치를 지니고 있다.

8) 민주주의 정신 함양

민주주의 정신을 함양한다. 물질만능주의로 팽배한 현대사회에서 자칫 이기주의로 흐르기 쉬운 청소년들에게 적극적으로 모든 일에 참여하는 자발정신과 협동정신, 책임감을 일깨워 주므로 민주주의 사회에 기반이 되는 시민정신을 이해하며 더불어 살아가는 정신을 함양할 수 있다.

9) 불건전한 일탈행동 예방

사회적으로 필요하고 유익한 행위의 만족과 체험을 통해 지역사회를 올바르게 이해하고 불건전한 일탈행동을 예방한다. 청소년은 자원봉사활동의 기회를 통하여 사회문제에 대한 인식과 참여능력을 향상시킬 수 있기 때문이다.

10) 공동체성 함양

청소년은 자원봉사활동을 통하여 타인을 이해하며 더불어 살아가는 인화회복 윤리와 민주주의 철학의 실천을 통하여 배울 수 있다. 또한 보호자, 자원봉사 조정자, 자원봉사자를 이해하며 함께 기획하고 봉사하므로 인간적 가치와 희열을 체험하여 민주주의의 이념을 구현하는 노력을 하게 된다.

 청소년자원봉사활동의 의의와 필요성

1. 청소년자원봉사활동의 의의

1) 인간의 존엄성 회복

현대사회는 경쟁과 효율성을 기반으로 하고 있다. 과거 급속한 경제성장 위주의 국가 발전 정책은 능력 있는 사람을 우대하고 경제력을 중시하는 사회적 경향을 강화시켰다. 따라서 개인의 인격이나 개인적인 특성을 무시하고 물질만능주의, 업적주의를 중시하는 사회적 분위기를 진작시켰다. 그 결과 가난하고 능력이 부족한 사람들은 사회적으로 소외당하는 현상을 흔히 볼 수 있다. 이러한 현상은 교육현장에서도 이어져 상급학교에 진학하여 사회적으로 유능한 인물을 만들려는 학부모와 교사들의 열망으로 이어지고, 성적이 좋지 못한 청소년들이 학교에서 소외당하고, 때로는 학교생활에 적응하지 못하여 탈락하는 경우가 속출하고 있다.

청소년자원봉사활동은 왜곡된 사회적 풍조와 상급학교 진학 위주의 획일적인 교육제도의 약점을 보완하여, 청소년들로 하여금 인간의 존엄성을 각성하게 할 수 있는 귀중한 기회로 활용할 수 있다는 점이다. 자신보다 열등하고 사회적으로 소외당하는 사람들을 자원봉사활동을 통해 만나고 그들을 섬길 수 있는 경험을 통하여, 한 개인의 인생과 삶을 생각하고 자신에게 주어진 생활이 얼마나 귀중한 것인지를 깨달을 수 있는 현장학습의 기회가 된다는 것이다. 그리하여 중·고등학생 한 사람 한 사람에게 인간 생명의 중요함과 존엄을 알게 하며 삶의 즐거움을 서로 나누며 사회정의를 몸에 익히게 된다.

2) 사회공동체 의식의 함양

현대사회에서 산업화 도시화가 진전됨에 따라 과거의 농촌공동체 혹은 생활공동체가 해체되었다. 우리나라의 경우 사회변동의 속도가 빠르고 이에 따라 종래의 공동체 해체도 급속하게 진행되어 왔다. 일상생활에서 직면하는 각종의 사고와 재난 및 어려움은 예로부터 친족이나 이웃, 지역사회에서 상호부조 정신에 입각하여 도움을 제공하여 왔다. 혈연이나 지연 등을 기반으로 하는 공동체 의식이 사회변동의 결과 약화되기 시작하였다. 더욱이 최근에는 가치관의 전도와 함께 이기주의적인 형태가 사회 곳곳에서 팽배하고 있다. 또한 복잡하고 다양해지는 사회구조 속에서 소위 익명성의 문제, 사회적 무책임성, 적당주의 등이 빈발하고 있다. 그리하여 집단이기주의 혹은 지역이기주의란 말이 나올 정도로 오늘날 사회 분위기는 변모되고 있다.

청소년들에게 자원봉사활동을 경험하게 함으로써 무너져가는 사회공동체 의식을 함양하는 계기로 삼을 수 있다는 것이다. 물론 현대사회에서 발생하는 각종 사고와 문제의 발생을 막고 해결할 수 있는 방법은 사회체제나 구조의 변화도 중요하지만, 사회에 살고 있는 구성원의 의식의 변화 역시 필요하다는 인식에서 청소년들의 자원봉사활동은 좋은 대안이 될 수 있다. 자원봉사활동은 자기중심적, 이기주의적인 가치관을 버리고, 사회적 책임의식, 사회공동체 의식을 배양할 수 있는 귀중한 경험이 될 수 있다(현외성, 1996). 다른 사람의 어려움을 이해하고 그 해결을 위해 동참할 수 있는 학습으로 활용할 수 있다는 것이다.

3) 성숙한 사회적 인간상 확립

중·고등학생들은 심리적 정신적으로 어려운 발달과정에 놓여 있는 시기이다. 중·고등학생에 해당하는 연령은 정서적으로 불안할 뿐만 아니라 '자아 정체감의 위기'에 속한다. 이 시기에는 과거 아동기와는 다른 새로운 자아상을 모색하는 시기이다. 많은 심리학자들이 말하였듯이, 불안과 혼란, '질풍노도의 시기', '주변인'으로서 생활하는 시기이다.

반면에 현재 중·고등학교 시기의 청소년들은 많은 시간을 학교에서 입시 위주의 학습에 보내게 되어, 개인의 건전한 정신적 심리적 성장을 도모하기에 힘들다.

또한 실질적인 도덕교육 역시 쉽지 않다. 교육환경이 열악하고 매스컴과 사회생활환경도 마찬가지로 자본주의 상흔으로 중·고등학생들인 청소년들은 자신의 인격적 정신적 성장에 어려움을 가지게 된다. 최근 청소년들의 일탈과 비행문제의 수적 증가와 심각성은 사회 환경문제와 함께 주변의 교육환경의 열악성과 전혀 무관한 것은 아니다.

이러한 점에서 자원봉사활동을 통하여 자신을 돌아보며, 사회와 환경을 체험함으로써 청소년들의 정신적 심리적 성숙에 기여할 수 있게 하는 좋은 프로그램이 될 수 있다. 사회문제와 다른 사람의 문제를 해결하는 데 도움을 제공하여, 교실에서 이론적으로 체험하기 어려운 청소년기의 발달과제를 성공적으로 수행할 수 있다는 것이다(현외성, 1996).

4) 청소년자원봉사활동을 통한 인성교육

청소년의 자원봉사활동은 체험교육을 통한 인성교육이다. 타인의 삶을 소중하게 여기는 자원봉사활동은 인성 함양 과정이며, 학교에서 배운 내용을 실천해 봄으로써 보충 심화된다. 학교에서의 학습 결과가 사회활동에 어떻게 활용되는지를 이해해 학교에서의 학습동기 강화를 가져오는 효과를 볼 수 있다.

인성교육에 있어 학교 자원봉사의 필요성은 사회적 책임과 의무, 역할의 습득에서도 찾을 수 있다. 따라서 청소년의 자원봉사활동은 일상적인 환경 요소를 정비하는 측면과 적응상의 문제가 있는 청소년들이 회복할 수 있도록 돕는 치료적인 측면을 모두 고려해서 이루어져야 하며, 가치 있는 일에 참여해 자존과 대인관계의 능력을 배양시키는 데 주안점이 주어져야 한다.

  5) 사회문제의 발생과 해결책에 관한 이해와 실천 능력의 배양

  복잡하고 다양한 현대사회에서 발생하는 각종의 사회문제는 개인
적 결함이나 책임보다는 사회적 환경적 요인에 의해 발생하는 경향
이 있다. 이미 '사회문제'라고 하는 개념상의 개인문제와는 속성이
전혀 다르다. 청소년들이 자원봉사활동을 통하여 사회 거시적 맥락
에서 발생하는 각종 사고와 문제에 직접 해결하는 한 참가자로서
역할을 수행할 수 있다. 청소년들은 이 과정에서 현대사회문제의 발
생배경을 이해하고 그 희생자들에 대한 새로운 인식을 가질 수 있
을 때, 그들은 사회를 변화시킬 수 있는 사람이 될 수 있다. 특히
이러한 과정에서 사회 구성원 사이의 협조와 참가의 귀중함을 알고
실천할 수 있는 경험을 학습게 한다는 것이다. 더 나아가 사회생활
인으로서 청소년들이 자신의 일상생활 중에 직면할 수 있는 현실적
인 문제를 대면하고 해결할 수 있는 실천력을 기를 수 있다.

 2. 청소년자원봉사활동의 필요성

  청소년자원봉사활동은 청소년들 자신의 정신적, 육체적 자원을
바탕으로 어떤 계획을 가지고 대가를 바라지 않으면서 일정 기간
동안 지속적으로 타인이나 사회를 위해 어떤 일을 행하는 것이다.
최근 들어 청소년자원봉사활동의 중요성이 크게 부각되고 있는데
그 필요성을 개인적, 교육적, 사회적인 필요성 측면에서 살펴보면
다음과 같다(한국청소년개발원, 1998).

1) 개인적 필요성

첫째, 인간존중 정신과 태도 형성이다. 자원봉사활동은 청소년들로 하여금 건전한 인격 형성을 도모할 수 있도록 도움을 주며 아울러 청소년들에게 자기 존재의 의미와 자아존중을 깨닫게 해 준다. 또한 인간의 존엄성과 가치를 인식하게 하며 사회화를 돕는 계기가 된다.

둘째, 사회성 개발과 자아실현이다. 자원봉사활동을 하는 동안 청소년들이 다른 사람과 협력하며 원만한 인간관계를 유지하게 함으로써 사회성을 기르고 자아를 실현하게 한다.

셋째, 자신감과 지도력 형성이다. 자원봉사활동은 청소년들로 하여금 자신감을 가질 수 있도록 해 주며 또 잠재적인 지도력을 개발할 수 있는 계기가 된다. 자원봉사활동을 하는 동안 자기를 표현할 기회를 갖게 되어 자신감이 생기며, 다른 사람들과 집단적으로 협동하여 함께 일하는 가운데 자기도 모르는 사이에 잠재적인 지도력을 발휘하게 된다.

넷째, 공동체 의식 함양이다. 청소년들이 자원봉사활동을 통해 다른 사람들을 도우면서 함께 살아가는 공동체 의식을 기를 수 있다. 요즘 우리 사회가 도시화, 산업화되면서 점차 자기중심적이고 가족 이기주의적인 생활의 경향을 보이고 있다. 자원봉사활동은 이러한 자기중심적이고 이기적인 태도를 극복하고 구성원들이 서로 돕고 살아가는 사회를 이룩하려는 공동체 의식을 길러준다. 또한 가치 있는 삶을 직접 체험하면서 그 의미를 깨닫고 실천 과정에서 기쁨과 보람을 느끼게 하며, 이상적인 지역공동체 건설에 대한 기초를 마련해 준다.

다섯째, 민주시민으로서의 책임감 형성이다. 자원봉사활동은 청소년들에게 바람직한 민주시민의 자질을 함양시켜 준다. 자원봉사활동에 적극적으로 참여함으로써 청소년들은 자발성, 협동정신, 책임감과 같은 민주시민으로서의 자질을 함양하게 된다. 또 지역사회를 올바르게 이해하고 불건전한 일탈행동을 예방한다.

여섯째, 보람 있는 여가 생활이다. 청소년들은 자원봉사활동을 하면서 의미 있는 여가시간을 보낼 수 있다. 청소년들은 자기 취미에 맞는 자원봉사활동을 하면서 여가를 보냄으로써 보람을 찾을 수 있을 뿐만 아니라, 탈선이나 비행도 예방할 수 있다. 그리고 신체적, 정신적, 정서적 건강을 지닌 전인적 인간으로 성장할 수 있도록 도움을 준다.

일곱째, 진로선택에 도움을 준다. 자원봉사활동은 청소년들에게 자신의 적성을 발견할 수 있는 기회를 제공해 주며 새로운 기술을 학습할 수 있게 하고 이미 습득한 기술은 더욱 발전시킬 수 있도록 해 준다. 자기가 좋아하는 활동 터전에서 여러 가지 활동을 경험하는 동안 학교에서는 배우지 못했던 사회를 경험하게 되고 다양한 직업을 탐색할 수 있는 기회를 갖게 된다. 이러한 다양한 직업 탐색은 장래 자기 직업에 대한 이해를 돕게 된다. 이렇게 함으로써 자원봉사활동은 청소년들의 장래 진로 선택에 도움을 준다.

2) 교육적 필요성

첫째, 청소년들은 자원봉사활동을 통해 지역사회에 대한 이해를 넓힐 수 있다. 지역사회에서의 다양한 자원봉사활동은 청소년들이 학교에서 배운 것을 보충하고 심화시킬 수 있게 해 준다. 곧 자원봉사활동을 통해 교육의 장을 학교뿐만 아니라 지역사회에까지 확대하는 효과를 얻을 수 있다.

둘째, 학교에서의 교육은 이론 중심적이고 제한적인 내용으로 이루어진다. 그러나 학교교육과는 달리 자원봉사활동은 체험을 통한 교육으로 청소년들이 성인 생활을 준비하는 데 도움을 준다.

셋째, 자원봉사활동을 통해 학교와 지역사회와의 관계를 증진시킬 수 있다. 따라서 학교가 지역사회와 서로 협력하고 교류할 수 있는 유기적인 관계를 형성할 수 있다.

3) 사회적 필요성

첫째, 청소년자원봉사활동에서 얻어진 교훈을 통하여 지역사회의 문제를 정부나 공공기관에 의지하여 해결하려는 태도를 극복하고 지역사회에 어려운 사람이 있으면 자발적으로 돕고 지역사회의 환경을 개선시켜 나가는 등 지역사회 문제를 지역사회 청소년들 스스로 해결해 나가려는 자발적인 참여 풍토가 조성될 것이다. 둘째, 청소년들이 자원봉사활동 지도를 받음으로써 장차 지역사회의 문제를 담당할 자원 인사로 성장하게 될 것이며 장차 지역사회에서 활발하게 자원봉사활동을 펼치게 될 것이다. 따라서 지역사회에서는 미래의 자원봉사자를 기른다는 거시적 안목에서 가능한 한 청소년들의 자원봉사활동을 적극적으로 도와주어야 한다.

Conrad와 Hedin(1981)은 청소년자원봉사활동의 의의를 세 가지로 말하고 있다.

첫째, 청소년들은 자신에게 당면한 과업을 해결하고 새로운 경험에 도전하면서 자신에 대한 존재 가치를 발견하며 일에 대한 성취감을 통해 자신감을 획득하고 긍정적인 정체성을 확립할 수 있다. 둘째, 민주 시민으로서의 자질 배양과 사회적 책임감을 증진시킨다. 자신의 행동에 책임을 지고 전체 집단의 이익을 위해 자신을 양보하고 집단 구성원들과 의견을 조정하고 타협하는 과정에서 문제 해결 능력을 고양하게 된다. 또한 사회 문화적 배경과 가치가 상이한 사람들과 상호 작용을 하면서 타인을 이해하고 수용하는 능력이 배양되며, 이러한 모든 과정을 통해서 사회적 연대감과 공동체 의식을 형성할 수 있게 된다. 셋째, 현장 체험을 통해 지적 성장을 가져올 수 있다. 지역사회가 당면한 문제의 발견 및 그 문제에 영향을 미치는 정치적 · 경제적 · 사회문화적 요인의 분석, 문제의 파급 효과, 대처 방안 등 일련의 과정을 통해 기본적인 학습 기술들을 실제로 실행, 응용할 수 있을 뿐만 아니라 종합적이고 체계적인 사고력 등을 증진시킬 수 있다.

이러한 의의와 함께 Conrad와 Hedin은 청소년들이 자원봉사활동 경험을 통해 세 가지의 기대 효과를 얻을 수 있다고 했다. 첫째, 자원봉사활동을 통해 자아존중감, 자아와 도덕 발달, 새로운 역할과 관심의 탐색, 가치와 신념의 수정과 강화, 책임감의 향상 등 청소년의 개인적 성장과 발달에 긍정적인 영향을 줄 것이다. 둘째, 기본적인 학업 기술이나, 높은 수준의 사고 기술, 경험으로부터 습득한 기술, 책이나 강의를 통해서 설명할 수 없지만 꼭 알아야 할 통찰력, 판단 및 이해 등 지적 성장과 발달에 긍정적인 영향을 줄 것이다. 셋째, 다른 사람의 복지에 대한 관심과 사회적 책임성, 민주 시민의 참여 정신 함양, 다양한 배경과 삶의 상황에 처해 있는 사람들에 대한 폭넓은 이해와 평가 등 사회적 성장과 발달에 긍정적인 영향을 줄 것이라고 하였다(D. Conrad & D. Hedin, 1981).

조휘일(1998)은 청소년자원봉사의 필요성을 현장 교육적 측면, 자아 실현적 측면, 그리고 사회 발전적 측면에서 다음과 같이 제시하였다. 첫째, 현장 교육적 측면에서 자원봉사의 필요성은 청소년들이 자원봉사를 통하여 보다 폭넓게 실제 사회를 학습할 수 있는 기회를 가짐으로써 학문적 성취를 심화시킬 수 있기 때문이며, 둘째, 자아 실현적 측면에서의 필요성은 청소년들이 자원봉사활동을 통해 자기가 속해 있는 사회에 대한 운명공동체 의식과 사회적 책임 의식 등을 인식하고 그것을 평소에 익힘으로써 거시적인 자아 의식을 함양하게 되기 때문이고, 셋째, 사회 발전적 측면에서의 필요성은 지역사회 발전에 공헌할 수 있다는 점에서 그 필요성을 제시하였다.

한편 교육과학기술부(2006)에서는 자원봉사활동 지침서를 통하여 청소년자원봉사활동의 필요성을 개인적 측면, 사회적 측면, 교육적 장의 확대라는 측면에서 제시하고 있다. 개인적 측면에서는 인간 존중의 정신과 태도 형성, 사회성 개발, 자신감과 지도력 향상, 공동체 의식 함양, 민주 시민으로서의 책임감 형성, 보람 있는 여가 생활, 진로 선택에 도움을 주는 측면을 말하고 있다. 사회적 측면에서는 자원봉사활동을 통하여 지역사회 문제를 자발적으로 나서서 해결하려는 풍토를 조성하고 지역사회의 환경을 개선시켜 나가는 등 자발적인 참여 풍토 조성과 지역사회 문제를 담당할 자원으로 자라게 될 것이라는 점, 그리고 학교와 지역사회가 협력하고 교류할 수 있는 관계 형성에서 찾고 있다. 교육의 장의 확대라는 측면에서는 봉사 학습을 통한 지역사회에 대한 폭넓은 이해 증진, 체험을 통한 교육의 다양한 기회 제공, 학교와 지역사회와의 협력 교육 관계 형성에서 그 필요성을 제시하고 있다.

이처럼 청소년자원봉사활동은 청소년 개인과 교육적, 사회적으로 그 필요성이 점차 강조되고 있다(현외성, 1996)는 측면에서 보더라도 앞으로는 청소년자원봉사활동을 중요한 교육의 한 과정으로 받아들이고 지속적인 활동의 전개를 위해 청소년 개인, 가정, 학교, 기관이나 지역사회 모두의 협력이 있어야 할 것이다. 따라서 청소년자원봉사활동은 개인의 인성 함양과 학교 교육의 보완이라는 교육적 효과와 현재와 미래 사회에 대한 기여라는 측면에서 그 필요성을 찾을 수 있을 것이다.

제4장 청소년자원봉사활동의 역사

오늘날 많은 미래학자들은 21세기에 자원봉사활동의 사회적 중요성이 더욱 커질 것으로 전망하고 있으며, 실제로 미국, 일본, 유럽 등에서 자원봉사활동은 사회 전반에 급속히 확산되고 있다. 최근 선진국은 자원봉사를 정규 교육과정에 넣거나 현장 체험학습센터를 만들어서 졸업 필수 또는 상급학교 입시와 연결해 놓고 있다. 오랜 전통을 갖고 있는 서구의 자원봉사가 보편적 시민활동으로서 그 중요성과 관심이 커진 까닭에는 이른바 복지국가의 위기와 관련한 정치, 경제적 요인들이 자리하고 있다. 서구의 자원봉사의 발전 동향을 살펴보면 공통적인 현상은 국가적인 관심사항으로 자원봉사를 활용하고 있다는 점이다. 이러한 외국의 발달된 자원봉사 제도와 활동 현황을 살펴보는 것은 우리나라 청소년자원봉사활동 제도의 확립에 도움이 될 것이다. 여기서는 체계적인 청소년자원봉사활동을 하고 있는 외국의 사례 중 미국, 영국, 프랑스, 일본의 현황을 살펴보기로 한다.

1. 미국의 청소년자원봉사활동

1) 미국 청소년자원봉사의 발전과정

미국은 자원봉사가 발전해 있는 나라다. 건국 초창기부터 이민자들의 공동체 생활, 독립전쟁, 프런티어 생활 등을 통해 공동 운명체라는 강한 의식과 책임감이 사회 저변에 정착되었다. 1942년부터 봉사학습의 유래를 찾아볼 수 있다. 세계 제2차 대전이 진행 중일 때 고등학교 청소년들이 전쟁을 돕기 위해 폐품을 수집했고, 퍼레이드, 채권 판매 활동에 참여했다. 이러한 활동들은 학점으로 인정이 되었는데, 이때의 주 조직이 High school Victory Corps다. 시작부터 교육적인 측면이 계획된 것은 아니었지만 봉사학습이 종전의 교육과 다른 교육적인 효과를 보이고 있다는 점이 밝혀지면서 체험에 의한 산교육의 중요성이 강조되기 시작하였다(이강현, 1996).

미국의 청소년자원봉사활동은 공공 정책적 시각에서 접근하고 있는 성인들의 자원봉사와는 달리 어느 정도 강제성을 띠고 있으며, 중·고·대학생까지 포함하고 있다. 미국의 자원봉사활동은 사회 인력을 장려하고 더 나아가 사회문제의 해결, 대응책으로서 활용되고 있으며 대표적인 예로 PC,[9] VISTA,[10] NSVP[11] 등이 있다

---

9) 평화봉사단(The Peace Corps)은 1961년 케네디 대통령에 의해 국제평화에 이바지하고 저개발국의 교육, 의료 등 각 분야에서 활동할 수 있는 기회를 미국 청년들에게 제공하고자 창설함.

10) VISTA(Volunteer s in Service to America)는 1964년 존슨 대통령에 의해 미국 내의 빈부 전통을 지닌, 미국 특유의 문화에서 배양된 교육문화를 밑거름으로 제도화되었다고 볼 수

(현외성, 1996).

미국의 청소년자원봉사활동은 오랜 전통을 지닌, 미국 특유의 문화에서 배양된 교육문화를 밑거름으로 제도화되었다고 볼 수 있으며, 미국 사회는 다민족, 다인종이 각종 사회적 문제를 극복해 가야 하는 일차적인 과제를 안고 있고, 각 학교는 이 같은 사회적 바탕에 대한 이해와 관심에 적지 않은 교육적 노력을 기울이고 있다.

청소년자원봉사활동이 일부 논쟁 속에서도 뜨거운 지지를 받는 것은 청소년이 자신들이 소속된 사회적 특성을 이해하고 사회를 위해 보람된 일을 한다면 청소년 자신뿐 아니라 사회에서도 긍정적인 영향을 미칠 것이라는 확신이 있기 때문이라고 볼 수 있다. 청소년 개인의 교양 교육이라는 교육개혁 차원뿐 아니라 공동체 의식과 책임감을 높여주는 사회개혁 차원에서도 필요한 것으로 이해되기 때문에 사회적 공감대를 형성하였다(최일섭, 1996).

1877년 뉴욕 동부에 미국 최초의 인보관을 설립한 이후 1899년 시카고 시에 인보관을 설립하는 등 빈민구제에 중점을 둔 영국의 인보사업 활동과는 달리 미국은 이민 온 사람에게 더 많은 관심을 두어 자원봉사를 전개하였다.

미국의 민간 자원봉사활동은 공공자원봉사가 시작되기 훨씬 전인 1920년대부터 지역 자원봉사센터를 중심으로 확산되었다. 최초의 민간자원봉사센터는 1926년 보스턴에서 창립된 보스턴 자원봉

있으며, 이민의 역사로 세워진 미국 사회는 다민족, 다인종이 각종 사회적 문제를 극복해 가야 하는 일차적인 과제를 안고 있고, 각급 학교는 이 같은 사회적 바탕에 대한 이해와 관심에 적지 않은 교육적 노력을 기울이고 있다고 보인다.

11) NSVP(National Student Volunteers Program)는 정부 예산지원을 받는 청소년자원봉사프로그램으로 전국 대학생과 고등학생들이 주축이 되어 노인, 청소년문제, 소비자운동, 주택개선 등의 활동에 참여하며, 지역사회 소외 지역에서 봉사하는 지방대학, 고등학교 자원봉사자 프로그램의 질을 향상시키고 성장을 촉진하기 위해 기술적인 지원을 하고, 출판 등의 활동을 하고 있다.

사센터인데 이후 미국 각 지역으로 확산되면서 지역사회 자원봉사 운동의 구심점이 됐다.

1926년에는 보스턴에 최초로 자원봉사 사무국이 세워져 자원봉사자를 필요로 하는 수요자를 조사, 시민 계층에 관계없이 모집, 훈련하여 이들을 필요로 하는 기관에 배치하는 활동을 하였다.

1938년 소아마비환자를 위한 소아마비환자 구호모금운동이 일어나 이를 계기로 시민 참여가 활발히 이루어졌으며, 제2차 세계대전 당시 연방전부가 시민 방위성을 전쟁 피해자 구조의 목적으로 조직하였다. 이에 인종, 직업, 종교, 연령을 불문하고 약 1,100만여 명의 자원봉사자가 호응하게 되었다.

1945년에는 시민협력자 간 위원회가 설립되어 'Volunteer Bureau'의 운영을 돕고 자원봉사자의 모집, 훈련, 배치, 포상 등 제반의 방법개선에 힘을 기울이는 한편 자원봉사활동에 대한 원칙을 정하고 간행물을 발간하였다. 이어서 1950년에 자원봉사자 사무국 협회가 조직되어 빈민구제 단체들의 기능을 강화하기 위해 활동하면서 각종 간행물을 발간하였다.

1963년 L. B. Johnson 대통령이 주창한 '위대한 사회계획'의 일환으로 자국 내의 빈부격차 해소를 위한 국내 자원봉사단인 VISTA (Volunteers in service to America)가 생겼다.

1967년에는 사회보장법이 제정됨으로써 자원봉사활동에 대한 법적 지위를 확보했다. 미국의 자원봉사활동은 크게 공공부문과 민간부문으로 구분되며 전통봉사연합과 촛불재단(Point of Light Foundation: POLF)을 중심으로 조직되어 있다. CNS는 연방정부 내의 자원봉사 프로그램을 직접 운영하며, 또한 POLF를 포함한 비영리민간단체들을 재정적으로 지원하고 있다. 한편, POLF는 지역자원봉사센터를 포함한 민간 영역에 대한 제정 및 기술적인 지원을 통해 미국 자원봉사활동의 운영 및 관리에 영향을 미치고 있다.

1970년대 들어 봉사학습(Service Learning)이라는 개념은 급격히 확산된다. 청소년을 위한 교육과정이 속속 개발됐고 1980년대에는 유치원부터 고3생들까지의 프로그램인 K‒2프로그램이 각급 학교에 보급되기 시작하였다. 미국의 청소년자원봉사활동은 단순 권장의 수준을 넘어 강제의 차원에 이르고 있다. Maryland 주의 경우 203개의 고등학교가 75시간의 자원봉사활동을 졸업 요건으로 규정해 놓고 있다. 이 지역의 학생봉사연맹은 봉사학습 실천을 위한 안내서를 발간하는 동시에 봉사학습 교사들의 훈련도 맡고 있다. 이를 통해 일반 교과목과 학생 자원봉사활동을 연계시키는 것이 미국 청소년자원봉사의 특징이라고 할 수 있다.

1985년 Maryland 주는 미국 내 최초로 주 내 모든 중학교들로 하여금 자원봉사를 선택과목으로 설치토록 의무화하였다. 정부 차원으로 Maryland 학생봉사연맹(MSSA)을 설립하였다. 이때부터 청소년들을 위한 자원봉사 교육은 단순히 비조직적 학습이 아니라 체계적이고 조직적인 학습, 즉 봉사학습으로 전환되었고 교육 전문가들의 참여가 시작되었다.

1990년에는 촛불재단(The Points of Light Foundation)이 세워졌다. 전국의 어두운 곳에 촛불을 밝히자는 뜻(불우이웃돕기)으로 이 재단은 이듬해 기존의 전국 사회 봉사센터와 통합하여 자원봉사활동의 조직화, 체계화, 연구, 개발, 지원 등의 역할을 하였다. 이 단체는 1991년 10월 1일 전국자원봉사센터(NVC)와 통합, 산하에 500여 개의 자원봉사센터들을 갖는 전국 기구로 발전했다.

1992년 7월부터 Maryland 주에서는 고교생 자원봉사를 졸업 필수화하는 방안을 통과시켰다. 주 내 203개의 공립 고등학교 청소년들은 졸업을 위하여 75시간의 자원봉사를 해야만 하는 것이다. 이와 같은 의무화 조치 이외에도 자원봉사를 학교시간이나 별도의 교과목으로 학습시키는 자원봉사활동의 요체는 P(준비), A(행동), R(평가), 즉 청소년 스스로 지역사회의 사회문제를 발견하고 자원봉사를 위한 계획을 수립하고 이를 실천에 옮김과 동시에 평가와 방법론을 익히도록 하는 것으로서 전 미국으로 확산되고 있다. 이와 같이 미국에서는 청소년들이 지역사회에서 벌이는 각종 자원봉사의 체험이 단순한 봉사가 아니라 교육 그 자체로 보고 있다(주성수, 2001).

1992년 Maryland 주의 공립고교들이 자원봉사 졸업 필수제를 도입하는 과정에서 발생한 자발성, 강제성 문제가 뜨거운 논쟁으로 번졌던 일도 있었으나, 이른바 '봉사학습'의 개념에 대한 폭넓은 수용이 지배적인 '사회적 판결'로 결론지어졌고, 이제는 봉사와 학습, 양면의 교육적 효과를 높이기 위한 전문적인 활동, 협의회 운영, 프로그램 개발 등이 급격히 활성화되고 있는 추세이다. 1994년엔 17개 주정부가 자원봉사를 공립고교 졸업 필수로 규정한 것을 허용하고 있다(최일섭, 1996).

1993년에는 국가 및 지역사회 자원봉사 지원법(National and Community Service Trust Act)이 제정되면서 전국자원봉사연합(Corporation for National Service, CNS)[12]이라는 공적 기관이 국가차원의 자원봉사활동 프로그램을 개발하고 활동참가자들에게 활동비 지원 등의 업무를 담당하고 있다.

1993에는 Maryland 주 학생봉사후원회(MSSA)가 1,600명의 교사

---

12) 이 기관이 개발한 프로그램 중 널리 알려진 것은 학습 및 봉사단(Learn and Service America) 프로그램이다. 현재 유치원생, 초등학생, 중고생을 위한 학교중심 프로그램, 지역사회중심 프로그램, 대학생을 위한 고등교육 프로그램 등으로 나뉘어 운영되고 있다.

들에게 자원봉사활동 학습을 훈련시켰고, 이들 교사들은 곳곳에서 학교 중심의 자원봉사활동 프로그램에 종사하고 있다. 자원봉사의 의미를 자원봉사활동학습(service learning)이란 용어로 대치하여 사용함으로써 자원봉사활동학습은 청소년들이 그 안에서 다른 사람을 돕는 것을 배우는 구조화된 학습경험을 하게 하고 있다(한승희·천정웅, 1995). 예컨대, 자원봉사활동학습에서 청소년들은 관련 주제에 대해서 학습하고 자신의 행동을 시민으로서의 자신의 의무와 연결시키고 자신이 한 행동에 대하여 고찰하도록 한다. 그들은 자원봉사활동 경험으로부터의 학습을 통해 지적, 개인적, 사회적으로 성장할 것을 기대받는다는 개념으로 사용되고 있다(현외성, 1996). 이것은 자원봉사가 청소년들에게 교육의 일부로 활용될 수 있다는 신념에 근거하는바, 청소년들이 지역사회에서 벌이는 각종 자원봉사 체험이 단순히 봉사가 아니고 교육 그 자체라는 점을 인식한다. 따라서 자원봉사활동은 정규교과 과정에서 교사의 지도 아래 계획되고 실천되면서 학교의 교육프로그램에 통합되고 있다.

1994년부터는 자원봉사를 졸업의 필수로 규정하고 있으며, 청소년들이 졸업하기 위해서는 작게는 10시간에서 많게는 200시간까지 자원봉사활동을 해야 한다. 자원봉사의 의미를 '봉사활동학습'이란 용어로 대치하여 사용, 이 경우 자원봉사활동 학습은 청소년들이 그 안에서 다른 사람을 돕는 것을 배우는 구조화된 학습 경험을 의미한다. 예컨대, 이 경우 자원봉사활동학습에서는 청소년들은 관련 주제에 대해서 학습하고, 자신의 행동을 시민으로서 자신의 의무와 연결시키고 자신이 한 행동에 대하여 고찰하도록 한다. 그들은 자원봉사활동 경험으로부터의 학습을 통해 지적·개인적·사회적으로 성장할 것을 기대받는다는 개념으로 사용되고 있다. 여기서 봉사학습 교육방법의 요체는 P(준비) - A(과정) - R(평가) 접근으로 청소년들 스스로 지역사회의 사회문제를 발견하고 자원봉사를 위한 계획을 세우며 그 실천과 함께 평가와 반성하는 방법을 익히도록 하는 것이다. 이것은 자원봉사가 청소년들에게 교육의 일부로 활용될 수 있다는 신념에 근거하여 청소년들이 지역사회에서 활동하는 각종 자원봉사의 체험이 단순히 봉사가 아니고 교육 그 자체라는 점을 인식하는 것이다. 따라서 자원봉사활동은 정규 교과과정에서 교사의 지도 아래 계획되고 실천되면서 학교의 교육프로그램에 통합되고 있다.

이러한 미국 교육의 실용주의적 접근 방법이 청소년자원봉사에도 새롭게 접목되어 확산되고 있으며 자원봉사활동의 교과과정을 연계, 통합함과 아울러 청소년들의 발단관계를 고려한 다양한 프로그램들이 개발되어 있다. 참고로 프로그램의 한 예를 살펴보면 <표 3>과 같다.

<표 3> 연령과 지적 수준에 맞춘 청소년자원봉사 프로젝트

발달 분야	중학생(6 - 8학년)	고등학생(9 - 12학년)
지성 발달	구체적 사고, 현실과 현실에서의 경험 가능성 중시, 급속한 신체변화, 서투름, 짧은 집중력주기	추상적 사고력발현, 제도와 전통에 대한 비판적 사고, 구체적 경험과 추상적 사고의 연결, 신체적 변화정지, 집중력 주기증가, 성인 대우받기 원함
정체성 발달	집단소속을 동경함, 부모, 동료 및 성인으로부터의 긍정이 필요함, 자아의식 발현	자아정체를 찾음, 자기비판적 경향을 띰, 자신을 평가하기 시작하고 미래에 대해 생각함
사회성 발달	일치하고 싶은 강한 욕구, 동료들의 압력에 민감	동료들의 압력에 덜 민감, 친구 선택에 신중 기함
도덕성 발달	남을 돕는 일에 높은 관심을 가짐, 윤리문제를 흑백논리 또는 사법적 태도로 보는 경향 견지, 자신의 가치관 세우기 시작	독립적 사고 성향을 띠어감, 자신이 세운 가치관에 매우 민감, 윤리적 원칙들에 대한 이해 발생
연령층에 맞는 프로젝트들	환경의식 고취를 위한 캠페인 기획과 실천, 기아해방 또는 무료급식소를 위한 식품수집, 저학년 어린이 학습 돕기, 동료를 돕고 격려하는 활동 기획	각종 차별(인종, 성, 연령, 학력, 출신 지역 등)과 폭력방지교육, 주택, 사무실 수리 및 신축, 수질검사 및 향상 위한 활동, 장애인 돕기 및 장애시설에서의 보조 활동

자료: 봉사학습을 위한 시설/학교 사이의 파트너십 형성안내, 미국촛불재단, 1995.

2) 자원봉사기구

(1) 촛불재단(Points of Light Foundation)

1990년에 세워졌다. 전국의 어두운 곳에 촛불을 밝히자는 뜻(불우이웃돕기)으로 이 재단은 이듬해 기존의 전국 사회 봉사센터와 통합하여 자원봉사활동의 조직화, 체계화, 연구, 개발, 지원 등의 역할을 하였다. 이 단체는 1991년 10월 1일 전국자원봉사센터(NVC)와 통합, 산하에 500여 개의 자원봉사센터들을 갖는 전국 기구로 발전했다. 현재 부시 전 미대통령과 클린턴 대통령이 명예회장으로 되어 있으며 1995년 예산은 1,100만 달러는 정부에서, 나머지는 개인 및 기업의 후원금, 기타 기념품을 만들어 그 수익금으로 충당한다. 현재 근무하는 직원은 55명이며 촛불재단과 어떤 형태로든 관계하는 인력은 연간 2,500명에 이른다.

(2) 전국 자원봉사연합(Corporation for National Service)

연방정부에 속한 독립기관으로 대통령이 최고 책임자이며 이사회는 대학총장, 기업체 대표 등 13명으로 구성되어 있으며 직원 수는 250명 정도이고 미국 내 48개 주의 사무실에 입주해 있으며 전체적으로 45명 정도가 근무하고 있다. 3년 전에 연방정부가 설립했고 클린턴 대통령 이전의 봉사 관련 프로그램들을 현재의 전국 자원봉사연합(C. N. S)에 통합하였다.

(3) 미국 청소년 봉사단체(Youth Service America)

1986년에 창설된 비정부기관(Non Government Organization)으로 미국 전역의 청소년 활동과 운동의 중심 역할을 하면서 각 단체들을 지원 협력하는 일을 수행하며 재원은 정부의 지원 없이 기부금이나 기증을 받아 수행하는데 연간 예산은 230만 달러 정도이며 12명의 직원을 두고 있다.

(4) 전국 자원봉사 및 자연보호단협의회
(National Association of Service & Conservation Corps)

1985년에 설립된 비영리 조직으로 국가와 원외 지역사회 단체의 프로그램 지도자들로 구성된 이사회에 의해 운영되는 전국 멤버십 조직으로 직원 10명, 이사회 21명으로 구성되어 있다. 재원은 연방 정부, 주정부, 시의 보조금, 기업체의 후원금, 120명 회원의 회비로 구성된다.

(5) 미국 청소년 고용연합
(National Youth Employment Coalition)

청소년의 취업정보 제공이 주 임무로 연간 예산은 40만 달러 정 도이고 회원단체 회비가 300달러, 리더스 다이제스트나 포드재단 등에서 특별사업을 지원하며, 기관의 대표는 12명 이상인 멤버십 단체에서 이사회를 통하여 선출한다(한국청소년 개발원 1999).

3) 청소년자원봉사활동 현황

연방정부와 사회단체들은 K-12라는 자원봉사프로그램을 만들 어 청소년들이 어려서부터 즐겁게, 그리고 보람을 느끼며 자원봉사 활동을 할 수 있도록 여건을 조성해 왔다. 특히 90년대 젊은이들의 자원봉사 활성화를 가능하게 하는 첫째 요인은 정부가 입법을 통 해 종전에 비해 보상체계를 제도적으로 강화하고 있다는 것이다. 클린턴 정부는 1993년 미국의 자원봉사 제도를 개혁하면서 청소년 자원봉사활동을 특히 교과 과정에 통합시키는 방안을 구체화했으

며 94년에는 자원봉사법에 따라 종래의 VISTA를 통합해 미국봉사
단이라는 전일제 및 시간제 자원봉사단을 만들어 10개월 봉사 후
에는 장학금 또는 직업훈련기회를 제공하는 보상 제도를 확립해
대학생, 대학 중퇴자, 고등학교 졸업생들을 자원봉사자로 적극 활
용하고 있다.

현재 미국 고교의 약 40% 정도의 학교에서는 청소년들이 자원
봉사활동에 참여해야만 졸업할 수 있도록 규정하고 있다. 이러한
결과 중·고교생의 약 61% 정도가 1주일에 3.24시간의 자원봉사
활동에 참여하고 있다. 미국은 학교와 관련 기관과의 유기적인 협력
관계 강화를 위해 여러 분야에서 제도적인 장치를 마련하고 있다.

미국의 Maryland 주는 1992년부터 모든 고교생들이 75시간 이상
의 자원봉사활동을 해야만 졸업할 수 있도록 제도화되어 있다. 현
재 Maryland 주를 포함한 17개 주가 자원봉사를 졸업 필수로 규정
할 수 있도록 법제화해 놓았다. 전국적으로 약 40%의 고등학교가
자원봉사활동 등을 졸업 필수로 규정하고 있다.

미국 대학들은 입학 사정 시 고교시절의 자원봉사활동 경험을
중시하고 있다. 동부의 아이비리그나 서부의 스탠퍼드, 버클리 등
미국 유수의 대학들이 자원봉사 프로그램을 가지고 있으며 그들
대학은 입학 신청서에 자원봉사활동경력을 기입하도록 되어 있다.
어떤 일률적인 원칙이 있는 것은 아니지만 대학은 입학 사정에서
이를 크게 참고하고 있다. 미국의 청소년들은 다양한 분야에서 자
원봉사활동을 하고 있다. 학교나 교육 관련 단체에서의 자원봉사와
교회를 비롯한 종교단체에서의 자원봉사가 가장 많고 환경, 보건,
문화, 예술 등의 분야에 참여한다(한국청소년진흥센터, 2006).

2. 영국의 청소년자원봉사활동

1) 영국의 청소년자원봉사활동 배경

영국은 인구의 절반이 어떤 형태로든 자원봉사활동과 관련되어 있다고 말할 정도로 자원봉사활동이 활발한 나라이다. 영국은 종래의 사회복지 관계의 활동뿐만 아니라 교육, 스포츠, 레크리에이션, 예술, 문화, 환경보호 등의 다양한 부문에서 교회나 지역사회 그룹 등을 중심으로 활동이 이루어지고 있다(채명주, 2002).

영국 자원봉사활동의 기원은 1800년대 어느 구두 수선 노인이 점포에 놀러오는 빈민가의 아동들을 가르친 것이 계기가 되어 빈민학교가 세워졌으며, 이에 관심을 지닌 자원봉사자들이 무료로 야간과 휴일에 가르치기 시작했던 빈민학교운동이 영국 자원봉사활동의 시발이 되었다.

독지가 로버트 오웬(Rovert Oween, 1771 - 1853)은 사유지화운동(Enclosure Movement)으로 농촌에서 추방당한 농민들이 도시에서 비참한 생활을 면치 못하는 상황을 타개하고자 1800년부터 효시적인 산업복지사업을 벌였다. 그는 직공들이 살고 있는 주택 개량에 착수했고 일용품을 시가보다 싸게 팔 수 있는 점포 개설 및 청소년 교육을 위한 학교를 설립하였다.

영국은 산업혁명 이후 산업화, 도시화에 따른 인구의 도시집중화로 실업자가 대량으로 발생되고 빈부격차가 심화되어 당시 영국 대도시의 도시빈민 문제를 해결할 필요가 있었다. 특히 도시 빈민가의 문제는 개인의 책임이 아니라 사회구조 그 자체에 문제가 있다는 인식하에 빈민가에 직접 정주하면서 그들의 고통을 함께 나누고자 지망한 현대적 의미의 자원봉사자, 즉 Settler에 의해 인보사업연동이 활발히 전개되었다. 이러한 인보사업운동은 케임브리지, 옥스퍼드 대학의 학생, 교수들에 의해 더욱 활성화되었다.

영국자원봉사센터(The Volunteer Center, UK)는 1973년 9월 설립되었으며, 이 자원봉사센터는 자원봉사 관련 정보를 제공하고 교육훈련사업, 출판사업, 각종 상담, 조사연구, 각종 회의 및 세미나 개최 등 여러 분야에 걸쳐 다양한 역할을 하고 있고, 개인이나 집단모두 회원이 될 수 있는데 회원은 센터에서 시행하는 각종 교육, 훈련사업, 출판, 홍보물의 할인 혜택을 받으며 회원증을 가진 자에한하여 센터의 인쇄물, 상품 등에 대한 부가가치세를 면세 받는다.

매년 6월 1일부터 6월 7일 사이에 자원봉사자에게 감사를 표하며 이웃의 자원봉사활동 확산을 유도하기 위한 영국 자원봉사자주간(UK Volunteer Week)을 정하여 회원표창, 파티 및 만찬회 개최, 자원봉사활동 소개 및 홍보, 각종 이벤트사업 실시 등의 행사를 한다.

2) 영국의 청소년자원봉사활동 기구

(1) 내무부

영국의 자원봉사를 총괄하는 부처로서 행정조직으로는 자원봉사 및 지역사회과(Voluntary & Community Unit: VCU)에서 업무를 담당한다. VCU는 공식적인 자원봉사활동을 포함하여 자조 및 지역사회개발 등에 관한 자원봉사활동의 모든 측면들을 지원하고 있는데자원봉사 기관들이 더욱 효과적으로 일할 수 있도록 지원하며 자원봉사활동의 모든 측면을 지지하고 촉진시키는 일을 한다.

(2) 볼런티어센터(Volunteer Center)

내무부를 주관부처로 하는 민간기관으로서 전체 예산은 170만 파운드(한화 26억 1,800만 원), 상근 직원 수는 24명이며 자원봉사자의 수도 이와 동일하고 예산은 중앙정부에서 약 70%를, 나머지는 특별 프로그램 사업으로 중앙이나 주정부에서 30%를 지원하고 있으며 자원봉사활동이 사회정책적 측면에서 매우 중요하다고 인식하고 있지만 예산은 줄어드는 형편이다.

(3) 국제 포상협회(International Award Association)

1956년 독일의 교육자인 Outward Bound가 전후에 청소년들이 할 일거리와 프로그램이 부재한 것에 대하여 청소년의 건전한 성장을 도울 수 있는 공적인 프로그램에 착안해서 Edinburgh 공작에게 건의하여 영국에서 처음 시작하게 되는 이 프로그램을 전 세계의 많은 국가들이 도입해서 활용하게 되었다. 세계의 Award 프로그램 대표자들이 호주에서 모여 모임을 갖고 National Award Authority들 간의 토의와 상호 연락 업무의 수단으로 1988년에 결성되었으며 프로그램 운영의 주요 대상은 14세부터 25세의 청소년으로 되어 있으며 프로그램 운영 목표는 청소년이 프로그램에 참여함으로써 기술과 경험을 체득, 자기개발을 돕는 데 있다.

(4) 지역봉사센터(The Davenant Center)

1996년에 설립된 지역 센터 30개 중의 1개소로 내무부로부터 지원계약에 의해 설치 운영되며 총 예산은 66,000파운드로서 내무부에서 6만 파운드를 지원하고, 자체 기부금 모금 등으로 6,000파운드를 확보해야 하며, 직원은 상근 직원 2명과 자원봉사자로 구성되어 있고 시설은 임차하여 사용하며 지역사회의 특성이 대부분 저

소득층으로 구성되어 있고 소수민족이 많이 거주하여 상대적으로
실업률이 높아 무직 청소년들에게 자원봉사를 유도하고 있다.

(5) 지역사회 봉사단(Community Service Volunteers)

청년실업자가 지역사회 자원봉사활동으로 경험을 쌓고, 인간관계
기술 등을 익힘으로써 장차 직장을 가질 수 있도록 지원하는 특별
프로그램이다. 연간 3천 명의 청년실업자가 참여해서 주로 노인,
장애인, 아동 등의 복지 서비스 영역에서 자원봉사활동을 벌이고
있다. 참여자들은 4~12개월 동안 집단으로 숙식하며 주급으로 수
당을 받는다. 이 프로그램의 거의 모든 사업이 정부의 재정지원으
로 이루어지고 있다.

(6) 전국청년봉사위원회
 (National Council for Voluntary Youth Service)

전국청년봉사위원회는 1936년에 창설되었으며, 전국 140개 조직
을 대표하는 단체이다. 주로 청년층의 지역자원봉사를 지원하고 있
다. 전국 50만 명의 청소년자원봉사자들을 회원으로 두고 있으며,
그중 실업자들의 활동에 대해 수당을 지급하고 있다. 사업의 90%
가량이 정부의 재정지원에 의존하고 있다(한국청소년 개발원, 2001).

(7) 밀레니엄 봉사단(Millennium Volunteers)

블레어 집권 후 노동당 정부는 청년 실업자의 지역자원봉사를
유도하기 위해 미국식의 전국 시민지원봉사단을 적극 추진하였으
며, 1997년에는 청년층을 중심으로 한 밀레니엄 봉사단을 창설하였
다. 중앙부(국무성)의 재정 및 행정지원으로 청소년자원봉사활동을
지원하기 위해 창설된 전국조직으로 21세기 국가발전 전략에 활용

하고 있다. 미국의 아메리칸 코어의 성공적인 운영을 교훈삼아 블레어 노동당 정권의 출범과 동시에 착수된 주요 정책이다. 16~24세에 해당되는 청소년 3만 500명이 184개 프로젝트에 참여해서 연간 100시간 이상의 자원봉사활동을 수행한다. 200시간 이상 자원봉사활동을 한 청소년은 '우수상'(Award of Excellence)으로 인정해 주며 활동에 필요한 경비를 지원해 준다. 밀레니엄 봉사단은 교육기술부(Department of Education and Skills)가 관장하며 1999년부터 2002년까지 4년간 4,800만 파운드의 재정을 투입한 자원 봉사계의 최대 규모의 사업이다. 184개의 프로젝트에 청소년이 자신의 취미와 특기 그리고 장래의 구직과 관련된 취업기술훈련의 기회로 참여하는 특징이 있다. 여러 프로젝트들은 특히 청소년이 가장 관심을 갖고 있고 또 장래 직장을 구하는 데 실질적인 도움을 주는 영역에서 청소년의 자원봉사활동을 실시하며, 또 일부 직장에서는 청소년의 인턴 활동을 활용하고 있다. 약 50여 기업들이 파트너 기관으로 참여하고 있다. 특히 프로젝트의 조직과 운영은 정부가 담당하는 것이 아니라 무수한 기업과 비영리기관들이 프로젝트를 정부에 제안해서 정부의 심사와 재정지원을 운영한다 (www.millenniumvolunteers.gov.uk).

3) 영국의 청소년자원봉사활동 특징 및 현황

영국은 유럽 국가 중 자원봉사활동이 가장 활발한 나라이다. 자원봉사가 단순한 사회운동차원이 아닌 사회 기간의 중요한 분야로 자리 잡고 있다. 자원봉사와 관련된 활동을 수치화할 경우 국민 총생산의 5%를 차지해 농업부문보다 높게 나타난다. 영국 청소년자원봉사활동의 특징과 현황을 살펴보면 다음과 같다.

청소년의 시민교육과 인성교육 차원에서 각종 민간프로젝트를 지원하며, 청년실업 문제와 같은 심각한 사회문제를 해결하기 위해 밀레니엄 봉사단과 같은 특별한 봉사단을 조직해서 적극 대처한다는 점이다.

청소년자원봉사는 교육적 측면에서는 일선 학교가 중심이 되어 지역사회 기관들과 협력관계를 유지하면서 청소년자원봉사활동을 진행하는 민간 주도적인 활동이라는 것이다. 최근에는 전국의 ICT 센터에서 자원봉사활동을 하는 청소년자원봉사자를 널리 활용하며 여기에 정부의 많은 재원을 투입하고 있다.

청소년들의 자원봉사에 대한 인정과 축하가 제도화되어 있는데, 국제포상협회는 14～15세의 청소년을 주요 대상으로 하여 청소년들의 프로그램에 적극 참여함으로 기술과 경험을 체득하고 자기개발을 돕는 데 힘쓰고 있다(김성환, 2000). 따라서 영국의 청소년자원봉사활동에 필요한 사회적 연계조직은 공급 측면에서의 사회적 문제를 해결하는 측면에 가깝다고 볼 수 있다.

영국의 자원봉사기관들은 전국자원봉사협의회(National Council for Voluntary Organization)에 가입하고 있다. 이들 기관들은 자조를 원칙으로 하고 있다. 영국 자원봉사활동의 총괄부서는 내무부다. 공식적인 자원봉사활동을 포함하여 지역사회개발에 관한 자원봉사활동의 모든 측면을 지원하고 있다. 청소년들의 제반 욕구를 자원봉사로 분출시켜 긍정적인 변화를 도모하는 데 중점을 두고 있다.

교육노동부는 자원봉사활동을 주도하고 있다. 18～25세까지의 청소년은 3월부터 6월까지 자원봉사활동에 참여하도록 권고하고 있다. 중·고등학교의 자원봉사활동은 대학의 학과에 따라 반영된다. 병원에서의 자원봉사활동은 의과대학에 진학하는 경우 반영된다. 청소년의 자원봉사활동에 대한 인정과 포상제도가 보편화돼 있다. 국제포상협회(International Award Association)는 14~25세의 청소년을 대상으로 한 자원봉사프로그램에 적극 참여하고 있다. 자원봉사, 탐험, 취미, 사회체육 활동 등에 대한 개인의 기록부를 작성하고 지도자가 이를 평가, 성취 수준에 따라 포상함으로써 모범 사례를 발굴 격려하고 있는 데 대표적인 역할을 맡고 있다.

영국의 중등학교는 청소년들로 하여금 자원봉사활동에 의도적으로 참여하게 하고 있다. 그리고 중등학생의 자원봉사활동 경력을 대학 신입생 선발과정에 반영하고 있다. 맨체스터 지역에 있는 위스텐리 고등학교의 경우 주당 2시간씩 지역자원봉사활동 시간이 배정되어 있다.

영국 사회에서 주목되는 또 하나의 사실은 자원봉사활동을 하나의 중요한 이력으로 쳐주는 사회 전체의 분위기이다. 사회에 막 발을 내디딘 젊은이는 어디서도 경험이 없다는 이유로 잘 채용이 되지 않지만 자원봉사활동 경력이 있으면 보다 수월하게 일자리를 구할 수 있다. 기업 등 사회 각 분야에서는 자원봉사활동을 단순히 보람 있는 어떤 일로 치부하기보다 행정 능력과 대인관계 등 중요한 기술을 익힌 좋은 경험으로 인정해 주고 있는 것이다.

3. 프랑스의 청소년자원봉사활동

1) 프랑스의 청소년자원봉사활동 배경 및 기구

프랑스에는 샹티에(chanteier)라고 하는 자원봉사 작업장이 있다.

이러한 작업장들은 국가의 손길이 닿지 않는 여러 영역, 즉 농촌 시설의 개선이나 자연보호 활동, 문화유적의 보존, 문화·체육·관광 시설 정비 등의 활동을 하고 있다. 작업장은 대부분 여름에만 문을 여나 짧게 연휴나 주말에 개방하는 경우도 있고, 지속적으로 운영되는 작업장도 있으며, 최소 일주일에서 길게는 3~4주 동안 문을 연다. 작업시간은 청소년의 경우 1주일에 평균 20~30시간, 성인의 경우 30~35시간이다. 오전만 일을 하고 오후에는 자유 시간을 갖는다. 자원봉사자들은 소정의 참가비를 낸다. 여기에는 숙박비, 보험료, 단체가입비 등이 포함되며 교통비는 따로 부담한다 (진명신, 2001).

프랑스의 '자원봉사 작업장' 샹티에는 프랑스의 문화유산을 보존하기 위해 1920년경 정부, 특히 청소년체육부의 지원으로 설립되었다. 정부가 각 청소년 단체들로 하여금 청소년들이 여름철에 공동생활을 익히고 보람된 자원봉사의 경험을 쌓을 수 있도록 샹티에 개설을 재정 지원한 것이다. 이 샹티에는 그 후 청소년체육부 외에 문화부, 교육부 등 타 부처들이 후원하면서 더욱 많은 단체들이 참여, 전국에 확산되었다.

프랑스 전역의 '자원봉사 작업장'을 관장하는 단체는 '랑파르 (Rempart)'라고 하는 전국 규모의 민간단체이다. 랑파르는 프랑스의 여러 가지 자원봉사 작업장 중 특히 예술적 기념물과 문화유적의 복원과 유지를 위해 활동하는 민간단체이다. 이는 1966년 설립돼 현재 전 지부 산하에 2만 명의 회원과 150개의 개별 협회를 거느리고 있다. 각 협회들은 프랑스 내 20개 지역과 약 80개의 도에 분산 배치돼 해마다 14~16세 혹은 18세 이상의 청소년자원봉사자 5천여 명을 모집하고 샹티에를 운영한다.

이 랑파르의 '자원봉사 작업장' 운영을 위해 프랑스 정부는 정부 차원에서 여러 가지 지원을 하고 있다. 처음엔 청소년체육부가 주로 지원했으나 점차 작업장 활동의 가치와 중요성이 알려지면서 문화부, 환경부, 교육부, 보사부를 비롯하여 외무부, 국방부까지 랑파르의 국내외 홍보활동을 돕고 국가 연수를 제고하며 각 협회들에 보통 1천 프랑부터 5천 프랑에 이르는 보조금을 지급한다. 협회들은 보조금을 받기 위해 '자원봉사 작업장'의 프로젝트를 잘 꾸며 해당 부처에 신청서를 낸다. 가장 활발한 자금처가 일종의 문화진흥금인 CNAF인데 이 기금은 보조금을 방출하면서 각 협회들에 경쟁을 붙인다. 이 경쟁은 지역적, 국가적으로 진행되고 해마다 프랑스의 '앙텐 2' TV는 '위험 속의 걸작들'이라는 표제로 이 유명한 자원봉사 프로젝트 경쟁을 방영한다. 자원봉사 작업장을 운영하는 협회들에 대해서는 국가 부처들 외에도 해당 시·도 역시 보조금, 공공융자, 관리지원 등의 형태로 많은 도움을 주고 있다. 그 밖에 은행, 기업체, 재단 등 민간단체들도 지원한다. 문화유적 발굴과 같은 자원봉사는 상당부분 취미생활을 동반한다. 프랑스 정부는 청소년 심신단련과 여가 선용의 일환으로 이 같은 문화 자원봉사활동을 지원하고 있다. 이 문화 활동 지원은 프랑스 외에 독일, 덴마크, 스웨덴 등 유럽 대부분의 복지국가들도 마찬가지이다. 불우 계층에 대한 복지는 가능한 국가가 부담하고 민간의 자원봉사활동은 취미생활과 연결된 기타 분야에서 전개토록 하는 것이다(중앙일보, 1995. 1. 6.)

2) 프랑스의 청소년자원봉사활동 특징 및 현황

프랑스의 자원봉사활동 특징 및 현황은 국가의 개입이 없고 자원봉사 단체들의 활동이 자유롭다는 것이다. 따라서 자원봉사활동에서 국가의 역할은 자원봉사단체들이 자유롭게 자신들의 활동을 영위해 나갈 수 있도록 활동을 보장해 주는 역할과 단체기금 사용에 있어서의 감독만 할 뿐 자원봉사 단체 활동 영역 부문에 있어서는 어떠한 개입도 하지 않는다.

청소년들에 대한 정부의 청소년정책 수립, 기본방향은 청소년들이 미래에 자신의 사회와 직업에 적응을 해 나갈 수 있도록 적응력을 높이는 데 중점을 두고 있다(김성환, 2000).

사회 진출과 직업 선택에 있어서 다양한 정보를 바탕으로 신중하게 선택할 수 있도록 하고 있다. 이와 병행하여 활동의 대상에 있어서도 여가생활과 생활문화 등을 통하여 다양한 경험을 얻을 수 있도록 지원하고 있다. 이러한 청소년 정책의 기본 방향 속에서 청소년자원봉사활동은 최근 들어 양적인 면에서 급성장하고 있다.

특히 프랑스의 문화유적 자원봉사활동은 자국 청소년뿐만 아니라 가까운 이웃나라를 비롯하여 세계 각지에서 참가하는 청소년들로 인하여 국제적으로 널리 알려진 활동이라고 할 수 있다. 인도주의 전반에서 활동하는 '적십자', 분야별로 세분화된 '세계의 의사회', '마음의 식당' 등 800여 개의 순수 민간단체에서 주로 이루어진다. 또 국내활동과 별도로 아프리카를 중심으로 한 국제적인 자원봉사활동도 활발하다(이성록, 2003).

이처럼 프랑스의 청소년자원봉사정책은 전체 사회정책과 교육정책에서 분리되기보다는 함께 연관되어 볼런티어 정신의 그 순수성인 주체성과 자율성을 가지고 프랑스 청소년들이 자원봉사활동에 임하도록 유도하고 있으며 국제적 유대감과 민주시민으로서의 양성을 위해 힘쓰고 있음을 알 수 있다. 이런 결과는 청소년자원봉사활동 촉진에 관한 특별한 제도적 장치나 법령을 마련하기보다는 프랑스 교육정책 속에서 청소년들이 일상화되어 있는 수련활동의 다양한 정보를 획득할 수 있는 사회적 시스템과 기회 속에서 자연스럽게 우러나오는 생활이자 삶이며, 가치관화되어 있는 것이다(김세원, 2000).

프랑스에서는 자원봉사 보험제도가 있는데 청소년들의 자원봉사활동에서 발생될 수 있는 각종 안전사고에 대비하는 사전·사후 조치로서의 제도이다. 또한 청소년자원봉사정책은 전체 사회정책과 교육정책에서 분리되기보다는 함께 연관되어 볼런티어 정신의 순수성인 주체성과 자발성을 가지고 프랑스 청소년들이 자원봉사에 임하도록 유도하고 있다.

4. 일본의 청소년자원봉사활동

1) 일본의 청소년자원봉사활동의 배경

일본의 자원봉사활동은 전후 복지사업의 일환으로 시작되었고, 일본에는 자원봉사자가 행정당국에 의해 임명되어 공공부조, 아동복지, 공중보건, 형 집행유예자의 보호 및 청소년 업무 분야에서 활동하고 있다. 이처럼 특정 분야에 행정당국에 의해 지명되어 활동하는 민생위원제도는 서구와는 다른 일본 특유의 자원봉사활동이라 할 수 있다.

민생위원(정식 명칭은 민생위생 및 아동위원)은 1917년에 조직된 반면 위원제도가 그 시초라 할 수 있다. 민생위원은 토착적인 자원봉사자로서 한 지역에서 오랫동안 거주해야 하며, 지역주민에게 모범이 되어야만 추천받을 수 있다. 민생위원은 사회복지사무소, 시청, 구청과 밀접한 유대관계를 가지며 생활보호대상자들의 선정에 있어 큰 역할을 담당하고 있다.

또한 민생위원은 아동복지법의 아동위원으로 동시에 위촉되어 있어 아동 및 청소년 복지문제에도 참여하고 있다. 즉 민생위원제도는 1948년에 제정된 민생 위원법에 의하여 정부가 위촉되는 일종의 관입자원봉사제도이다. 현재 약 19만 명의 자원봉사자가 활동하고 있으며 동경부 지역에서는 270가구당 한 가구가 자원봉사활동을 하고 있다. 민생위원의 활동은 보호가 필요한 사람들의 문제를 파악하고 지역사회 사회복지 전문가와 협력하여 상담과 도움 및 복지 서비스를 제공하는 것이다.

또한 자원봉사활동의 생활화를 위하여 '어릴 때의 산 체험'을 중요시하고 있다. 그래서 일본 초등학교 교과서에는 '장애인 내 친구'라는 쪽이 있어 장애인에 대한 이해를 돕고 있으며, 청소년을 위하여 '자원봉사협력학교'를 지정하여 사회복지에 대한 이해를 돕고 있다. 자원봉사협력학교는 '복지마을 만들기' 추진에 크게 공헌을 하고 있다. 마을 단위로 정부, 사회복지기관, 단체, 학교, 기업 등이 모두 나서 불우이웃을 돕는 지역사회 보호 시스템을 개발하고자 하는 복지마을 운동에 협력학교 청소년들의 자원봉사가 큰 도움이 되고 있다.

자원청년사회사업가에 의해 전개되는 VYS운동(Volunteer Youth Social Worker's Movement)은 1952년 아이매현에서 일어난 전국적인 조직으로 성장한 일본 특유의 자원봉사활동이라고 볼 수 있다. 청소년 건전육성 활동, 어린이회 활동을 중심으로 한 프로그램이 조직되어 있으며, 최근에는 동남아시아를 비롯한 여러 나라의 국제적인 규모로서 운동을 전개하고 있다. 이 운동의 행동강령은 '우애

봉사 이상으로 정해 두고 있는데, 이것은 일본의 자원봉사활동을 유지하는 3대 기둥이라 할 수 있다.

일본도 미국과 마찬가지로 청소년자원봉사활동을 봉사학습의 개념으로 보면서 전인적인 인간 교육과 육성에 중점을 두고 있다. 미국과 차이점이 있다면 일본은 사회복지적인 입장에서 청소년자원봉사활동의 중요한 의미를 찾는다는 점이다. 일본의 자원봉사는 역사적으로 처음부터 정부에 의해 육성되었다. 정부가 협의회를 구성하고 자원봉사센터를 만들고 단체를 조직해 주고 했던 것이다. 그 대표적인 법들이 1948년 후생성에 의해 제정된 '민생위원법', 1950년 법무성에 의해 제정된 '사회복지 사업법 및 공공 모금법' 그리고 1968년 제정된 '자원활동 기본육성요강'이다. 일본정부는 이 법들에 따라 현재 20만 명의 민생위원들, 3400여 개의 사회복지협회 산하 자원봉사센터들과 48개 도도부현에 지역공동 모금회를 설치 운영하고 있다(이창호, 1996).

학교에서 청소년들에게 자원봉사활동을 교육하고 현장에서 실천하게 자원봉사활동은 복지교육의 영역 중 하나로 인식하는 추세이다. 일본 전역에서 '자원봉사협력교'로 불리는 학교들이다(한국청소년개발원, 1998).

1977년부터 청소년들의 자원봉사 참여를 활성화하기 위하여 문부성 국가 보조사업으로써 자원봉사 시범학교인 '자원봉사 협력교' 사업과 1992년부터 문부성 지침에 의해 시작된 '고입 대입 내신의 자원봉사활동 반영' 조치에 따른 결과 청소년자원봉사자들의 참여가 증가되고 있다. 이 협력교는 1991년 약 800개가 지정되었다가 최근에 급격히 늘어나 현재 일본 전역에서 1만 1천 개교가 운영되고 있다. 동경에서는 1984년 처음 등장해 1991년까지 총 454개의

협력교가 지정되어 당시 초·중·고등학교의 16.2%를 점유하게
되었다. 현재 일본은 청소년자원봉사 운동이 한창 전개되고 있는
데, 이는 청소년들을 지역사회로 내보내 자연과 이웃에 눈뜨게 하
고 모험과 개척 정신을 기르게 하자는 의미가 내포되어 있다(중앙
일보사, 1996).

자원봉사협력교 청소년들은 관내 불우아동, 장애인, 노인 가정
및 시설 등에 파견하여 자원봉사활동을 펴게 하고, 교내에서 비디
오, 영화상영, 강연회, 전시회 등을 개최하여 청소년들의 자원봉사
활동을 펴게 하고, 교내에서 비디오, 영화상영, 강연회, 전시회 등
을 개최하여 청소년들의 자원봉사활동을 고취시키고 있다. 그리고
이러한 활동에 대해서 고입과 대학 입시의 내신 성적으로 반영하
고 있기도 하다(중앙일보사, 1996).

이 외에도 정부에서는 청소년 지역 활동과 청소년 교양학습 특
별 추진사업 등을 행하고 있는데 청소년 지역 활동은 청소년이 지
역에의 연대심을 높이고 지역사회의 형성자로서의 역할과 자각을
높이기 위해 지역사람들의 협력하에 '고향운동', '동료 만들기', '봉
사활동' 등의 자원봉사활동을 실행하고 있다(현외성, 1996).

2) 일본의 청소년자원봉사활동 기구

(1) 문부성

문부성은 교육, 기술, 문화 및 스포츠에 관한 국가의 일체적인
행정 사무를 수행한다. 생애학습과 자원봉사는 상호 긴밀한 관계를
맺고 있는데 자원봉사활동은 자기개발과 자아실현을 이끄는 기초
학습이며 자원봉사활동을 위해서는 학습이 필요하고, 학습한 내용

을 다시 활용하며, 평생교육자들을 지지해 줄 수 있는 일을 할 수 있다는 점에서 생애학습이 더욱 발전한다고 본다.

(2) 후생성

후생성 사회원호국 지역복지과에서 자원봉사업무를 담당한다. 1992년 6월, 사회복지사업법 제70조의 2개정, 1993년 4월 후생성 고시 제117호 '국민의 사회복지에 관한 활동에의 참가 촉진을 도모하는 조치에 관한 기본적 지침'을 고시하여 봉사활동 등 복지활동에 대한 국민의 관심을 상승시키고 복지활동에의 국민의 참가를 평가하고 활동 의욕에 따른 기반을 정비함을 목적으로 한다.

(3) 전국사회복지협의회

전국사회복지협의회는 시구정촌과 도도부현에 설치되며 직원 수는 총 6만 명이 넘는 전국적 조직으로 주민의 복지욕구와 새로운 봉사활동 프로그램을 개발하거나 보급하며, 봉사활동 희망자와 희망 시설에 대한 상담, 등록, 조정, 소개를 하고 봉사활동에 관한 조사나 연구, 정보제공, 홍보지 발행 등이 주요 사업이다.

(4) 동경발렌티어센터

동경 사회복지협의회의 동경발렌티어센터는 동경 지역에서의 자원봉사활동을 촉진시키기 위해 1981년에 설립된 비영리 조직으로써, 후생성에서 도도부현으로 배정한 예산을 동경 사회복지협의회에서 받아 연간 예산은 3억 엔으로, 이 중 95%는 동경 사회복지협의회에서 지원받고 나머지 5%는 기부금이나 도서판매수입으로 충당한다. 총 19명의 직원이 있으며 상근 직원은 9명, 시간제 직원이 10명, 기타 자원봉사자들 20명 정도를 활용하고 있다(한국청소년개발원, 1998).

3) 일본의 청소년자원봉사활동 현황 및 특징

일본의 청소년자원봉사활동은 자원봉사에 대한 이해와 미래의 봉사자를 육성하는 데 목적을 둔다. 청소년봉사활동은 학생위원회나 봉사 클럽 등의 특별활동이나 학교 행사 등 주로 정규 교과시간에 진행되고 있다.

일본은 관이 주도적으로 자원봉사에 개입하고 있는데 문부성과 후생성이 그 대표적인 부처다. 문부성에서는 생애 학습국이 자원봉사업무를 담당하고 있다. 자원봉사활동은 청소년들을 자기개발과 자아실현으로 이끄는 학습의 기초로 파악한다. 볼런티어 활동을 위해서는 학습을 해야 하고, 학습한 내용을 다시 활용하도록 지도하고 있다. 학교 교육에서 자원봉사 활성화를 위해 학습지도요령에 자원봉사정신을 고양하고 공공의 복지와 사회의 발전에 힘쓰려는 자세의 견지와 육성을 중시, 특별활동에 자원봉사활동을 명시하였다.

일본에서는 고교나 대학 입학 전형에 자원봉사 경력을 반영하고 있다. 1993년 문부성은 각 지역 교육위원회에 고교 입학생 선발 시 자원봉사활동을 적절히 평가하여 반영하라는 공문을 보냈으며 이에 따라 1994년에는 47개 도부현 중 46곳에서 입학원서에 봉사활동란을 신설해 입학사정에 반영하고 있다. 1995년부터는 대학 입시에도 자원봉사활동 경험을 반영하도록 권장하고 있다. 일본의 청소년들은 각 지역별로 설립되어 있는 자원봉사센터를 이용해 자원봉사활동을 하기도 한다. 도내 각지의 자원봉사센터와 동경자원봉사센터는 매년 공동으로 여름방학 자원봉사활동 행사를 개최한다. 여름방학을 이용하여 청소년들이 할 수 있는 자원봉사활동 프로그램을 홍보하고 희망자를 모집하고 있다. 참가자는 18∼30세이지만 자원봉사센터에 따라 중학생이나 초등학생을 참가 대상자로 하고 있다.

활동 종류는 약 900여 종으로 노인, 장애인, 아동을 위한 활동이나 의료, 보건, 국제협력, 환경보호활동 등으로 매우 다양하다. 활동시간이나 장소도 각가지이기 때문에 청소년들은 자기에게 맞는 활동을 몇 개라도 선택하여 참가할 수 있다. 자원봉사자 희망자 모집은 6∼7월경 지역 홍보지나 신문, 라디오, TV 등에 대중매체와 포스터로써 홍보하며 참가 희망자는 각 지역의 자원봉사센터에 신청하면 된다. 자원봉사센터는 자원봉사활동에 대한 이해를 돕기 위해 4∼10일간 교육 프로그램을 실시해 자원봉사활동의 여러 가지 형태를 공부하게 된다(한국청소년개발원, 1998).

사회복지협의회와 활동을 함께하고 있는 자원봉사자는 400만 명, 그룹은 5만 개, 협력 학교는 6,000개이다. 볼런티어센터는 중앙이 1개소, 지도부 및 지정도시 사회복지협의회에 57개소, 시구정과 협의회에 3,367개소가 있다. 자원봉사활동 과정에서 발생할 수 있는 불의의 사고를 예방하기 위하여 사고방지 대책에 관한 지침을 마련하고 사고가 발생하였을 경우에는 자원봉사 보험에서 제반 경비를 충당하고 있다.

5. 우리나라의 청소년자원봉사활동

1) 청소년자원봉사활동의 태동배경

현대적 의미의 청소년자원봉사활동은 1903년 한국기독교청년회

(YMCA)의 창립을 계기로 비롯되었다. 1949년 대한적십자사가 창설되면서 1950년대에는 한국기독교여자청년회(YWCA)를 비롯한 각종 단체들이 한국전쟁으로 인한 사회문제를 해결하고자 자원봉사활동을 전개하였다(한국청소년개발원, 2005). 1960년대 이후 적십자사 운동의 활성화와 70년대 이후 지금까지 계속되는 각종 사회복지 단체를 중심으로 한 자원봉사자 개발과 활용이 자원봉사의 주류였다. 1980년대에 아시안 게임과 올림픽을 계기로 자원봉사에 대한 관심이 고조되었으나 여전히 참여율도 낮고 참여 계층도 대학생과 주부 계층에 한정되어 있었다(김동배·조학래, 1995). 그러나 1994년 7월 중앙일보사가 자원봉사 캠페인을 시작한 것과 때를 같이하여 다른 나라에서 그 유례를 찾을 수 없는 활발한 자원봉사운동이 각계각층으로 확산되기 시작하였다(중앙일보사, 1996). 1995년 삼풍백화점 붕괴 시의 민간 자원봉사와 뒤이어 일본 고베 지진 때의 자원봉사는 세계인들에게 깊은 인상을 심어 주었다. 그 무렵 일부 대학에서 자원봉사 학점제를 시행했고, 정부가 1995년 5월 31일 교육개혁안을 발표하면서 중·고교 자원봉사활동이 제도화되었다(조휘일, 2002).

청소년자원봉사활동은 우리나라의 교육이념(교육기본법 제2조)과 중·고등학교 교육목적(초·중등교육법 제45조)을 달성하기 위하여 고시된 중·고등학교 교육과정(교육과학부 고시 제1997 – 15호)과 2000년 교육과학부에서 마련한 '초·중·고등학교 청소년자원봉사활동 제도운영 개선지침'에 의하여 작성한 시·도교육청별 청소년봉사활동 운영 지침을 근거로 한다(서울특별시교육청, 2007). 제7차 교육과정은 창의적이고 자기 주도적으로 학습하는 능력을 길러 주는 데 중점을 두고 있는데, 교육 과정의 편제를 보면 크게 국민공통 기본교육과정과 고등학교 선택중심 교육과정으로 구성되어 있다. 국민공통 기본교육과정은 교과, 재량활동, 특별활동으로 나누어져 있는데 여기서 재량활동은 교과재량활동과 창의적 재량활동으로, 특별활동은 자치활동, 적응활동, 계발활동, 봉사활동, 행사활동 등 5개 활동 영역으로 각각 나누어진다. 이 가운데 봉사활동의 기본적인 운영은 학교의 특별활동계획 수립과 운영 속에서 이루어져 시행해 오고 있다(서울특별시립 청소년진흥센터, 2006).[13]

1990년대 이후 비약적으로 성장한 우리나라의 자원봉사활동 참가율은 15% 정도를 보이고 있는데, 이 중 15세에서 19세 사이의 청소년이 50%가 넘는 가장 높은 참여율을 보이고 있다. 10대 38%, 20대 21%, 30대 11%, 40대 16%, 50대 9%, 60대 이상 5%로 10대 청소년이 대다수이며, 직업별로 보아도 청소년 49%, 주부 20%, 기타 31% 순으로 나타났다(한국사회복지협의회, 2008년). 통계청에 의하면 우리나라 15세 이상의 자원봉사활동 참여율(2006년 12월 기준)은 14.3%로 이 중 15~19세가 59.5%를 차지하고 있다(통계청, 2008). 이것은 바로 그 위의 연령대인 20대에 비해 높은 자원봉사 참가율을 감안하면, 청소년 특히 중·고생 자원봉사활동의 활성화가 우리나라의 전반적 자원봉사활동에 미친 영향은 매우 큰 것이라 할 수 있다. 자연적으로 자원봉사활동에 대한 관심이 고

---

13) 청소년들의 자원봉사활동을 지원하기 위한 청소년자원봉사센터가 청소년 활동의 종합안내 서비스를 제공하기 위하여 '청소년진흥센터'로 확대 운영하게 된 청소년 특화시설로 청소년활동진흥법 제7조 '지방청소년진흥센터의 설치'에 따라 서울특별시가 설립하고, 한국청소년서울연맹이 수탁·운영하고 있다.
청소년활동에 있어서 청소년이라면 누구나 자발적 선택과 자유로운 참여를 위해 언제(Anytime), 어디서나(Anywhere), 찾아보고(See), 신청하고(Apply), 확인(Certificate)할 수 있도록 자원봉사활동은 물론 양질의 프로그램 개발로 활동기회를 제공하고, 국가정책 품질관리의 효율성과 인증관리, 청소년활동 정보제공 등과 관련된 대국민 종합안내 서비스 기능 강화를 위한 다양한 사업을 전개하고 있다. http://www.kysc.or.kr/

조되었다기보다는 1995년 5월 31일 교육개혁위원회가 제시한 '신교육체제 수립을 위한 교육개혁 방안을 통해 청소년의 자원봉사활동을 학교생활기록부에 기록하고 이를 상급학교 진학 시에 반영하게 한 청소년자원봉사활동의 제도화 조치와 관련된다. 또한 정부에서는 자원봉사활동 외에 청소년 활동 전반에 걸친 정보·프로그램을 제공할 수 있는 새로운 청소년활동 추진체 구축의 필요성에 따라 중앙단위 추진체는 한국청소년자원봉사센터를 법정단체인 한국청소년진흥센터[14]에 통합하여 한국청소년진흥센터 자원봉사부로 재편(2006. 3.)하였다. 아울러 지방단위 추진체는 기존의 16개 시·도청소년자원봉사센터를 '지방청소년진흥센터'로 개칭하고, 청소년자원봉사활동과 병행, 청소년활동 전반에 걸친 프로그램·정보제공 및 기능 확대 등의 추진 체계 개편을 단행하였다(2006. 6.). 이에 따라 청소년자원봉사활동 활성화를 더욱 공고히 할 수 있는 지원 체계를 갖추게 되었다(한국청소년진흥센터, 2006).

청소년자원봉사활동이 이처럼 봉사학습 차원에서 의무적인 교육활동으로 자리매김하기까지에는 1995년 5월 31일 개혁위원회가 마련한 제2차 대통령 보고서인 신교육체계 수립을 위한 교육개혁 방안을 근거로 학교교육에 도입이 되었고 9개의 정책과제 중의 하나인 인성 및 창의성을 함양하는 교육과정에 있다. 이것의 추진 사항으로 청소년의 수련활동과 자원봉사활동을 학교생활기록부에 반영하는 것과 상급학교 진학 시 반영하도록 하여 이를 계기로 청소년자원봉사활동이 시작되었다.

---

14) 2004년 2월에 공포된 청소년 관련 3법(청소년기본법, 청소년활동진흥법, 청소년복지지원법)을 기반으로 청소년수련활동인증제의 실시, 청소년활동 및 복지, 보호에 관한 종합적인 정보 안내 및 서비스 제공, 청소년복지지원을 위한 사업 및 서비스 영역개발과 보급 등의 기능을 원활하게 수행하기 위한 기관임. http://www.all4youth.net/intro/index.html

당시 교육개혁안에서는 획일화된 입시 위주의 교육으로 중·고교 교육 자체가 청소년들의 다양한 자질과 특성을 반영하기보다는 대학 입시와 고교 입시에 집중하여 교육 본연의 기능을 다할 수 없는 상황이라고 진단하고, 현대사회는 세계화, 개인화, 다품종 소량 생산체계, 개인적, 사회적 욕구가 증대되는 현상이 두드러질 전망이므로 기존 교육체제는 이러한 상황에 대처할 능력이 없다는 관점에서 교육개혁안이 제시되었다. 이는 학교교육의 자율성, 다양성 및 창의성을 살리기 위한 학교운영위원회의 권한 강화 등과 함께 청소년활동, 자원봉사활동을 강조하는 열린 교육체계로의 방향 전환을 의미하고 있다.

청소년자원봉사가 실제로 현장에 뿌리내릴 수 있도록 하기 위해 '5·31교육개혁'에서 내세운 지침은 다음과 같다. 청소년들의 자원봉사활동을 단위제 학점화(예: 연간 20시간 이상)하거나 자원봉사활동의 내용과 참여 시간을 '학생생활기록부'에 기록·관리하는 것을 의무화하고, 상급학교 진학 시 반영되도록 한다(국·공립대의 경우 필수적인 참조 자료, 사립대의 경우 참조를 권장함). 1996년부터 '학교생활기록부'를 작성하여 1997년 입시부터 상급학교 진학 시 학생선발자료로 활용토록 한다. 청소년자원봉사활동을 위한 시간, 공간, 프로그램 등 여건을 대폭 조성·지원하고 가정, 학교, 사회의 공동연대를 강화하며, 지역별 '청소년자원봉사센터'(문화관광부 설치)를 통하여 참여 프로그램 및 기회를 확대하고, 자원봉사활동의 기록 유지를 위해 학교와 복지시설 그리고 청소년단체 간 협조체제를 구성하여, 실천 위주의 인성교육을 전 교과에 반영하여 강화한다. 청소년 단체 활동 및 자원봉사활동 관련 부처(총리실, 문화관광부, 교육부, 보건복지부, 여성부, 노동부 등)가 협의하여 청소년 종합계획을 수립하고 예산의 효율적 집행을 강구할 것 등이다 (교육과학기술부, 1996).

한편, 문화관광부에서는 자원봉사자와 자원봉사 수요자를 적시에 연결시켜 줄 수 있는 유기적 체계구축을 위하여 청소년자원봉사센터를 설치하였다(문화관광부, 1999).

- 1995년 3월 바른 청소년육성운동 일환으로 청소년자원봉사센터 설치 운영방안 마련
- 1995년 5월 교육개혁방안에 청소년자원봉사센터 설치 · 운영을 청소년 인성교육 과제로 포함
- 1995년 7월 청소년자원봉사센터 설치 · 운영 기본계획수립
- 1996년 2월 청소년자원봉사센터 설치 · 운영 지원계획 수립 · 시달
- 1996년 6월 청소년자원봉사센터 설치 · 운영 관계법령 신설(청소년기본법시행령 제4조)
- 1996년 3월~7월 서울(중앙센터) 외 5대 광역시 청소년자원봉사센터설치 · 운영
- 1997년 7월~11월 9개도 청소년자원봉사센터 설치 · 운영
- 1998년 7월 울산광역시 청소년자원봉사센터 설치 · 운영
- 1999년 5월 서울특별시 청소년자원봉사센터 설치 · 운영

2) 청소년자원봉사활동의 발전과정

(1) 초등학생들의 자원봉사활동

초등학생들은 학년에 따라 연간 5~10시간 이상 자원봉사활동에 참여하고 있다. 초 · 중 · 고 교과서에 자원봉사 내용을 담고 있으

며, 1997년부터 초등학생들도 자원봉사활동을 실시하고 있다. 초등학교 교육과정의 일부로서 특별활동 중 하나인 자원봉사활동은 봉사활동의 의미를 이해하고, 타인을 돕는 일에 적극 참여하여 공동체 의식을 함양하고, 삶의 보람과 자신의 가치를 느끼는 것을 목표로 하고 있다(서울특별시립 청소년진흥센터, 2006).

구체적으로 살펴보면, 첫째로 지역사회의 일들에 관심을 가지고 참여함으로써 사회적 책임을 분담하고 호혜 정신을 기르는 것, 둘째로 다양한 자원봉사활동의 실천으로 서로 협력하는 태도를 기르고, 지역사회 발전에 이바지하는 태도를 가지는 것, 그리고 타인을 배려하는 너그러운 마음과 더불어 사는 공동체 의식을 가진다는 것이다.

자원봉사활동의 내용과 관련해서, 내용 선정의 원칙으로 첫째로 청소년 개인의 자기 발전을 위한 것이어야 하고, 둘째로 봉사 대상에게 실제적으로 도움을 주는 것이어야 하며, 셋째로 청소년들의 발달 단계에 적절한 것이어야 하며, 그리고 청소년들이 구체적으로 할 수 있는 것이어야 한다고 규정하고 있다. 이와 같은 지침에 따라 초등학교에서는 1학년에서는 연간 5~6시간 이상, 2~3학년에서는 연간 6~7시간 이상, 4~6학년에서는 연간 10시간 이상의 자원봉사활동을 교육과정 속에서 실천하고 있다(서울특별시교육청, 2007).

어릴 때의 습관과 의식들이 성인이 된 이후의 행동과 태도에 크게 영향을 미친다는 의미에서 초등학생들의 자원봉사활동은 매우 중요하다(이팔환·백남덕, 2003). 그러나 초등학교 자원봉사활동에 관한 학문적 실천적 연구는 거의 전무한 상태이며, 초등학교 학생의 자원봉사활동은 자발적인 활동이라기보다는 의무적으로 주어진 주번 활동, 당번 활동, 청소 등으로 국한되어 자원봉사활동의 진정한 의미를 잃고 있다(한숙경, 1999). 따라서 모방을 통하여 행동하기 쉬운 초등학교 때부터 개인과 사회적 기여의 보람을 심어주는 자원봉사활동을 보다 체계적으로 지도하여야 자신의 이해와 사고에 따라 행동하는 중·고등학교시기에 이르러서도 자원봉사활동을 지속하게 될 것이고 그 영향력은 성인 자원봉사활동에까지 이르게 될 것이다.

(2) 중·고등학생들의 자원봉사활동

1995년 5월 31일 교육개혁안 발표와 더불어 중·고등학생들이 의무적으로 자원봉사활동에 참여하지 않으면 안 되게 되었다. 서울과 부산교육청에서는 1995년에 입학한 중학 1년생부터 자원봉사를 의무화하여 1998년 고입에서부터 반영하는 것을 시작으로 전국으로 확산되어 자원봉사는 이제 모든 학생들의 의무사항이 되었다(서울특별시립 청소년진흥센터, 2006). 특히 연간 18시간 이상씩 학교 차원에서 재량활동 시간에 실시하고 이를 점수화하여 고입 전형 요소로 사용하고 있다. 중학생들의 경우 내신 성적 총 300점 중 봉사활동 점수가 18~20점 반영된다. 중학생들의 자원봉사는 학생들의 인성 교육을 강화하고 다양한 실천 학습의 경험을 제공함으로써 사회에 대한 봉사 효과와 봉사 경험을 통한 학습 효과를 동시에 높이기 위한 취지에서 제도화된 것이다(서울특별시교육청, 2007).

한편, 고등학생 자원봉사는 지역 교육청마다 약간 차이는 있지만 1년에 약 20시간씩 봉사활동을 하도록 권장하고 있다. 이 중에서 단체 봉사활동이나 장애 체험, 외부 강사를 통한 자원봉사 소양 교육 등 학교 측이 주관하는 봉사활동 시간이 10시간, 나머지 10시간은 학생들이 따로 찾아서 하는 개인 봉사활동으로 채워야 한다.

봉사 점수가 내신 성적에 반영되지는 않지만, 비교과 영역으로 봉사 시간이나 관련 수상 경력 등을 수시 전형에 반영하는 대학들이 많아 기본 이수 시간을 제대로 채우지 못할 경우 불이익을 당할 수 있다. 대학 입시에서 봉사활동이 학교 성적만큼이나 중요해진 것이다.

　교육과학기술부가 학생들의 자원봉사활동을 학생생활기록부에 기록하도록 하여 대학 입시에 반영하도록 요구함으로써 자원봉사에 참여하지 않을 수 없게 되었다. 자원봉사활동은 연간 20시간씩 이수할 수 있도록 교육과정에 편성되어 있다. 정부가 지난 1996년부터 의무화한 청소년자원봉사활동제도는 학생들이 일정시간 봉사활동을 하면 내신 점수로 인정해 주는 제도다. 국립대학들을 위시하여 많은 대학들이 1997년도부터 자원봉사를 반영하고 있다. 2009학년도 전국대학입시자료를 근거로 자원봉사를 통한 대학입학의 사례를 살펴보면 우선 정시모집에서는 4년제 대학을 기준으로 약 41개교에서 학생부 요소 중 봉사활동 반영 비율을 1～16.7%까지 반영하고 있으며 그중 30개 대학은 5～10%까지도 반영하고 있다. 자원봉사자 특별 전형의 사례를 보면 약 36개교에서 최소 2명에서 최대 104명까지의 인원을 모집하고 있으며, 모집 기준을 활동의 기본 기준 시간으로 40～300시간으로 정하거나, 관련 분야 수상 경력 또는 3～5년의 경력을 요구하는 대학이 주류를 이루고 있다(한국대학교육협의회, 2008).

　서울대학의 경우 2009학년도 입학 전형 시 봉사활동이 의무적인 활동으로 시행되기 전 고등학교를 졸업하였더라도 20시간 이상의 봉사활동을 요구하고 있다. 모든 지원자는 20시간 이상의 봉사활동 실적이 있어야 결격 심사 대상이 되지 않는다. 단, 졸업연도에 관계없이 학교생활기록부에 20시간 이상의 봉사활동 실적이 기록되어 있는 지원자는 새로 봉사활동을 하지 않아도 되지만 학교생활기록부에 기록된 봉사활동 시간이 20시간이 되지 않는 지원자는 모자라는 시간만큼의 봉사활동을 추가로 해야 한다. 예를 들어, 과거의 학교생활기록부에 기록되어 있는 봉사활동 시간이 16시간이라고 하면 4시간을 더 봉사활동을 하고, 지원서를 접수할 때 학교생활기록부와 4시간에 해당되는 봉사활동 확인서를 같이 제출하도록 요구하고 있다(서울대학교 2009학년도 수시모집 전형자료, 2008).

전문대학의 경우 자원봉사 실적을 강조하기 위해 장안대학 등 67개교는 봉사활동 실적자 전형을 두었고, 동강대학 등 33개교는 헌혈 참여자 및 장기 기증자를 선발하는 전형을 마련했다(대성학원, 2008).

현재 중·고등학생의 자원봉사는 의무적인 자원봉사활동 차원에서 이루어지고 있지만 이런 제도를 통하여 청소년들은 자신의 성장과 사회의 기여라는 새로운 인식을 갖게 되는 것만으로도 그 효과는 크다. 그러나 중·고등학생의 자원봉사활동이 마치 상급학교 진학에 필요한 가산점을 얻기 위한 방편으로 끝나지 않고 본래의 목적을 달성하기 위해서는 학교, 기관, 그리고 사회가 함께 노력해야 할 것이다.

(3) 대학생들의 자원봉사활동

대학과 대학생들의 자원봉사활동 참여는 1990년대부터이다. 일부 대학들의 선도에 힘입어 많은 대학들이 독립 과목으로 자원봉사 과목을 설치하여 학점을 부여함으로써 청소년들의 자원봉사를 권장 내지는 필수로 요구하고 있다. 학교 차원에서 자원봉사를 교양 선택과목으로 개설하고 학생들이 자유롭게 선택할 수 있도록 다양한 봉사 프로그램을 마련해 주고 있다. 학점은 1학점이며 한 학기 실습 시간은 30시간 이상에 전교생이 3학점까지 수강할 수 있다. 이를 위해 자원봉사 교과과정을 관장하고, 실습 프로그램의 개발, 기획 및 운영을 전담하는 책임 교수와 행정 직원을 갖춘 행정 조직으로 자원봉사단을 운영하고 있다(김범수 외 공저, 2003).

자원봉사를 졸업 필수로 요구하고 있는 주요 대학으로는 성공회대학, 한동대학, 동덕여대 등이 있다. 이 중 제일 먼저 1994년 2학기부터 자원봉사 과목을 필수로 개설한 성공회대학교는 2학점을 부여하는 자원봉사 과목을 전교생 필수과목으로 개설하고 선택으로 3학점을 더 취득할 수 있게 했다. 각 학과별로 자원봉사 담당 교수가 있으며 4주의 정규 강의와 10주(30시간) 이상의 자원 봉사를 요구하며, 1회 7일 이상의 농촌 봉사활동도 학점으로 인정해 주고 있다(현외성 외, 1998).

대학 총장들도 1996년 9월 17일 서울에서 한국대학자원봉사협의회를 발족했다. 협의회의 창립 배경에는 고등교육 기관으로서 원래의 사명을 다하기 위해 다음 세대의 지도자가 될 대학생들에게 다양한 사회 분야에 대한 체험이나 인간 또는 사상(事象)에 대한 통합적 이해를 넓혀 주고 또한 실천하게 함으로써 국민들의 봉사정신을 선도하자는 의도가 있다(김범수, 2002). 이처럼 대학 총장들이 대학의 자원봉사에 관심을 갖게 됨으로써 각 대학들은 앞으로 점차 자원봉사활동을 교육 과정과 연계하여 운영하고 자원봉사 프로그램도 다양화될 것으로 기대된다. 또한 각 대학에서 자원봉사를 담당할 교직원들이 자원봉사 프로그램을 개발하고 학생들의 자원봉사를 지원하는 데 있어서 전문성을 향상시키는 데 크게 도움이 될 것이며, 앞으로 대학에서 먼저 자원봉사활동을 보다 적극적으로 참여하고 그 중요성을 인식한다면, 중·고등학교의 자원봉사활동이 정착될 수 있도록 지원할 수 있을 것이다.

6. 외국의 청소년자원봉사활동이 주는 시사점

외국의 사례들에서 볼 때 청소년자원봉사활동 활성화를 위해서는 다음과 같은 조치가 병행될 때 효율화를 극대화할 수 있을 것이다.

1) 민간기관의 역할정립

민간기관의 역할 정립이 필요하다. 정부체제하에서 움직이거나, 스스로 계획에 의해 자원봉사활동을 주도하는 등의 형태를 확실하게 할 필요가 있다. 정부조직의 획일성과 경직성을 감안할 때 유연성과 자발적인 동기를 갖는 민간단체가 총체적으로 자원봉사활동을 책임지는 것이 바람직하다. 정부의 간섭은 최소화하는 것이 좋다.

2) 재정의 확립

외국에서는 기금조성, 정부의 예산지원, 자발적인 기부금 등으로 자원봉사와 관련된 많은 기금들이 적립되어 있다. 현실적으로 자원봉사기관의 재정확보는 자원봉사활성화와 직결되는 요인이다. 우리나라의 경우 자원봉사단체의 재정은 정부의 지원에 의존하고 있으며 예산은 태부족인 현실이다. 사정이 이렇다 보니 민간단체의 독립적이고도 바람직한 사업추진이 어렵다.

3) 봉사 영역의 다양화

외국은 시민활동을 비롯해 국제교류, 문화, 예술, 체육 등의 영역에 이르는 다양한 영역이 시대에 맞게 개발되어 확대되어 가고 있다. 우리나라는 여전히 사회복지시설에 청소년들의 자원봉사활동이 집중되고, 그 업무도 단순 노동이 주류를 이루고 있다.

4) 봉사학습의 구체화

일반 교과목과 자원봉사활동의 접근을 시도하고 있는 미국의 봉사활동모델과 교과목에 자원봉사활동을 편입시키지 않고 방과 후의 활동을 중심으로 봉사활동을 활성화시키기는 일본 모델에 대한 연구가 필요하다.

5) 지역사회와 사회단체의 이해와 협조

지역사회와 사회단체의 청소년자원봉사활동에 대한 이해와 협조가 필요하다. 전체 청소년을 대상으로 봉사활동의 참여를 촉진시켜야 하는 목적을 볼 때 지역사회와 사회단체의 협조는 필수적이다. 국가는 민간단체들이 다양한 자원봉사프로그램을 시행할 수 있도록 직·간접의 지원을 아끼지 말아야 하며, 학교는 지역사회에 대한 개방적인 자세를 견지해야 할 것이다.

1. 청소년자원봉사활동의 성격과 활동내용

자원봉사활동 영역 지도는 봉사활동을 활성화하는 데 중요한 요소다. 특히 다양한 분야에서 자원봉사활동을 하는 것은 '봉사학습'으로서의 의의도 살릴 수 있다.

제7차 특별활동 교육과정에서 제시한 봉사활동의 영역은 일손 돕기 활동, 위문 활동, 캠페인 활동, 자선·구호 활동, 환경·시설 보전 활동, 지도 활동, 지역사회 개발 활동, 그 밖의 필요한 활동으로 <표 4>와 같다.

<표 4> 청소년자원봉사활동 영역

활동 영역	활동 유형	
일손 돕기 활동	· 복지시설 일손 돕기 · 병원 일손 돕기 · 학교 내 일손 돕기 등	· 공공시설 일손 돕기 · 농·어촌 일손 돕기
위문 활동	· 보육원 위문 · 장애인 위문 · 부대 위문 등	· 양로원 위문 · 병약자 위문
캠페인 활동	· 공공질서 확립 캠페인 · 학교 주변 정화 캠페인	· 교통안전 캠페인 · 환경 보전 캠페인 등
자선·구호 활동	· 재해 구호 활동 · 국제 협력과 난민 구조	· 불우 이웃 돕기 · 헌혈 등
환경·시설 보전 활동	· 깨끗한 환경 만들기 · 문화재 보호 등	· 자연 보호
지도 활동	· 동급생 지도 · 사회 교육 지도	· 하급생 지도 · 교통안전 지도 등
지역사회 개발 활동	· 지역사회 조사 · 지역사회 홍보 활동	· 지역사회 가꾸기 · 지역사회 행사 지원 활동
기타 활동	· 봉사활동 기본 교육 · 위에서 언급한 7가지 영역의 유형으로 분류하기 어려운 봉사활동이 개발되면, 그 활동 내용을 명시	· 봉사활동 평가

1) 일손 돕기 활동

(1) 성격: 일손이 모자라는 복지시설, 공공기관, 병원, 농·어촌 등을 찾아 실질적인 도움을 주는 활동이다.

(2) 일손 돕기 활동의 유형 및 활동 내용

<표 5> 일손 돕기 활동의 유형 및 활동 내용

유형	성격	활동 내용(예)	활동 장소
복지시설 일손 돕기	어린이 및 청소년복지시설, 장애인복지시설 등을 방문하여 일손을 돕는 활동	· 어린이 돌보기 · 배식 및 설거지 · 환자 돌보아주기 · 세탁 및 청소 · 목욕시켜 주기 등	· 보육원 · 양로원 · 장애인복지시설
공공시설 일손 돕기	우체국이나 동사무소 등 각종 공공시설을 방문하여 일손을 돕는 활동	· 각종 조사활동 · 문서신청 돕기 · 우편물 분류 · 도서정리 및 자료 정리	· 우체국 · 동사무소 · 도서관
병원 일손 돕기	병원이나 보건소를 방문하여 일손을 돕는 활동	· 목욕시키기 · 환자에게 책 읽어주기 · 환자에게 밥 먹여주기 · 청소하기	· 병원 · 보건소
농·어촌 일손 돕기	농·어촌을 방문하여 일손을 돕는 활동	· 모내기 및 추수 돕기 · 어린이 돌보기 · 환경 개선 사업 협조 · 방재활동 · 과수원 일손 돕기	· 농촌 · 어촌
학교 내 일손 돕기	교과 활동이나 특별활동과 무관한 학교 행사 등을 위해 일손을 돕는 활동	· 운동장 정리 · 학교 행사 안내 · 화단 가꾸기 · 쓰레기분리수거 및 재활용	· 교실 · 복도 · 운동장 · 화단

2) 위문 활동

(1) 성격: 어렵고 힘들게 살아가는 사람들을 위로·위문하는 활동으로, 봉사 대상자들에게 따뜻한 위로와 격려, 용기

와 도움을 줌으로써 봉사 대상자들이 어려운 상황을 극복해 나갈 수 있도록 돕는 활동이다.

(2) 위문 활동의 유형 및 활동 내용

<표 6> 위문 활동의 유형 및 활동 내용

유형	성격	활동 내용(예)	활동 장소
보육원 위문	보육원을 방문하여 보육원생들을 위로하는 활동	· 보육원생들과의 친선 게임 · 자매결연 · 위문품 전달 · 이발 · 미용 보조 등	· 보육원
양로원 위문	양로원을 방문하여 할아버지와 할머니들을 위로하는 활동	· 말벗 되어 드리기 · 안마해 드리기 · 편지 대필해 드리기 · 노래, 춤, 연주, 연극 등으로 위로하고 위문품 전달하기	· 양로원 · 노인정
장애인 위문	장애인학교나 재활원 등을 방문하여 장애인들을 위로하는 활동	· 함께 놀기 · 휠체어 밀어 주기 · 밥 먹여주고 목욕시키기 · 위문품 전달	· 장애인학교 · 재활원
병약자 위문	주변에 있는 무의탁 노인이나 병원의 환자, 소년 소녀 가장 등을 방문하여 위로하는 활동	· 말벗하기 · 목욕시켜 주기 · 간병 보조하기 · 위문품 전달	· 병원(요양원) · 보건소 · 독거노인 · 청소년가장 집
부대 위문	부대를 방문하여 국군장병들을 위문하는 활동	· 위문편지 쓰기 · 위문품 전달 · 노래, 춤, 연극 등으로 위문 활동하기	· 자매부대

3) 캠페인 활동

(1) 성격: 잘 모르거나 잘못 알고 있는 사람들을 계도하고 계몽하기 위한 활동이다.

(2) 캠페인 활동의 유형 및 활동 내용

<표 7> 캠페인 활동의 유형 및 활동 내용

유형	성격	활동 내용(예)	활동 장소
공공질서 확립 캠페인	여러 사람들이 함께 모이는 곳에서의 공공질서 확립을 위해 계도하고 계몽하는 활동	• 한 줄로 서기 캠페인 • 부정부패 추방 캠페인 • 공명선거 캠페인 • 문화 시민 캠페인 • 경기장 질서 지키기 캠페인 • 바른 정보문화 정착 캠페인	• 지하철역 • 버스 승차장 • 공원 • 반상회
교통안전 캠페인	교통질서 및 안전사고 예방을 위해 계도하고 계몽하는 활동	• 건강한 운전문화 정착 캠페인 • 안전사고 예방 캠페인 • 쾌적하고 안전한 거리(통학로) 만들기	• 지하철역 • 횡단보도 • 통학로
학교 주변 정화 캠페인	학교 주변의 환경을 정화하기 위해 계도하고 계몽하는 활동	• 학교 주변 유해 환경 정화 캠페인 • 학교 주변 폭력 추방 캠페인 • 유해업소 방문 계도 • 대중 매체 모니터링 • 약물 오·남용 방지 캠페인	• 놀이터 • 학교 주변 상가
환경 보전 캠페인	자연 환경을 보호하고 깨끗이 하기 위해 계도하고 계몽하는 활동	• 녹색가정 만들기 캠페인 • 자연 보호 캠페인 • 동물 보호 캠페인 • 일회용 컵 사용 안 하기 캠페인 • 자전거 타기 캠페인 • 수질 오염 방지 계도	• 국립공원 • 동물원 • 시장 • 고속도로 휴게소

4) 자선 구호 활동

(1) 성격: 재해를 당하거나 불우한 입장에 처한 사람들, 예를 들어 화재·수재민, 병자, 노약자, 장애인, 빈민, 고아, 국제 난민 등을 돕기 위한 활동이다.

(2) 자선·구호 활동의 유형과 활동 내용

<표 8> 자선·구호 활동의 유형과 활동 내용

유형	성격	활동 내용(예)	활동 장소
재해 구호	수재나 화재 등 각종 재난·재해를 당한 사람들을 구제하기 위한 활동	· 재난·재해 구조 봉사활동 · 재해 복구 지원 활동 · 재해 구호 모금 활동	· 학교 · 자선구호단체 · 재해 지역
불우 이웃 돕기	외롭게 살고 있는 병자, 노약자, 빈민, 장애인 등 불우한 이웃을 돕기 위한 활동	· 무의탁 노인 돕기 · 장애인 돕기 · 불우이웃돕기 모금 활동 · 지체부자유자 등하교길 돕기	· 복지시설 · 학교
국제 협력과 난민 구호	인도적 차원에서 국제적인 협력이나 난민 구호 등에 참가하는 활동	· 아프리카 난민 구호 활동 · 북한 어린이 돕기	· 국제협력기구 · 자선구호단체
헌혈	헌혈하여 이웃을 돕는 활동	· 헌혈(헌혈의 조건은 만 16세 이상, 체중이 남자 50kg, 여자 45kg 이상이어야 함)	· 병원 · 혈액은행 · 헌혈 버스

5) 환경·시설 보전 활동

(1) 성격: 자연 환경과 동식물을 보호하고, 수질 오염, 대기 오염,

<표 9> 환경·시설 보전 활동의 유형과 활동 내용

유형	성격	활동 내용(예)	활동 장소
깨끗한 환경 만들기	주변 환경이나 시설들을 깨끗이 하는 활동	· 학교·동네 주변 청소 · 마을 가꾸기 · 화단·잔디밭 가꾸기 · 낙서 지우기 · 폐휴지 줍기 · 공원(놀이터) 청소 · 불법 홍보물 제거 · 껌 떼기	· 등산로, 학교, 동네 주변 공원 및 놀이터
자연보호	강, 바다, 산 등 자연 환경을 보호하고 환경오염을 방지하는 활동	· 농약병·폐비닐 수집 · 재활용품 분리수거 · 산, 바다, 계곡, 하천 주변 깨끗이 하기 · 환경 오염원 신고 · 폐건전지 분리수거	· 하천 · 상수원 · 바다 · 산 · 계곡 · 등산로
문화재 보호	지역사회 안에 있는 문화유산을 보호하고 깨끗이 유지하는 활동	· 문화재 주변 청소하기 · 문화재 수리·청소 · 향토 문화재 보호, 감시	· 문화 유적지

쓰레기 문제와 같은 환경 문제에 관심을 갖고 훼손된 우리의 생활환경 및 시설물을 깨끗이 유지하고 보호하기 위한 활동이며, 환경오염을 예방하기 위한 환경 감시 활동이다.

(2) 환경·시설 보전 활동의 유형과 활동 내용

6) 지도 활동

(1) 성격: 청소년들이나 일반인들에게 교과, 운동, 문화, 정보, 상담, 환경, 레크리에이션 등을 가르치거나 지도하는 활동이다.

(2) 지도 활동의 유형과 활동 내용

<표 10> 지도 활동의 유형과 활동 내용

유형	성격	활동 내용(예)	활동 장소
동급생 지도	동급생이 중학교 생활에 잘 적응하지 못하는 청소년들을 지도하는 활동	· 학습 부진 청소년 지도 · 운동지도 · 게임지도 · 또래상담 지도 등	· 학교 교실 · 운동장 · 학교 밖
하급생 지도	학교 안이나 학교 밖(어린이집, 유치원 등)에서 자기보다 어린 청소년에게 학과 또는 운동 등을 지도하는 활동	· 하급생 학습지도 및 운동 지도 · 어린이집이나 유치원에서 아동 지도 · 보육원 등 사회복지시설 아동 학습 지도	· 학교 교실 · 운동장 · 어린이집 · 유치원 · 보육원
사회교육 지도	지역사회에서 어린이나 일반인들을 대상으로 교과 공부나 운동, 문화, 레크리에이션, 컴퓨터 등을 지도하는 활동	· 캠프 활동 지도 · 스포츠 활동 지도 · 각종 문화 및 레크리에이션 지도 · 컴퓨터 기능 지도 · 독서 지도	· 운동장 · 체육관 · 공원 · 동사무소 · 사회복지관 · 청소년회관
교통안전 지도	등·하굣길 교통안전을 지도하는 활동	· 건널목 교통안전 지도 · 등·하굣길 안전 지도 · 교통신호 지키기 지도	· 통학로 · 건널목 · 횡단보도

7) 지역사회 개발 활동

(1) 성격: 자신이 살고 있는 지역사회에 대한 이해로부터 출발하여 보다 살기 좋은 지역사회를 건설하는 데 기여함을 목적으로 하는 활동이다.

(2) 지역사회 개발 활동의 유형과 활동 내용

<표 11> 지역사회 개발 활동의 유형과 활동 내용

유형	성격	활동 내용(예)	활동 장소
지역사회 조사	지역사회를 개발하기에 앞서 지역의 실태를 파악하기 위한 활동	• 지역사회 현황 파악 • 지역사회복지 지도 만들기 • 지역 문화재 지도 만들기 • 유해 환경 실태 조사	• 지역사회 • 동사무소 • 구청 • 시청
지역사회 가꾸기	자기가 사는 지역사회를 아름답고 깨끗하게 만들기 위한 활동	• 마을 꽃길 만들기 • 마을 대청소 • 도로 정비 • 환경미화 • 근린공원 보전 및 관리	• 공공장소 • 도로 주변 • 공원 및 마을 뒷산
지역사회 홍보 활동	지역사회를 다른 사람들에게 널리 알리기 위한 활동	• 지역 신문 만들기 • 지역 안내지 만들기 • 지역 문화 프로그램 개발 • 지역사회 관광·여행안내	• 문화센터 • 동사무소 • 구청 • 시청
지역사회 행사 지원	지역사회 내에서 행해지는 각종 행사를 지원하는 활동	• 지역 행사 일손 돕기 • 지역 문화 행사장 청소 • 공공 행사장 안내 • 질서 및 안전계도	• 지역사회 • 행사장 • 종합운동장 • 한강 둔치

8) 봉사활동 기본 교육 및 평가

(1) 봉사활동 기본 교육 및 평가: 학교 교육과정에 의한 봉사활동으로 실시하는 봉사활동 기본 교육, 봉사활동 소감 발표, 평가 시간 등의 활동

(2) 앞서 언급한 7가지 큰 영역으로 분류하기 어려운 봉사활동

2. 청소년자원봉사활동 대상별 지침

1) 영·육아시설 봉사활동

(1) 활동 시 유의점

- 아동복지시설에 수용된 아동들이 신체적, 정신적으로 건전하게 성장할 수 있도록 방문하여 돕는 활동임을 이해한다.
- 학습 또는 소집단별로 수용 아동들과 자주 접촉함으로써 친근감을 갖도록 한다.
- 봉사활동의 핵심을 가족적 서비스의 증대를 통한 불우 아동의 건전 육성을 돕는 데 둔다.

(2) 분야별 세부 활동

- 교육 서비스: 학습 지도, 놀이 지도, 운동 지도, 동생, 친구 사이가 되도록 인간관계를 맺는다. 주로 1:1의 관계로 이루어지기 때문에 대상자의 인격을 최대한 존중해 주고 친밀한 관계가 유지되도록 노력한다.
- 가사 서비스: 세탁, 청소, 아기 돌보기 등 간단한 세탁과 청소 등은 수용 아동들과 합동으로 실시한다. 보호자가 외출할 때 아기를 돌보아 준다. 식사 시간을 이용하여 취사 활동이나 배식과 반찬 진열 등을 돌보아 준다.
- 가족적인 서비스: 편지 왕래, 의형제 맺기, 집 초대하기, 수용 아동 및 장애아들과 편지로 교류를 맺고 편지를 쓸 수 없는 불편한 사람을 위해 대신 편지를 써 주는 활동을 한다. 보호시설 아동들과 의형제를 맺고 교류함으로써 가정의 분위기를 맛보게 하고 따뜻한 애정과 이해를 가진 건전한 생활인으로 성

장하도록 도와준다.

2) 노인시설 봉사활동

(1) 활동 시 유의점

- 노인복지시설의 고유한 특성을 이해하고 노인 존중과 사랑의
  활동이 되어야 한다.
- 노인들의 심신을 불편하게 하지 않도록 세심한 주의가 필요하다.

(2) 분야별 세부 활동

- 그룹별 봉사활동은 목욕 도와드리기, 숙소 청소, 심부름하기,
  배변 돕기, 식단 및 취사 돕기, 의복 및 침구 세탁 등은 청소
  년 혼자서 감당하기가 힘들므로 그룹으로 활동한다. 일시적이
  아닌 지속적이고 정기적인 봉사활동이 되어야 하며, 이를 위하
  여 함께 격려하고 도와줄 많은 동료가 필요하다.
- 위로 활동: 말벗하기, 신문이나 책 읽어 드리기 등 무료 노인
  시설에 수용된 대부분의 노인은 저학력, 결손 가정 출신, 건강
  악화 및 정신적 결함이 있으므로 노인 4고(빈곤, 질병, 고독,
  역할 상실)를 이해하여야 하며, 의심, 우울 증세, 동정받고자
  하는 심리, 잔소리, 느린 행동, 거짓말 등을 자주 하게 되므로
  이를 자연스럽게 수용하고 봉사활동을 통하여 친근해져야 한다.
- 대인 서비스: 손자(녀) 역할하기, 집·학교 행사에 초대하기 등
  시설 수용 노인들은 타인에게 쉽게 마음을 열지 않는다. 따라
  서 친근해지기 위해서는 자주 찾아뵈어야 한다. 보다 친숙한
  관계에 도달하면 손자(녀) 역할도 하고, 여건이 허락하면 부모
  님과 상의하여 집에도 초대하도록 한다.

(3) 노인에 대한 접근 방법과 기술

● 노인과의 대화는 분명한 발음으로 천천히 하여야 한다.
● 참을성 있게 노인의 말씀을 들어주어야 한다.
● 상대편의 수준에 맞는 언어나 용어를 사용하여야 한다.
● 편견과 선입견 고정 관념을 갖지 말아야 한다.
● 마음 놓고 이야기하도록 편안한 분위기를 만들어 준다.
● 상대방의 감정과 행동을 있는 그대로 받아들이는 태도를 갖는다.
● 상대방이 최종적으로 선택하고 결정할 수 있게 하여야 한다.
● 상대방의 비밀을 보장해 주어야 한다.
● 노인이 주는 물건이나 음식은 하찮은 것이라도 감사하게 받는다.
● 젊은이가 보기에는 쓸모없는 물건이라도 노인에게는 소중한
  추억이 깃들어 있다는 것을 이해한다.
● 노인에 대한 자원 봉사는 노인 공경에서 시작된다.

3) 장애인시설 봉사활동

(1) 활동 시 유의점
● 초기 봉사활동은 단순 노력 봉사와 업무 보조 등 쉬운 것부터
  시작하도록 한다.
● 봉사 대상자와 친숙한 관계를 유지하고, 결연을 통한 안정적인
  봉사가 지속적으로 이루어지도록 함이 바람직하다.

(2) 분야별 세부 활동
● 공통적 봉사활동: 목욕, 세탁, 일광욕, 시설 내외 청소, 방역
  소독, 잡초 제거, 취사 보조, 식사 보조 등 집단 봉사활동이 적
  합하다. 청소나 잡초 제거, 방역, 소독, 일광욕(이불, 침구 등의

소독) 등은 그룹별 봉사활동으로 지도한다. 취사 보조나 식사 보조 활동은 수용자를 고려, 남녀별로 배치한다.

- 시각 장애 분야 봉사활동: 책 읽어 주기, 편지 대필, 전화 걸어 주기, 말벗, 주방기구 사용 보조, 식사 순서 지도, 화장실 사용하기, 신호기 소리 듣고 건너기, 점자 블록 이용하기, 동반 외출하기 등 지나치게 떠들거나 소란스럽지 않게 행동한다. 동반 외출 등을 통하여 자연스럽게 신뢰를 구축한다. 친숙해지면 의형제 맺기, 상호 교류 등을 증진한다.

- 정신지체 장애인 분야 봉사활동: 학습 지도, 신변 처리 훈련지도, 일상생활 돕기, 집 찾아오기 지도, 대중교통 수단 이용하기 지도, 물건 사고팔기 지도, 인사하기 및 존댓말 쓰기 등 장애인의 잠재 능력을 키우고 사회 장애물을 제거하는 데 협조한다. 대외 활동의 경우 그들의 인격을 최대한 존중한다.

(3) 장애인에 대한 기본적 이해

- 그들의 삶을 존중해 주고 이해해 주는 진정한 친구가 된다.
- 답답하고 괴로운 마음을 털어놓을 수 있는 친구가 된다.
- 치료나 교육 훈련과 생활에서 도움을 주는 사람이 된다.
- 장애인의 대변인 역할을 해 줄 사람이 된다.
- 재활 전문 요원의 역할을 해 줄 사람이 된다.
- 장애인을 도와주는 것은 인간의 당연한 도리이다.
- 장애인에게 먼저 말을 거는 것이 중요하다.
- 장애인이 곤란해하고 있을 때 무엇을 원하는지 물어본다.
- 장애인을 특별시 한다든지 무능력자로 취급하여서는 안 된다.

(4) 시각 장애인에 대한 예의

- 인사할 때는 보이는 사람 쪽에서 먼저 말을 걸고 악수를 청한다.
- 어떤 도움이 필요한지를 솔직하게 물어본다.
- 길모퉁이에서 멈춰 생각에 잠겨 있는 것은 방향을 잃었을 경우가 많다.
- 방향이나 장소를 알려줄 때는 전·후·좌·우라든가, 몇 발자국, 몇 미터 되는 곳이라고 정확하게 알려준다.
- 안내할 때는 지팡이의 반대편에 서서 팔을 내주며, 그 사람보다 반보 정도 앞장서서 걸어야 한다.
- 지팡이는 시각 장애인에게는 눈이기 때문에 그것을 짚은 손을 잡는다든지, 당긴다든지, 미는 것은 절대 금하여야 한다.
- 계단이나 엘리베이터에서는 올라가는지 내려가는지를 확실히 설명하는 것이 중요하다.
- 차를 마시거나 식사를 할 때는 맨 먼저 식탁 위에 놓은 식기 등의 위치와 내용을 작은 목소리로 확실히 설명해 주어야 한다. 그 위치는 시계 바늘이 도는 방향으로 말하는 것이 좋다. 사람에 따라서는 손으로 만져서 확인을 시켜주는 것도 필요하다.

(5) 지체 장애인에 대한 예의

- 상대방이 곤란할 때나 원조를 구할 때에는 손을 내준다.
- 휠체어를 탄 사람이 길가에서 곤란해하고 있으면 말을 걸어준다.
- 계단을 오르내리도록 도와줄 때는 두 사람이 맞잡고 돕는다.
- 비 오는 날에는 미끄러지지 않도록 보살핀다.

4) 재가복지 대상자에 대한 봉사활동

(1) 활동 시 유의점

● 노인복지 분야, 장애인복지 분야, 아동복지 분야는(소년, 소녀 가장) 가정방문을 통한 봉사활동과 시설 방문 봉사 등이 있으며, 다음과 같은 것들이 봉사의 내용이 된다. 혼자 사는 노인과 누워 있는 노인 또는 시설이나 학교에 갈 수 없는 중증의 장애아, 사회와 접촉을 거의 가지지 못하는 장애인의 집을 방문하여 대화 상대를 하기도 하고 놀이 상대 등을 해 준다. 가정방문의 경우는 청소와 세탁, 말벗 등이 주요 활동이 된다.

(2) 분야별 세부 활동

● 정서적 서비스: 말벗, 신문이나 책 읽어 주기, 외출 산책 돕기 등 가장 필요로 하는 일을 먼저 알아보고 그 일을 돕는다. 주로 대화나 신문, 책 등을 읽어 주며 인간적 교류와 접촉을 맺는다. 외출이나 산책이 필요할 경우 2인 이상이 부축하거나, 휠체어나 기타 기구를 이용하여 돕는다.

● 가사 서비스: 청소, 취사, 세탁, 잔심부름 등 고령이면서 허약하거나 장애가 있는 노인에게 많이 활용된다. 세탁물은 가능하면 집으로 가져가서 세탁 후 다음 방문 때 가져다준다. 잔심부름의 경우 그 목적과 방법을 명확히 알고 실행한다.

● 사회적 서비스: 행정 업무 대행, 나들이 동행 등 간단한 행정 업무는 본인이 직접 해결하고 복잡한 업무는 지도교사나 부모의 도움을 받는다. 나들이 동행 시 노인이나 장애인의 특성을 고려하여 동행하고, 휠체어나 부축 등을 위하여 2인 이상이 짝을 이루어 돕는다.

- 병간호 서비스: 병원 및 보건소 안내, 병문안 등 병원이나 보건소 등을 안내하여 수속한다. 병원에 입원 환자를 문안할 때는 정숙하고 조심스럽게 행동한다. 가정 문병을 할 때에는 간단한 위문품을 준비한다.
- 대인적 서비스: 목욕, 의복 손질, 생일잔치 열기 등 가정에 욕실이 있는 경우에는 주 1~2회 정도 방문하여 돕는다. 의복 손질의 경우 부모의 도움을 받아 돕는다. 생일잔치는 집으로 초대하여 여는 방법과, 가정을 방문하여 여는 방법이 있는데, 이때는 부모님의 도움을 받아 음식을 만들어 대접한다.

5) 환경 보전 봉사활동

(1) 활동 시 유의점
- 자연보호운동은 자연 환경의 보호 유지에 관심을 가지며, 현존하는 문제점들에 대한 해결과 새로운 문제점의 예방을 위하여 필요한 지식과 기술을 습득하려는 태도를 먼저 기르도록 한다.
- 학교나 가정 인근의 자연환경 정화활동부터 전개한다.

(2) 활동 내용
- 대기 보전: 대기 오염 물질 배출 상황 조사 및 캠페인 전개
- 악취, 소음, 진동 방지: 발생원 조사 및 캠페인 전개
- 수질 보전: 상수원 보호, 맑은 물 되찾기, 폐수 방류 방지, 지하수 오염 방지 활동
- 폐기물 감시: 폐기물 불법 투기 감시, 자원 재활용 협조, 쓰레기 분리수거 실천

- 토양 오염 방지: 유해물질 투기 감시, 토양 보전 활동
- 해양 보전: 연안 수질 오염 방지 활동, 연안 정화 활동
- 산야, 하천의 동식물 보호: 생태계 파괴 및 생태계 보전 활동

6) 공원 조성 및 보전 봉사활동

(1) 활동 시 유의점
- 시설 설치 목적의 이해
- 풍부한 활동 내용 계획 및 실천
- 계절 및 일시를 고려한 활동 전개
- 통상 이용자에 대한 배려
- 활동이 불가능할 경우의 대안 마련

(2) 활동 내용
- 시설 보수 및 보호: 놀이시설, 운동시설, 문화시설, 편의시설 등
- 수목·화초 조성 및 보호: 잔디 깎기, 제초, 병충해 방제, 가지 치기 등

7) 문화재 보전 봉사활동

(1) 문화재 보호 감시·계도 활동
- 고궁, 능원, 사적지 내에서 취사 또는 불꽃놀이 행위 방지
- 문화재 지역을 어린이들이 놀이터로 사용하는 행위 방지
- 성곽의 석축물에 이름을 새기거나 낙서하는 행위 방지
- 비석, 암각화 등에서 탁본을 하는 행위 방지
- 관람객이 석조물에 올라가거나 흔드는 행위 방지

- 출입금지 구역 출입 제지, 안내 방송, 관람객 질서 계도 및 안내

(2) 문화재시설 안전 점검
- 기와, 문짝, 창호, 단청, 벽화 파손 유무 조사 보완
- 축대, 담장 등 붕괴 위험 여부 조사 보완
- 기타 화재, 수재 위험 등 전문 지식 없이도 육안으로 식별 가능한 범위 내에서 확인하여 제보

(3) 문화재 지역 환경 정화
- 고궁, 능원, 문화재 지역 주변의 쓰레기 적치장, 공장 폐수 방류 현장 등 환경 오염원 신고
- 청소, 잡초 뽑기, 오물 줍기, 배수로 정리
- 안내판, 보호책 등 바로 세우기

(4) 문화재 훼손 현장이나 문화재에 이상 발견 시 행정 당국에 신고
- 천연기념물로 지정된 동·식물의 무단 포획·채취 행위 방지
- 절터, 도요지, 고분 등 사적지 내에 있는 석조물이나 기와, 자기 파편 등 유물을 몰래 가져가는 행위 방지
- 목조, 석조 문화재 등 이상 발견 시 신속한 신고

(5) 문화재 보호 캠페인 전개
- 가두 행렬, 팸플릿 배포, 플래카드, 피켓 부착
- 교지, 지역 신문에 향토 문화재 애호 내용 기고
- 문화재 보전 수리 활동 협조

3. 자원봉사활동의 유형 분류

청소년들이 수행할 봉사활동에 대해서 몇 가지 유형으로 분류하는 이유로는 크게 두 가지가 있다. 우선 청소년들이 수행할 수 있는 봉사활동의 종류나 범위를 일목요연하게 파악할 수 있게 함으로써 봉사활동을 지도할 교사는 물론 교육행정가나 학부모, 봉사활동 대상 기관이나 사람들이 청소년들의 봉사활동에 대해 제대로 이해할 수 있도록 돕기 위한 것이다.

다른 하나는 1996년부터 도입된 학교생활기록부에 청소년들의 봉사활동 내용을 기록하는 데 실제적으로 도움을 주기 위한 것이다. 수많은 종류의 봉사활동을 일일이 기록한다는 것은 비록 누가 기록 보조장부를 활용한다고 하더라도 교육 현장에 있는 교사들의 기록상 혼란을 초래할 수 있기 때문이다. 따라서 봉사활동을 몇 가지 큰 영역으로 분류함으로써 청소년들이 실천한 구체적이고 특이한 봉사활동들을 다소 큰 범주로 묶어서 학교생활기록부에 기재할 수 있도록 하기 위함이다. 이렇게 다소 큰 범주로 재분류하여 기재될 때, 상급학교 전형자료로 활용될 학교생활기록부의 봉사활동이 비로소 전국적으로 일관성 있게 기록될 것이기 때문이다.

봉사활동의 분류방법으로는 봉사자가 제공하는 것을 중심으로 ① 다른 사람이 필요로 하는 물질이나 돈을 베푸는 것, ② 자신의 시간과 노력을 들여 서비스를 베푸는 것, ③ 자신의 신체의 일부를 제공하는 것, 즉 헌혈이나 골수기증 등으로 구분할 수도 있고, 봉사 대상자별로 ① 노인, ② 장애인, ③ 아동 및 청소년, ④ 지역사회, ⑤ 국가, ⑥ 국제사회로 나눌 수도 있고, 봉사활동이 일어나는 장소나 범위에 따라 ① 학교 내 봉사, ② 지역사회 내 봉사, ③ 국가 내 봉사, ④ 국제적 봉사로 구분할 수 있다.

그러나 기본적으로 교육적 결실을 거두기 위해서 시행하는, 청소년들이 주축이 되어 행하는 봉사활동을 구별하기 위해서는 봉사활동의 목적에 따른 구분이 더 적절하다. 아울러 청소년들의 봉사활동을 목적별로 분류는 것이 타당한 이유는 청소년들이 봉사활동을 할 때 특별한 목적으로 구성된 유관 기관이나 단체 등을 통해서 할 경우가 대부분이기 때문이다. 청소년들이 행할 수 있는 봉사활동의 주요 목적에 따라 그 유형을 크게 8영역(① 일손 돕기 활동, ② 위문 활동, ③ 지도 활동, ④ 캠페인 활동, ⑤ 자선·구호 활동, ⑥ 환경·시설 보전 활동, ⑦ 지역사회 개발 활동, ⑧ 기타로 나눌 수 있다.

제6장 청소년자원봉사학습

1. 봉사학습 개념

진보적 교육운동과 교육개혁운동을 통해 미국으로부터 유래된 봉사학습은 자원봉사 관련 법령을 통해(The National and Community Service Trust Act of 1993) 봉사학습은 지역사회 안에서 지역사회의 요구에 일치하는 구조화된 봉사활동을 통해 배우고 발전하도록 돕고, 시민으로서의 책임감을 길러주며, 지역사회의 교육적 요소와 청소년들의 학교수업을 향상시키도록 통합한다.

봉사학습이론은 1930년대 John Dewey에서 시작해 1980년대 David Kolb에 의해 발전된 경험학습이론에 기초하고 있다. 이들의 주장에 따르면 봉사학습은 구체적인 경험과 추상적 개념이 형성되기 위한 반성적인 관찰과 적극적인 상호 작용으로부터 일어나는 의미전환의 역동적인 과정이 있어야 한다는 것이다. 이 과정은 또한 고정된 것이 아니고 반복적인 순환과정을 통해 변화한다. 형성된 개념은 보다 높은 수준의 경험을 통하고 이는 다시 적극적인 상호 작용과 반성적인 관찰의 과정을 통해 한 차원 높은 개념을 형성한다는 것이다. 봉사학습이론에서는 직접적인 봉사참여와 봉사학습에 대한 기대가 어느 정도 일치하느냐에 따라 학습의 질이 달라진다고 보고 있다. 봉사학습에서는 따라서 가능한 한 실제 경험과 기대가 일치되어야 한다. 그 일치 여부에 따라 파이프 효과(Conduit effect), 아코디언 효과(Accordion effect), 문화적 효과(Cultural effect)가 나타난다.

Kendall(1990)은 봉사학습의 개념이 147개에 달한다고 한다. 이것은 그만큼 바라보는 사람의 시각에 따라 청소년자원봉사학습이 다르게 지각될 수 있다는 것을 의미한다. 예를 들어, 봉사와 학습의 두 단어로 구성된 봉사학습에 있어서 봉사와 학습의 관계를 어떻게 바라보느냐에 따라 봉사학습의 개념정의는 달라질 수 있다. Alt는 봉사학습을 이전의 다른 경험학습 유형과 구별하면서 봉사학습은 참가자가 지역사회의 채워지지 않은 요구를 충족시키고, 봉사를 지적인 도전과 학문적 내용을 통합하는데 교실 안과 밖의 경험 사이의 링크를 사용하는 활동에 참여하는 것이라고 했다(Alt, 1997).

이와 같은 의미를 가진 청소년자원봉사학습은 상호성과 반성적 고찰이라는 특성이 있다. 상호성원칙은 봉사학습이 단순한 자선이 아닌 사회정의의 차원에서 지역사회를 위한 다양한 활동에 참여해야 함을 강조한다(원미순, 2003). Kendall은 봉사학습에 있어 상호성이란 봉사하는 사람들과 봉사를 받는 사람들 간에 서로 가르치고 배우는 것을 의미한다(Kendall, 1990). 이로써 상호성은 봉사학습에 있어서 봉사자와 피봉사자 사이의 상호 책임감과 개인 간의 상호 존중의 마음을 유발한다. 청소년봉사학습에서의 반성적 고찰은 자원봉사활동을 사회, 정치, 경제적 맥락에서 고려한다는 것을 의미한다. 반성적 고찰이 없다면, 자원봉사활동은 청소년들에게 의미가 없을뿐더러 교육적 효과, 즉 학습도 일어나지 않을 것이다.

청소년자원봉사는 학습을 통한 개인적인 만족감과 사회참여의 기회와 책임을 실천하는 활동으로, 배움을 통해 얻은 지식과 기술을 지역사회에 실천함으로써 그 지식과 기술을 보다 실제적인 것으로 만드는 데 중요한 의미를 갖고 있다. 또한 청소년자원봉사는 개개인의 완전한 자유의지에 따른 자발적인 활동이라기보다는 교육적으로 지도되는 활동으로, 1995년 5·31교육개혁안을 통해 인성교육의 강화 일환으로 자원봉사활동을 권장했으며, 제7차 교육과정에서는 자원봉사활동을 학교교육과정에 통합시켜 청소년들의 임의 활동에만 맡기는 것이 아니라 학교가 조직적, 체계적으로 개입하는 특별활동의 한 영역인 '학생자원봉사활동'으로 지도되고 있다.

아직 미성숙하고 성장과정에 있는 청소년들에게 자원봉사활동은 완전한 의미의 자원봉사활동이라기보다는 봉사활동을 통한 학습, 곧 '봉사학습(Service-Learning)'의 개념에서 시작된다. 봉사학습은 학습자의 주체성을 존중하고 올바르게 육성하기 위한 사회체험학습으로 자아발견과 지역사회에 대한 이해가 학교교육의 중요한 한 영역이라면, 봉사학습의 궁극적인 목적은 '서로 돕는 법을 배우는 것'과 '교육과 체험을 통해 자원봉사활동의 자발성을 최대한 길러주는 것'으로 말할 수 있다.

2. 봉사학습의 과정

청소년자원봉사활동을 교육활동의 연장선으로 볼 때 그 활동의 터전 역시 교육의 과정처럼 편성되고 실행되어야 한다. 활동 중심적인 교육에 있어서는 사회 교육적 원리와 방법이 적합할 것이다. 자발성, 다양성, 개별성, 융통성, 현실성의 원리에 입각해 강의식의 교육방법보다는 토론이나 시연, 실습 중심의 경험주의 교육방법 등의 적용이 청소년의 자원봉사활동 지도에 적합한 경우가 많다.

자원봉사활동을 효과적으로 수행하기 위해서는 대체로 4가지 요소를 필요로 하는데 준비(preparation), 실천(action), 반성(reflection), 그리고 발전(Development) 혹은 축하와 인정(Celebration& Recognition)을 말한다. 대단위 P－A－R과정과 각 단계별 소단위 p－a－r프로그램들이 구별되어 교육과정들이 편성되는 것이 바람직하다고 본다(최윤진, 2000).

1) 준비단계 (Preparation)

준비단계는 초기 계획단계로써 청소년자원봉사 및 활동에 필요한 문제인식이 이루어지는 사전학습과정이다. 준비(preparation)는 4가지 과정, 즉 문제의 인식과 분석, 봉사 프로그램의 선택, 프로그램 수행에 필요한 기능의 학습, 프로그램의 수행 계획 등의 과정을 거치게 된다. 준비단계는 청소년들이 자원봉사활동을 시작하기 전에 적절한 지도와 지원이 필요하다. 청소년들은 그들이 함께 일할 기관의 기대는 물론 지역사회의 문제와 요구를 이해해야 한다. 청소년들은 지역사회가 직면하고 있는 문제와 쟁점을 확인하기 위해 먼저 지역사회 주민들, 기관들과 토론을 해야 한다. 문제가 밝혀지면 청소년들은 즐겁게 자원봉사할 수 있는 활동거리를 개발해야 한다. 활동거리나 대상에 대한 문제를 인식하고, 활동과정의 구체적인 내용과 지식을 사전조사하며, 사전약속을 하거나 계획을 수립하기 위한 관련된 지식과 기술, 태도를 습득하는 과정이다.

2) 실행단계(Action)

실천(action)은 계획된 봉사를 수행하는 것이다. 새로이 얻어진 정보나 새로운 상황에 부딪히게 됨에 따라 초기계획을 조정하기도 한다. 실행단계는 활동에 필요한 준비물을 제작 구비하여 활동의 구체적인 내용을 준비하는 계획수립과 계획을 기초로 활동에 임하는 실행과정으로 구분되며, 지도자는 자원봉사활동의 필요한 세부 지침을 마련하거나 활동에 청소년, 지도자, 보조 지도자의 역할을 정확하게 업무분담하고, 청소년은 준비단계를 통해 학습된 지식과 기능을 봉사적 측면으로 적극 활용하여 성실한 자세로 임할 수 있도록 지도한다.

3) 반성단계(Reflection)

반성은 청소년들로 하여금 그들의 봉사경험으로부터 학습하게 할 수 있다. 반성은 봉사프로그램 과정이 규칙적이었을 때 효과가 가장 크다. 청소년들은 반성하기 위해 자원봉사활동이 끝날 때까지 기다릴 필요가 없다. 자원봉사활동을 통한 반성은 청소년들에게 그들이 봉사한 활동과 그들의 의사결정에 관하여 생각하도록 하는 동기를 부여한다. 자원봉사활동을 통하여 학습하게 된 내용을 유지해 나가기 위해서는 끊임없이 반성하는 것이 좋은 방법이 된다.

반성단계는 자원봉사활동에 대한 체험과 경험을 스스로 반성해야 하며, 지도자는 청소년이 자원봉사활동을 통해 얻어진 생각과 마음을 구체적으로 이끌어낼 수 있도록 소감문 작성, 자원봉사활동 후기, 봉사신문 만들기, 토론 및 토의, 발표 등을 통한 학습적 측면과 수혜자의 실질적 도움에 대한 봉사적 측면으로 반성할 수 있도록 이끌어 가야 한다.

4) 발전단계(Development) 혹은
   축하와 인정단계(Celebration & Recognition)

발전단계 혹은 축하와 인정단계에서 지도자는 청소년들이 자원봉사활동에 지속적으로 참여할 수 있도록 지도해야 하며, 습득된 기능의 구체적인 활용방법이나 방안을 제시해야 한다. 또한 청소년이 스스로 발전된 봉사계획을 수립하고 진행할 수 있도록 격려하고 칭찬해 줄 때 발전하게 된다.

청소년들은 그들이 하나의 변화를 만들었던 노력들을 이해하고 인정해 주기를 원한다. 축하는 마지막의 반성과도 연결된다. 청소년들 서로서로가 어떻게 자원봉사활동을 수행했는지를 생각하게 하고, 그들이 성취한 결과에 대해 서로서로 칭찬하는 것은 청소년들에게는 즐거운 일인 것이다. 축하와 인정은 현장 감독자, 프로그램 조정자, 봉사를 받은 사람이나 또는 동료들로부터의 감사에서부터 야유회나 축하파티 등의 다양한 형태로 나타날 수 있다. 청소년들의 성취 결과를 지역사회와 함께 공유하고 활동프로그램을 보도하기 위해 언론에 초대될 수도 있는 것이다.

3. 봉사학습의 특성

봉사와 학습의 동시적인 효과를 거두는 데 목표를 두는 봉사학습은 두 가지의 특성을 지닌다.

1) 봉사경험의 봉사자와 수혜자의 삶 개선

봉사자의 봉사경험이 봉사자와 수혜자, 양측의 삶을 개선하는 상호 호혜성을 갖는다. 이는 전통적인 교실에서의 학습과는 다른 차원이다.

2) 봉사경험의 교육적 반성(reflection)

봉사자의 직접적인 경험은 봉사행위를 실제적인 사회적, 정치적, 경제적 상황에서 이루어지도록 만들어 지적인 혹은 시민으로서의 혹은 인종적, 비교 문화적인 측면에서의 반성을 중시하는 학습목표를 지닌다(중앙일보사, 1996).

4. 봉사학습의 실천원칙

1) Mintz와 Hesser의 통합원칙

협력체계, 상호교환성, 다양성을 강조하는 원칙이다. 목표달성과 서로의 능력개발을 위해 권위와 자원을 나눈다. 모든 참여자들은 교사이면서 학생이고, 학생이면서 봉사자이며, 봉사 대상자라는 것을 인정하는 것이다(Mintz, S. D. & G. W. Hesser, 1996).

2) Cool의 원칙

지역자원봉사 조직원들과 이들의 조직에 참여했던 청소년들이
캠퍼스 현지봉사 기회연맹(the Campus Outreach Opportunity League)
에서 개발한 원칙으로 다음의 다섯 가지다.

- 지역사회의 목소리와 요구가 지역사회 봉사프로그램개발에 반
  영되었는지 확인하는 것이 중요하다.
- 지역사회와 지역사회가 안고 있는 문제 및 지역사회기관과 집
  단들에 대한 정보를 자원봉사자 학생에게 제공해야 한다.
- 봉사자들이 자신들의 자원봉사활동으로 인해 지역사회의 변화를
  가져왔다고 느낄 수 있을 때 자원봉사활동의 지속이 가능하다.
- 자원봉사활동 후에는 봉사자 자신의 반응을 비롯하여 편견과
  부정적인 요소 등을 토론함으로써 자신들의 경험을 반성할 수
  있어야 한다.
- 청소년들은 자신의 학습을 평가하고 기관은 청소년들의 봉사
  효과를 측정해야 한다. 평가는 성장과 향상 그리고 변화를 위
  한 방향을 담고 있어야 한다.

3) Howard 원칙

- 학교 학점은 교육을 위한 것이지 서비스를 위한 것은 아니다.
- 학문적인 열의를 간과해서는 안 된다.
- 학습목표를 설정해야 한다.
- 지역사회 봉사기관의 성장을 위한 기준을 제시해야 한다.
- 지역사회학습을 달성할 수 있는 교육적으로 효과적인 방법을
  제공해야 한다.

- 청소년들의 지역사회학습을 어떻게 달성할 수 있을지를 배우
  도록 해야 한다.
- 지역사회학습의 역할과 교실 학습의 역할 차이를 줄여야 한다.
- 교사의 역할에 대해 다시 생각해야 한다.
- 학습결과의 불확실성과 다양성에 대비해야 한다.
- 과목에 대한 지역사회의 책임을 확대해야 한다.

4) 콜로라도 주립학교 Model

1993년에 시작한 콜로라도 주의 봉사통합 프로젝트에서 제안하
는 원칙으로 봉사와 학업을 통합하는 과정에서 교수들을 더 많이
참여시키고자 개발됐다.

- 강의 계획서는 봉사경험과 과목의 교수 및 학습목표를 통합해
  작성한다.
- 한 학점당 지역사회에서 최소 5시간의 봉사를 필수로 한다.
- 봉사시간에 대해 학점을 인정받지는 않지만 과목내용과 그들
  의 자원봉사활동을 접목시킬 수 있을 때에 한해 학점을 인정
  받는다.
- 자원봉사활동의 경험을 교실에서 발표한다.
- 자원봉사활동에 대한 토론은 봉사에 포함된 사회적, 심리적,
  정치적, 윤리적인 고려와 서비스 욕구 등을 포함해야 한다.
- 교수는 지역사회의 각 기관과 접촉해야 하고 그 기관의 설립
  목적, 대상자, 위치 및 청소년의 역할을 이해하고 청소년을 배
  치해야 한다.
- 청소년들에게 봉사가 시작되기 전에 기관과 대상자 및 문제에

대한 정보를 제공해야 한다.

● 학생, 교수, 지역사회 기관은 평가과정에 참여해야 한다.

5. 봉사학습의 운영

1) 봉사학습의 형태

봉사학습의 형태는 봉사 중심형과 교과내용 중심형의 두 유형으로 나눌 수 있다.

봉사 중심형(service centered course)은 참여한 자원봉사활동을 반성하고 서비스로부터 학습효과를 높이도록 계획된 것이다. 교과내용 중심형(content centered course)은 교과내용에 봉사활동을 포함시킴으로써 교육목표를 효과적으로 달성하는 경우다.

봉사 중심형은 봉사를 학습에 통합시킨 형태로 학습은 경험을 반영시키는 과정이라는 전제에서 시작된다. 수행한 봉사활동을 기초로 공식적인 반성(formal reflection)의 기회를 통해 학습의 목표를 달성한다. 통합적인 교육경험의 목적을 달성하려고 할 때 적합하다.

교과내용 중심형은 학습의 내용에 자원봉사활동을 통합한 형태다. 사회학의 과목 중에 사회현상 파악을 통해서나 화학 과목 중 특수 광물 발견을 위해 현지 탐방 등의 과정을 포함하는 경우가 이에 해당한다.

학교의 일차목적은 교육이므로 봉사를 교과목으로 통합할 때 고려할 것은 봉사가 교육이라는 목적에 기여하는 경우에만 수업으로 인정될 수가 있다는 것이다.

2) 봉사학습의 내용

봉사 중심형 봉사학습의 목적은 봉사경험을 통해 다양성을 인식시키는 데 초점이 있으므로 다른 교육 자료를 덜 사용하게 되는 것이 보통이다. 이 경우 봉사는 교사, 학생이 함께 토의하는 것이 중심교육 내용이 된다. 관련 자료들은 봉사 경험을 반성하도록 도와주는 데 활용될 뿐이다.

그러나 교육내용 중심형에 있어서 봉사는 여러 가지 교육내용 중의 하나일 뿐이다. 봉사를 선택으로 할 것인지 필수로 할 것인지를 우선 정해야 할 것이다.

이 경우 봉사는 자원봉사활동에 참여한 청소년에게 부가점수를 주는 방법, 과제에 대한 대안의 하나로 선택하게 하는 방안 등이 있다.

3) 반성의 기회와 평가

봉사학습의 평가는 일반 학과 평가와 같은 맥락에서 평가될 수 있다. 청소년들의 자원봉사활동 평가는 청소년들의 자원봉사활동 자체에 중점을 두는 것이 아니라 자원봉사활동의 경험이 얼마나 반성적 고찰을 통해 자기발전을 이룩했느냐에 두어져야 한다. 평가방법은 사례연구, 포트폴리오, 자기평가, 팀별 토의 등이 있다. 중요한 것은 출석이다. 봉사학습상에 있어 결석은 해당교과의 교과서 없이 수업을 하는 것보다 훨씬 심각한 문제다. 결석은 봉사학습의 질을 저하시키는 것은 물론 자원봉사활동을 수행한 기관과 지역사회, 지역사회의 지도자에게도 부정적인 영향과 부작용을 야기할 수 있다. 따라서 교사는 사전에 청소년들에게 결석에 대해 충분한 주의를 주어야 한다.

4) 제도적 뒷받침

학교에서 이루어져야 할 뒷받침으로는 다음 세 가지를 들 수 있다.

첫째, 봉사학습을 담당하고 있는 교사들의 전문성을 개발해야 한다. 담당교사의 역할은 봉사학습에 있어 중요한 부분이다. 담당교사는 자문, 동반자, 역할모델의 역할을 담당해야 하기 때문이다. 상당수의 청소년자원봉사활동에는 전문 분야의 교사 참여가 태부족하였다.

둘째, 봉사학습의 장소 발굴과 봉사학습 관리 면에서 담당 교사를 지원하는 체계가 확립돼야 한다. 봉사학습은 담당 교사에게 별도의 노력과 시간을 요구한다. 담당자의 노력과 시간을 최소화시켜 봉사학습의 효과 향상에 전념케 하는 지원체계가 구비되어야 한다.

셋째, 봉사학습을 체계적으로 확대시키는 정책이 성립되어야 한다.

제7장 주 5일 수업제와 청소년자원봉사활동

1. 주 5일 수업제(토요 휴무일)의 개념

주 5일 수업제란[15] 일주일에 5일만 학교에 등교하여 정규교과 수업을 하고 1일은 가정에서의 다양한 체험을 통해 학교 학습을

---

15) 2006년부터 모든 학교 월 2회 토요휴업 실시.

심화 보충하는 학교운영 방법으로서 단순히 학교수업 일수의 조정에 그치는 것이 아니라 입시 위주의 교육현실로 인해 부족하기 쉬운 인성교육을 보강하려는 것이다. 올바른 인성계발은 지식교육만으로는 부족하기 때문에 주 1일은 전형적인 교실수업 형식에서 탈피하여 일상생활 속에서 다양한 체험활동을 자유롭게 경험하도록 하자는 것이다.

주 5일 수업제의 목적은 ①청소년들에게 주체적 학습력과 자질을 길러주어 평생학습 사회 속에서 주도적으로 살아갈 능력을 갖게 하고, ②가족과의 여유로운 만남을 통해 가족 간의 유대를 증진하며, ③지역사회에서의 다양한 사회체험을 통해 바람직한 인성을 함양하고자 하는 데 있다. 이는 제7차 교육과정이 추구하는 21세기의 세계화, 정보화 시대를 주도하며 살아갈 자율적이고, 창의적인 한국인 육성이라는 교육목적과 일치한다고 볼 수 있다.

2. 토요 휴무일 자원봉사활동을 위한 봉사교육

주 5일 수업제의 실시를 계기로 현행 청소년자원봉사활동 운영상의 문제를 해결하고 보다 활성화하기 위해서는 학교의 역할이 중심이 되어야 한다. 학교는 청소년교육의 우선순위를 둘 수 있으며, 청소년들의 시간을 교육적으로 통제할 수 있기 때문에 청소년자원봉사활동에 대한 학교의 관심과 역할은 청소년의 인성 함양에 큰 영향을 미칠 수 있다. 따라서 학교는 청소년자원봉사활동 운영의 주체로서 청소년들이 '봉사학습' 교육과정을 잘 수행할 수 있도록 지도하고 관리하는 데 적극적인 역할을 감당하여야 한다.

1) 자원봉사활동의 사전 교육

자원봉사활동에 대한 사전 교육의 목적은 청소년자원봉사활동이 보다 효율적이고 질 높은 활동이 될 수 있도록 청소년을 준비시키는 것이다. 청소년자원봉사활동의 목적과 필요성, 자원봉사활동이 이루어지는 과정, 활동 영역 및 구체적인 활동내용, 그리고 활동과정에서의 유의점 등을 교육함으로써 자원봉사활동에의 동기를 부여하고자 하는 것이다.

또한 청소년자원봉사활동의 사전 교육은 자원봉사에 대한 전문지식을 가진 자에 의해서 이루어지는 것이 합리적이다. 청소년자원봉사활동의 사전 교육에 필요한 자원은 지역사회 복지관, 사회복지협의회 또는 자격을 갖춘 자원봉사자를 활용하면 효율적이다. 자원봉사에 대한 의식과 전문지식을 가진 청소년자원봉사활동 담당자가 청소년의 특성과 상황을 고려하여 청소년들의 욕구에 가장 적절히 부응함으로써 청소년들의 자원봉사활동에 대한 만족도를 높여줄 수 있을 것이다.

2) 자원봉사활동의 사후지도

청소년자원봉사활동에 대한 평가는 ①자원봉사활동에 대한 인정을 위해서, ②자원봉사활동의 습관화와 내면화를 위해서, ③자원봉사활동의 효과를 파악하기 위해서, ④자원봉사활동의 개선을 위해서 필요하다. 따라서 활동의 결과에 대한 정략적인 평가가 아니라 활동과정을 통한 청소년의 태도나 행동의 변화를 대상으로 하여야 한다.

미국은 청소년자원봉사활동을 '학교 내에서 혹은 지역사회에서 봉사하며, 봉사경험에 대해 적극적으로 반성하는 경험에 의한 학습의 과정'이라고 정의할 정도로 평가의 과정을 중시하고 있다. 전국청소년리더십협의회는 반성이 실천되는 3단계 과정을 '무엇(What)'을, '그래서 무엇(So What)', '이제는 무엇(New What)'으로 구분하였다. 봉사경험을 정리하는 기술적 단계에서 시작하여 경험이 부여하는 의미를 고려하는 실천적 단계를 거쳐 마지막으로 봉사경험을 보다 포괄적인 사회적 배경에서 평가하는 비평적 단계로 매듭짓는 것이다.

청소년자원봉사활동이 질적인 평가가 되기 위해서는 실제로 자원봉사활동에 참여한 청소년 스스로의 평가 위에 교사의 평가나 의견을 진술하도록 하는 것이 바람직하다. 청소년 스스로의 평가로서 자신이 자원봉사활동을 통해서 얼마나 보람 있는 경험을 했으며 얼마나 봉사정신을 이해하고 올바른 인생관을 가지게 되었는가의 자기평가가 중요시되어야 한다. 교사는 수행과정 전반에 대해 체계적으로 평가하고, 평가결과는 청소년의 지속적인 자원봉사활동을 위한 동기유발과 인성계발을 돕는 자료로 활동한다.

3. 토요 휴무일 자원봉사활동 프로그램 운영

1) 토요 휴무일에 할 수 있는 프로그램 발굴

자원봉사란 전통적인 의미의 희생이나 헌신의 개념이기보다 스스로 즐거운 마음으로 할 수 있으면서도 타인에게 도움을 줄 수 있는 공동체에 대한 참여활동이다. 따라서 청소년자원봉사활동이 내신 성적을 위한 형식적인 활동이 아니라, 마음에서 우러나는 진정한 의미의 봉사활동을 체험하도록 지도할 수 있는 프로그램의 발굴이 필요하다.

학교는 청소년들의 다양한 욕구에 부합되면서도 교육적 가치가 충분하고 지역사회의 여건과 상황을 고려하여 청소년자원봉사활동으로서 적합한 프로그램을 발굴하여야 한다. 동기부여가 전혀 되지 않은 단순한 일손 돕기 활동이나 환경정화활동이 아니라 청소년들에게 보람 있는 체험으로 인식되어 민주적이고 협동적인 인간성을 함양하는 데 도움이 되는 활동이어야 한다.

이를 위해서는 먼저 학교나 지역사회에서 청소년들이 할 수 있는 자원봉사활동의 대상을 조사한 후 학교의 '청소년봉사활동추진위원회'의 의견 수렴과정을 거쳐 청소년들에게 가치 있는 자원봉사활동 프로그램을 선정하는 노력이 필요하다. 선정된 자원봉사활동은 대상기관과 구체적인 활동 일정과 방법 등을 협의한 후 청소년자원봉사활동 프로그램으로 진행한다.

2) 토요 휴무일 지역봉사기관과의 연계

청소년자원봉사활동이 원활하게 실시되기 위해서는 지역사회 내에서 봉사업무를 수행하는 단체나 기관들과의 유기적인 협력체계 구축이 필요하다. 청소년자원봉사활동은 학교 차원에서 모든 것을 해결할 수 있는 것이 아니라 지역사회가 바로 청소년자원봉사활동의 터전이기 때문이다. 청소년자원봉사활동은 교실 안에서의 학습과 지역사회에서의 경험을 통합함으로써 봉사학습으로서의 목적을 달성할 수 있는 것이다.

청소년자원봉사활동의 중요성에 대한 논의가 활발해지면서 청소년자원봉사활동 프로그램을 운영하고 있는 지역사회 단체가 청소년자원봉사센터를 위시하여 다양해지고 있다. 따라서 학교는 이러한 단체들과 협조하여 자원봉사활동 프로그램에 대한 정보교류는 물론 봉사교육, 공동 프로그램 운영, 행사 개최 등 다양한 연계활동을 수행할 수 있다.

3) 학부모의 토요 휴무일 지도 협조

청소년은 자아정체성이 확립되지 않은 미성숙한 존재로서 학부모의 영향권 안에 속해 있으며 더욱이 입시 위주의 교육을 중시하는 현사회적 분위기 속에서 휴무 토요일도 공부를 권하는 현실이다. 청소년자원봉사활동이 활성화되기 위해서는 학부모의 이해와 적극적인 지원이 필수적이다. 따라서 학교는 청소년자원봉사활동에 대한 학부모의 인식을 제고하고 지원을 받도록 한다. 학부모 연수, 가정통신문 등을 통해 청소년자원봉사활동의 개념과 봉사학습으로서의 교육적 의의, 현행 제도 및 우수사례 등 청소년자원봉사활동에 대한 학부모의 이해를 높여 가정에서의 지도를 바탕으로 하는 청소년자원봉사활동이 이루어질 수 있도록 한다. 지원체계 강화의 일환으로 학부모를 자원봉사활동 지도교사 자원으로 활용할 뿐 아니라 청소년들과의 동반활동 방안을 모색할 수도 있다.

또한 주 5일 수업제의 의미와 목적을 올바르게 인식시키는 것도 중요하다. 주 5일 수업제에 따른 여가의 증가가 입시를 위한 사교육의 기회로 오용되지 않고 다양한 체험활동을 통한 인성계발이라는 본래의 가치를 추구해 나가기 위해서는 학부모의 의식 고취가 주 5일 수업제의 실시보다 선행되어야 한다.

제8장 청소년자원봉사활동의 참여 동기

　자원봉사활동 참여 동기를 이해하기 위하여 그 개념 및 중요성과 동기유발 이론을 살펴보고자 한다. 동기유발 이론으로는 이타주의적 행동이론, 이기주의적 행동이론, 통합적 이론, Herzberg의 두 요인이론(동기위생이론), McGregor의 XY이론 등에서 청소년자원봉사동기를 설명할 수 있다.

1. 자원봉사활동 참여 동기의 개념과 중요성

1) 자원봉사자 참여 동기의 개념

　라틴어인 움직인다(movere)의 어원을 가지는 '동기'(motivation)는 인간이 일정한 행동을 하도록 움직이게 하는 근원을 뜻한다. 동기간 목표 지향적인 행동을 유발하도록 지시하고 유인하며 격려함으로써 행동을 촉진시키도록 자극하고 고무하는 내적 상태라고 말할 수 있다. 따라서 자원봉사자의 동기란 자원봉사활동이라는 구체적인 행동을 하게 하고 이를 지속화시킬 수 있도록 하는 힘을 의미한다(류기형 외 5인, 2001).

　동기는 인간이 일정한 행동을 하도록 움직이게 하는 근원이 동기임을 알 수 있다. 동기는 인간의 행동을 활성화시키거나 작동시키고, 움직이게 하는 내적 상태를 말하며, 이는 행동을 목표 지향적으로 되게 하거나 그 목표를 위한 통로를 마련하게 한다(한덕웅, 1984). 동기는 행동을 유발하고 그 행동에 목표를 갖게 하며 이를 유지시킬 수 있도록 하는 일련의 과정으로 이해할 수 있다. 또한 하나의 과정적인 성격을 지니고 있는 동기는 한 개인의 행동을 설명할 수 있는 그 개인의 내적, 외적 상황에서 얻게 되는 힘들의 총체라고도 할 수 있다(조휘일, 2002). 따라서 동기에 대한 이해는 구체적으로 동기를 행사하는 각 개인의 요인들과 다양한 외부(환경적인) 조건들을 이해하고, 이들 간의 상호관계가 행동에 어떻게 영향을 미치는지에 대해 이해함으로써 이루어질 수 있을 것이다. 많은 현대의 심리학자들은16) 동기를 말할 때, 행동을 시작하고, 방향 짓고, 행동의 강도와 지속성을 결정짓는 요인으로 언급하고 있다. 동기에 대한 연구는 여러 관점에서 이루어지고 있다. 크게 세 측면으로 요약하면 첫째, 동기에 대한 분석은 개인의 행동을 일으키거나 또는 자극하는 요인들에 집중해야 한다는 관점과 둘째, 동기의 과정에 중점을 두어 행동의 선택과 방향, 그리고 목적에 관심을 가져야 한다는 관점, 셋째, 행동이 시작되고 유지되거나 또는 중단되는 등 행동이 진행되는 동안 일어나는 어떤 종류의 주관적인 반응에 중점을 두어야 한다는 관점들이 그것이다(A. D. Szilagy, 1987).

자원봉사의 동기에 대한 이해는 보다 복잡한 양상을 갖는다. 역사적으로 볼 때 일반적으로 자원봉사활동의 동기는 자기희생과 박애정신, 인도주의와 민주주의 정신 등 철학적, 종교적, 도덕적인 개념들로 설명되어 왔다. 그러나 이러한 접근은 자원봉사 동기의 철학적인 배경을 이해하는 데 유용할 뿐 인간행동을 이해하는 데 있

---

16) 심리학자들의 의견은 다음과 같다. N. R. F. Maier은 동기를 표출된 행위가 결정되는 과정 혹은 미래 행위가 이미 표출된 행위에 의해 영향을 받는 과정으로 특징지었다. Gellerman은 동기란 일정한 목표를 지향하여 활동을 조정하고, 에너지의 일부를 이들 목표 도달에 투입시키는 것이다. W. E. Vinacke는 동기란 개인이 수행하고 있는 행동의 강도, 질 및 방향의 변화를 결정하는 여러 조건으로 보았다.

어서 한계가 있다. 따라서 보다 과학적인 접근이 요구된다. 통상적으로는 청소년자원봉사활동의 동기를 이타적 동기(altruistic)와 이기적 동기(self-directed) 또는 타인 지향적인 동기와 자기 지향적인 동기로 나누어 생각해 왔다. 이타주의는 오랫동안 사람들이 자원봉사에 참여하는 주된 원인으로 간주되어 왔으나 절대적인 이타주의는 극히 드물며 이타주의는 상대적이라는 것이다. 한 개인이 타인을 돕기 위해 활동적으로 임할 때에도 이러한 도움에의 동기 사실은 자기의 복지를 증가시키거나 죄의식을 감소시키려는 욕구에 의해 동기화된 것이라고 가정한다. 이상과 같은 것을 고려해 볼 때 자원봉사활동의 동기는 이타적 동기와 이기적 동기의 혼합, 그리고 다양한 요인이 함께 작용한다고 볼 수 있다.

2) 자원봉사자 참여 동기의 중요성

청소년자원봉사가 교육적인 차원에서 내신 성적 반영과 진학 시 가산점 부여 등 많은 제도적 지원이 있음에도 불구하고, 청소년자원봉사제도가 아직도 정착되지 못하고 많은 문제를 발생시키고 있는 이유 중에 하나가 무엇보다도 자원봉사의 동기 부족 때문일 것이다.

자원봉사는 자원봉사자 자신의 욕구보다는 수혜자의 욕구를 충족시키기 위하여 자원봉사활동에 참여하고 있다. 그러나 자원봉사자도 어떠한 특수한 한정적인 욕구를 가지고 이러한 욕구를 충족시키기 위해 자원봉사활동을 하고 있는지도 모른다. 따라서 자원봉사자의 욕구가 경시되어서는 안 된다. 그래서 자원봉사활동은 합리적으로 자원봉사자의 욕구도 충족시킬 수 있는 것이 되어야 한다.

왜냐하면 자원봉사활동에 참여하는 자원봉사자의 욕구가 제대로 충족되지 않는다면 자원봉사자는 활동 자체를 그만두거나 다른 자원봉사활동을 찾을 것이기 때문이다.

또한 효과적으로 자원봉사활동을 관리하기 위해서도 자원봉사활동의 원인인 동기에 대해 이해하는 것이 조직의 유지와 발전에 중대한 영향을 미친다. 일반적으로 자원봉사자들의 참여 동기는 자원봉사활동을 시작하거나 지속시키는 하나의 척도이며 활동 분야를 결정짓는 중요한 요인이다. 처음 자원봉사활동을 하게 하는 개인적인 동기도 중요하지만, 자원봉사자의 중도 탈락이 자원봉사의 최대 문제점 중 하나라고 볼 때 중도 탈락의 중요한 이유가 자원봉사자 개인의 자원봉사활동 동기가 약하기 때문이다. 따라서 청소년자원봉사가 활성화되기 위해서는 청소년자원봉사자에 대한 동기를 충분히 부여하고, 동기를 지속화시켜 나가야 할 필요가 있다.

2. 동기유발 이론으로서의 이타주의적(Altruistic) 행동이론

인간행동의 동기를 일반적으로 이타적(Altruistic) 동기와 이기적(selfish or self-interest) 동기 또는 타인지향적(other-directed) 동기와 자기 지향적(self-directed) 동기로 나누어 생각해 왔다. 그중에서도 이타적인 동기를 중심 동기로 보아 왔다.

그러나 현대에 이르러서는 이타적 동기 아니면 이기적 동기라는 식의 편향적 단순동기가 아닌 양자의 복합화된 형태의 동기모형으로 나타나는 것이 자원봉사행동 동기의 새로운 경향이라 할 수 있겠다. 예를 들면 과거의 단순히 남을 돕겠다는 차원에서, 봉사를 통해 타인을 돕는다는 것과 아울러 봉사자 자신의 성취감과 경험 및 지식의 사회 환원 그리고 사회정의의 실현에 동참한다는 시민 의식으로 복합화되어 있다는 것이다.

타인을 도와주는 행위에 대한 연구에서 심리학자들은 이러한 행동을 포괄적으로 대변할 수 있는 용어로 반사회적(anti – social) 행동에 대치되는 개념으로 친사회적(pro – social) 행동이라는 용어를 만들게 되었다.

친사회적 행동은 다른 사람 또는 다른 사람들로 구성된 집단을 유익하게 하려는 의도를 가지고 수행되는 자발적 행동이라고 정의되고 있다. 친사회적 행동에서는 자발적 또는 의도적이라는 측면이 중요하게 취급되어 같은 도움의 행위라도 강요되거나 우연하게 일어나는 행동은 제외되게 된다. 친사회적 행동의 주된 두 가지 유형으로 집단 구성원들 간의 협력과 이타주의를 들 수 있다. 협력은 공동의 목표를 달성하는 데 기여하는 친사회적 행동으로서 구성원 모두가 행위자의 입장에서 어떤 형태건 공동의 투입을 전제로 한다. 반면에 이타주의의 경우에는 도움을 주는 주체는 자신의 개인적인 이득에 대한 기대를 갖지 않는 것이 특징이다. 따라서 이타주의는 타인의 복지에 대한 비이기적인 배려 또는 헌신으로서 자기중심성에 상반되는, 즉 자기 자신의 복지를 위한 이기적 관심을 배제하는 것을 의미한다. Eisenburg는 이타적 행위에 있어서 친사회적 감정과 인지의 역할을 고려하는 것의 중요성을 강조한다. 즉 이타주의는 동정심, 죄의식 그리고 내재화된 가치들과 연관된 행동을 포함한다고 설명함으로써 타인의 이익을 위한 자발적인 행동 전체를 포함하는 개념으로 설명하고 있다(L. F. Moore, 1985).

그러나 최근에 아이젠버그(W. Eisenburg) 같은 학자는 이타적 행위에 있어서 친사회적 감정과 인지의 역할을 고려하는 것이 중요하다고 했다. 즉 이타주의는 동정심, 죄의식 그리고 내재화된 가치들과 연관된 행동을 포함한다는 주장을 함으로써 타인의 이익을 위한 자발적인 행동 전체를 포용하려는 개념으로 간주하였다(L. F. Moore, 1985).

전통적 견해하에서는 한 개인이 이타적 또는 비이타적으로 행동하는 것은 개인의 성격 내지 성품의 한 부분으로 보기도 하였다. 즉 개인의 양심 또는 초자아가 적절히 형성된 정도를 강조하거나 개인이 도달한 도덕적 발달의 단계를 강조하는 경향이 있었다.

그러나 이러한 성격적 특성이 이타주의의 결정 요인이라는 주장에는 의문이 제기되어 개인의 친화적 또는 이타적 행동을 예측하는 데는 개인적 차이보다는 상황의 측면이 보다 더 유용하다는 결론이 나오게 되었다. 최근에는 개인의 차이보다 상황적인 측면에서 이해하려는 경향이 늘고 있다. Smith는 이타주의는 사람들이 자원봉사에 참여하는 복합적 이유 중의 하나에 지나지 않으며 이타주의는 오히려 자원봉사를 하는 데 있어 주된 역할을 하고 있지 못하다고 주장한 바 있다. 나아가서 이타적 이유 때문에 자원봉사에 참여하고 있다고 말하는 사람들조차도 자신들이 오직 자기희생적인 이유 때문에 자원봉사에 참여한다고 인정치는 않는다(성영혜 · 정길정, 2000). 즉 이타적인 행동은 선천적으로 규정되는 것이 아니며 인간 상호 간의 상호 교환적인 이득과 타인을 돕는 데서 오는 보상 등 사회적인 요인들이 작용한다는 것이다. 이타적 행동은 그 행동이 사회적으로 보상을 받게 됨으로 강화되는 학습의 과정이며, 또한 사회적 규범에 의해 요구되는 행위로 강화, 학습될 수 있다는 것이라고 설명한다(L. F. Moore, 1985).

대부분의 사회심리학자들에 의해 연구원 이타적 행위의 상황들이란 위급 상황이나 난처한 상황에 처한 타인들을 돕기 위해 단기적으로 개입하는 상황들로써, 장기적인 서비스를 주는 도움의 행위로서의 이타적 행동에 관한 연구는 드물다고 볼 수 있다. 이러한 연구들에 나타난 이타적 행위의 결정요인들을 살펴보면 다음과 같다. 첫째, 생물학적 요인과 문화적 요인들로서 구성되는 유전적 성향 내지 문화적인 규범 등을 들 수 있는데 가장 광범위하고 추상적인 요인이라고 볼 수 있다. 둘째, 비교적 영구적인 개인특성과 상황적 특성 사이의 상호 작용으로 볼 수 있는 성격 속성, 인구학적 요인들 그리고 이타적 행위가 일어나는 물리적, 인간적 상황들로써 전자보다는 덜 광범위하고 추상적인 요인들이다. 셋째, 인지적 정의적 요인들로서 가장 직접적인 영향요인들인데 전자는 도덕적인 합리화 또는 귀인적(attributional) 과정들이 될 수 있겠고 후자는 감정상태, 감정이입, 죄의식 등이 될 수 있다. 레벤과 루빈(B. H. Raven & J. Z. Rubin, 1983)은 여러 사회심리학자들의 연구들을 바탕으로 이타적 행동의 요인들을 두 가지 차원으로 분류하였는데 첫째는 행위자의 특성 및 행위자와 직접적으로 관련된 상황으로써 개인의 독특한 성격, 어린 시절의 사회화, 도움에 관련된 경험, 신체적 상태 또는 기분, 개인의 이념 또는 생활철학 등을 들고 있으며, 둘째는 환경적 내지 상황적 요인들로서 도움의 상황에 관련된 생태학적 요인들, 도움의 상황에 관련된 사람들과 책임성의 분산 정도 등을 포함한다고 하였다. 여기에서 상황적 요인이란 자원봉사 행동이 일어나는 조직 또는 기관의 제반 조건 및 상황이 될 수 있겠다.

　이타주의적 행동이론은 이타주의적 본질에 대한 규명으로서 설명될 수 있을 것이다. 이와 관련하여 다양한 이론적 접근이 시도되었으나 이들 중에 사회생물학적 접근, 학습(learning) 또는 모델링 (modeling) 접근, 문화 또는 사회규범(social norm)적 접근 등 세 가지 접근으로 정리해 보고자 한다.

1) 사회생물학적 접근(social-biological approach)

동물학자인 윌슨(E. O. Willson)은 그의 사회생물학이론 중 인간을 포함한 모든 동물의 사회적 행동의 생물학적 근거를 밝히는 과정에서 이타주의도 유전학적 기반을 가진다는 주장을 했다. 즉 사회적 행동이란 생존을 위한 사회생물학의 적응성을 극대화시키는 기제로서 진화한다는 것이다. 이는 인간의 이타적 행동은 기본적으로 생태적 또는 유전적 근원을 갖는다는 것을 의미한다.

반면 크렙(D. Kreb, 1970)은 이에 약간 다른 의견을 제시하여 인간 또는 동물에 있어 타 개체를 위한 보호적 행동을 하는 것은 이타적이라기보다는 협력적인 행위로써 그 이유는 이러한 행동이 양자에게 도움이 되기 때문이라는 것이다. 그는 또한 감정이입도 이타적으로 보이는 요인으로 간주되는데, 여기서 공감적인 개체(인간 또는 동물 포함)는 타 개체의 기쁨을 증가시키거나 슬픔을 경험하기 때문에 개체의 기쁨을 증가시키거나 슬픔을 감소시킬 수 있는 방향으로 행동한다는 것이다.

즉 이타적 행위는 선천적으로 규정되는 것이 아니고 인간 상호 간의 상호교환적인 이익에 대한 관심 또한 타인을 돕는 데서 오는 보상 등 사회적 요인들이 작용한다는 것이다.

이와 같은 사회생물학적 접근은 결국 모든 인간들이 타 개체에게 나타낼 수 있는 이타적 행위 또는 돕는 행위의 동기적 근거를 밝혀주는 것으로써, 인류역사와 더불어 존속 발전해 온 봉사의 타당성을 뒷받침해 주고 있다.

2) 학습 또는 모델링 접근(Learning or Modeling Approach)

학습이론의 관점에서 본다면 이타주의적 반응들은 그 반응이 강화된 경험이 있기 때문에 일어난다는 것이고 또한 이러한 반응들은 계속되는 강화를 통해 행동으로 고정된다는 이론이다.

예를 들면 어떤 한 가지 이타적 행위가 감사, 칭찬, 자기만족, 도움 대상자의 기쁨에 대한 공감 등의 긍정적 결과를 초래한다면 다음에도 같은 이타적 행위가 일어날 가능성이 있으나, 이러한 이타적 행위 뒤에 불편함, 결과에 대한 불안 등의 부정적 결과를 초래한다면 이후의 이타적 행위가 일어날 가능성은 희박하게 된다. 그래서 어떤 사람들에게는 이타적 행위가 일상적인 생활에서 습관화되어 거의 자동적으로 일어나는 반면, 어떤 사람에게는 역시 거의 자동적이라고 할 정도로 이타적 행위보다는 이기적 행위가 일어날 수 있다는 것이다.

아동들을 대상으로 한 학습 이론가들의 조사결과에 따르면 아동들에 있어서 이타적 행위의 습관이 오랫동안 지속되게 되려면 두 가지 조건이 필요하다고 하였다.

첫째, 아동들이 이타적 행동을 할 때마다 보상을 받을 수 있다는 기대에서 벗어날 수 있어야 하며, 이는 주위의 어른들이 점진적으로 간헐적인 보상 내지 부정기적인 간격의 보상을 사용함으로써 가능하다는 것이다.

둘째, 아동이 이타적 행위를 함으로써 자기 자신을 칭찬할 수 있고 좋은 느낌을 갖게 되는 등의 자기강화의 방법을 터득해야 한다는 것이다.

이와 같은 이타적 행위의 학습은 기본적으로 가정 내의 환경이 가장 중요한 역할을 하게 된다는 가정을 할 수 있다. 따라서 자원봉사행동의 기본이 되는 이타적 행위를 습관화시키기 위해서는 어린 시절부터 가정 내에서 이타적 행위를 학습하거나 모델링할 수 있는 조건이 부모들에 의해 조성되어야 할 것이다. 그리고 이러한 가정 내에서의 이타적 행위는 가정 외부로까지 확산될 수 있다는 가정을 할 수 있다.

3) 사회 규범적 접근(Social Norms Approach)

사회 규범적 접근이란 사회규범이 이타주의의 발생과 이타적 행동에 영향을 주게 된다는 것으로써, 각 문화와 사회에 존재한다는 것이다. 사회규범이란 사회조직에 의해 형성된 공식 비공식의 행동 유형, 태도 그리고 신념 등이며, 사회 내의 구성원들은 일반적으로 이들 규범에 집착하도록 하는 압력을 받게 되며 이를 따르지 않으면 다양한 형태의 사회적 벌이 예상된다.

이러한 사회규범과 이타주의와의 관계는 사회집단이론의 사회적 순응행동으로 이해될 수 있다. 사회집단이론에 의하면 개체의 행동은 그가 속한 집단과 그 집단 속에서 맡은 역할들에 의해 가해지는 규범들에 의해 행동이 규정된다고 보고 있다. 즉 이들 규범들이 이타적 행동을 요구하면 그는 이타적이 될 것이며, 규범의 특성에 의해 이들의 행동이 자체 집단 내의 사람들에 한정될 것인지 또는 그 집단을 벗어나 타인에게 확장될 것인지가 결정된다는 것이다.

이러한 이타적 행위와 관련될 수 있는 대표적인 사회적 규범들을 열거하면 다음과 같다.

첫째, 사회적 책임규범(social responsibility norms)으로서 사회는 자신들에게 의존하는 다른 사람을 도와주어야 한다는 것이다.

둘째, 상호 호혜적 규범(reciprocity norms)으로서 도움을 받아온 사람은 도움을 준 사람을 도와줄 의무를 느껴야 한다는 것이며, 이는 모든 협력적 행동의 기반이 된다.

셋째, 형평(equity) 또는 일명 사회정의(social justice) 규범으로서 사람들은 자신들이 노력한 만큼 보상받아야 하며 부당하게 벌 받거나 고통받아서는 안 된다.

이들 중에 가장 중요한 것은 사회적 책임의 규범이라고 보고 있다. 이와 같은 이타적 행위에 대한 사회 규범적 이론은 자원봉사 행동과 가장 깊은 동기적 의미를 지닌다고 볼 수 있다.

3. 동기유발 이론으로서의 이기주의적(Egoistic) 행동이론

이기적 동기는 자아실현이나 성취욕구 등 자기 지향적인 동기를 말하는 것으로 자원봉사자들의 경우 일정한 조직이나 기관에 소속되어 특정한 업무를 수행하는 자원봉사의 상황에서 개인의 지속성 내지 참여강도라는 성과에 초점을 맞춘다면 조직 행동적 접근이 의미가 있을 것이다.

조직행동론에서 다루는 동기는 작업동기를 말하는데, 즉 일정한 조직에 소속되어 비교적 장시간 지속적으로 수행하는 업무 및 작업을 효과적으로 처리하는 데 요구되는 동기로도 볼 수 있는데, 작업동기란 자신의 직무를 수행하고자 하는 동기로 작업환경에서 작업과 관련이 있는 행동을 지향하도록 하고, 유지시키는 데 영향을 미치는 조건들을 말한다(성영혜·정길정, 2000).

1) 개인중심적 이론

이는 개인의 행동 동기에 영향을 미치는 관심 또는 흥미, 태도, 욕구를 다루는 것이다. 흥미는 사람들이 즐기는 활동들, 사람들이 그들의 주의를 자진해서 기울일 수 있는 활동을 포함하는 것으로 각 개인은 자신의 중심적인 관심이 있는 업무에 종사할 때에 내적으로 동기화된다는 것이다. 태도는 어떤 사건 또는 대상에 대하여 긍정적 또는 부정적으로 느낄 수 있는 경향을 의미한다. 한편 욕구는 인간의 신체적 내지 심리적 욕구로서 욕구가 충족되지 않을 때에 그 욕구를 충족시키기 위해 열심히 일하게 된다는 것이다. 이들 중 가장 중요한 것이 욕구이론이다.

(1) 매슬로우(A. H. Maslow)의 욕구이론(Need Fulfillment Theory)

Maslow에 따르면 피라미드 형태로 인간의 욕구를 가장 낮은 것으로부터 가장 높은 것으로 올라가는 계층(hierarchy)의 형태로 나타난다고 보고, 일단 그 욕구가 만족되면 그 욕구는 더 이상 동기유발요인이 되지 않고 행동의 목표를 바꾸어 그 다음 단계로 상승 이동하며 욕구의 충족이 행동을 동기화시킨다는 것이다(박연호, 2000).

이들 욕구는 첫째, 생리적 욕구(physiological needs)이다. 생리 욕구는 가장 낮은 단계의 욕구로서 인간의 가장 기본적인 욕구이며 배고픔이나 갈증이 여기에 해당한다. 청소년자원봉사 지도자는 청소년에게 자원봉사확인서를 지급함으로써 그들의 생리적 욕구를 충족시킬 수 있도록 해 준다.

둘째, 안전에의 욕구(safety needs)로 위험으로부터 보호받고 안전을 확보하려는 욕구이다. 음식, 물, 성(sex), 공기, 안식처에의 욕구로서 신체적인 위협이나 불확실성에서 벗어나고자 하는 욕구, 일상의 안전, 보호, 안정 등에 대한 욕구를 말한다. 청소년자원봉사 지도자는 청소년자원봉사자들에게 자원봉사활동의 안전한 작업조건, 작업에 대한 보장 등을 통해서 이런 욕구를 충족시킬 수 있다.

셋째, 소속감과 애정의 욕구(belongingness and love needs)이다. 사랑, 수용, 우정에의 욕구로서 안전 욕구가 충족되면 사람들은 다른 사람들과 관계를 맺고 소속감과 애정을 나누고 싶어 한다. 같은 회사의 동료들 사이에 끼고 싶다는 욕구가 그 예이다. 청소년자원봉사 지도자나 학교교사는 청소년들에게 개별적인 봉사보다는 청소년들의 관심 영역별로 혹은 연령별로 알맞은 봉사동아리를 구성하여 이러한 욕구를 충족시켜 줄 수 있다.

넷째, 자존(존경)의 욕구(esteem needs)이다. 자기존경, 타인으로부터의 존경 그리고 자아성장을 느끼고 싶은 욕구로서 다른 사람들로부터 자신의 능력에 대해 인정받고 싶어 하는 욕구이다. 존경에 대한 욕구가 충족되지 못하면 사람들은 열등감과 무력감에 빠지기도 한다. 자원봉사활동에 대한 포상이나 칭찬 등을 통하여 청소년자원봉사자들의 이러한 욕구를 충족시키는 데 도움이 될 수 있을 것이다.

다섯째, 자아실현의 욕구(self-actualization needs)이다. 자신의 잠재력을 충족하고 자신에게 능력 있는 모든 것이 되고자 하는 욕구로서 자신의 잠재적인 능력을 최대한 발휘하고 창조적으로 자기의 가능성을 실현하고자 하는 욕구를 말한다. 최근에는 기초적인 단계

의 욕구보다는 자기 개발이나 자아실현의 욕구가 점차 중요해지고
있는 추세이니 만큼 청소년들에게도 자원봉사를 통하여 보람을 느
끼게 한다거나 또는 자신의 능력을 활용한 자원봉사활동을 통하여
자신을 개발할 수 있게 하여야 할 것이다.

이들 욕구 중 자원봉사행동과 관련하여 자원봉사활동에의 참여
또는 지속에 영향을 주는 중요한 요인으로서 자원봉사자 개인이
충족하기 원하는 사회적 욕구, 자존의 욕구 그리고 자아실현의 욕
구 등이 고려될 수 있다.

(2) 맥클리랜드(D. C. McClelland)의 성취동기 이론

McClelland는 개인의 업무 성과는 각 개인이 가진 성취욕구의 정
도에 따라 결정된다고 하였다(류기형, 2001). 인간은 세 가지 욕구,
즉 권력에의 욕구, 성취욕구 그리고 친화의 욕구를 가지는바, 권력
에의 욕구에 의해 동기화되는 사람들은 통제와 힘을 발휘할 수 있
는 지위, 권위 또는 일을 추진하고, 친화의 욕구를 가진 사람은 새
롭고 만족할 만한 우정을 형성할 수 있는 기회를 추구하며 성취욕
구를 강조하는 사람은 도전적인 문제해결의 과업 등에 의해서 동
기화되기 쉽다는 것이다. 성취동기란 성과와 업적을 최대로 하고자
하는 마음을 말한다. 성취동기가 높은 사람은 새롭고 창조적인 일
을 하고 반대로 낮은 사람은 자기개발과 적극성과 일을 하려고 하
는 자세가 낮다고 볼 수 있다.

첫째, 성취욕구(need for achievement)이다. 인간은 스스로의 노력
으로 일을 성공시키려 한다. 성공 가능성이 중간일 때 동기유발 효
과가 최대로 발휘된다(목표가 도전적이지만 달성 불가능하지 않을
때). 과정 또는 결과에 대한 피드백을 희망한다.

둘째, 친화욕구(need for affiliation)이다. 친한 사람의 압력을 받으면 다른 사람의 희망과 규범에 순응하려는 경향이 있고, 다른 사람의 느낌에 대한 진지한 관심이 있다. 다른 사람의 동의와 확신을 중시한다.

셋째, 권력욕구(need for power)이다. 다른 사람에게 영향력을 행사하고자 하며 지시하고자 하는 욕망이 있으며 다른 사람의 행동에 통제력을 행사하고자 하는 욕망이 있다. 리더로서 추종자 관계 유지에 관심이 있다.

따라서 성취욕구가 강한 청소년자원봉사자에게는 도전적인 문제해결의 자원봉사활동에 참여시키고, 친교욕구가 강한 청소년자원봉사자에게는 새롭고 성과적인 우정을 형성할 수 있는 기회가 있는 자원봉사활동에, 권력욕구가 강한 청소년자원봉사자에게는 통제와 힘을 발휘할 수 있는 지위와 역할이 주어지는 자원봉사활동에 배치한다면 동기화되기 쉽다고 볼 수 있다.

이러한 세 가지 욕구들은 자원봉사의 상황에서 일반적으로 나타나는 욕구들이라고 볼 수 있으며, 자원봉사자들이 기관으로부터 일정한 지위를 기대하거나 보다 도전적 일감을 요구하거나 또는 다양한 인간적인 접촉의 기회를 추구하는 등의 형태로 표현된다.

2) 조직 중심적 이론

인간의 행동의 동기를 이해하기 위한 다른 접근법으로 행동이 일어나는 환경, 즉 조직의 조건 내지 분위기에 초점을 맞추는 접근법이다.

스키너(B. F. Skinner)는 조작적 조건화 이론에서 인간 개체를 보상받기 위해 행동하는 존재로 보아 동기화된 행동을 구성하는 요인들을 3가지로 분류했다. 첫째, 행동이 일어나는 환경 및 상황으로서의 자극, 둘째, 행동 또는 업무수준 자체로서의 반응, 셋째, 행동이 좋거나 적절할 때에만 주어지는 긍정적 보상으로써의 강화 등이다. 자원봉사행동의 지속성 및 적극성은 자원봉사자 자신의 욕구 또는 기대에 대한 충족, 즉 긍정적 보상이 꾸준히 주어질 때 소명되지 않을 가능성이 크다는 것이다.

3) 상호 작용적 이론

앞에서 본 개인 중심적 이론과 조직 중심적 이론은 각기 동기적 영향의 단일 측면에만 초점을 두고 있다는 비판을 받는 반면에 상호 작용적 이론은 이들 양 측면의 상호 작용을 고려한 이론이라고 할 수 있다.

사람들은 보통 자신이 받는 처우가 공정한가 아닌가를 평가하는 경향이 있다. 조직 내의 사람들은 조직의 보상이 자신이 받을 수 있는 자격에 따라 공평하게 분배되었다고 느낄 때에 형평이 존재한다고 인식한다. 이러한 형평의 핵심은 투입과 산출의 개념으로써 투입은 각 개인의 연령, 교육수준, 기술 정도, 연한, 노력의 양 등의 공과이며, 산출은 자신이 받는 정신적 또는 물질적인 보상을 말한다. 즉 개인이 자신의 업무에 대해서 쏟고 있는 노력과 업무수행 수준 및 업무 만족을 결정짓는 요인으로 개인이 업무의 상황에서 지각하고 있는 형평성 정도에 의해서 결정된다는 견해이다.

기대이론에 의하면 사람들의 행동은 여러 가지 대체안들 가운데 의식적 선택으로부터 야기되며 이러한 선택들은 그들의 신념 또는 태도에 근거한다는 것이다. 선택의 목적은 쾌락을 극대화하고 고통을 극소화시키기 위해서 일어나며 인식과 정신적 고려가 결합한 쾌락주의는 행동을 이해하는 데 필요한 요소를 제공한다고 하였다. 이와 같은 기대이론은 3가지 조건을 필요로 하는데, 첫째는 노력-성과기대로서 개인은 열심히 일하면 그들의 성과가 증진될 것이라는 기대를 해야 한다. 둘째는 성과-보상수단으로서 높은 성과는 바람직한 보상을 반드시 약속받아야 한다. 셋째는 개인의 유인가(valance)로서 이 유인가에 의해 개인은 높은 성과에 대해서 주어지는 조직의 보상을 바람직하다고 생각할 수도 또는 안 할 수도 있다.

이와 같은 인간행동에 대한 가정은 자원봉사행동에 적용 가능성이 크다고 볼 수 있다. 그 이유는 자원봉사행동은 가장 중요한 경제적 보상이 제외된 가운데 이루어지기 때문이다. 따라서 조직은 다양한 보상을 적절히 각 개인의 기대에 맞게 제공해야 한다.

4. 동기유발 이론으로서의 통합적 이론

자원봉사행동도 하나의 개인행동이나 조직 내의 행동 중의 하나로 보았을 때 그 동기를 조직 내의 개인행동에 대한 동기이론은 직접적인 보상인 임금을 받는 작업 상황에서 나온 것이므로 이 이론만을 자원봉사 행동에 적용하는 데는 한계가 있다. 따라서 자원봉사의 행동의 동기를 이타주의적 행위의 관점(사회 심리학적 접근)과 이기주의적 행위의 관점(조직행동론적 접근)을 복합적으로 검토해 나가는 것이 바람직할 것이다.

이러한 두 가지 관점이 통합되어야 한다는 당위성은 최근의 대부분의 연구자들이 주장하는 자원봉사 행위의 혼합된 동기의 타당성을 충족시켜 줄 수 있다는 데서도 찾을 수 있겠다.

밴틸(Jon Van Til, 1982)은 자원봉사행동의 동기를 이해함에는 자원봉사자의 자기희생적 측면과 이기적 자기이익 추구의 탐욕성의 측면을 구별할 수 있는 능력이 필요하다고 주장하고 있다. 즉 자원봉사행동의 동기를 사회심리학적인 관점에서 동기를 확인하고, 이러한 동기의 관리와 운영을 위해 조직행동론적인 요인의 검토가 이루어져야 함을 시사하고 있다.

사회심리학의 특성은 개인을 분석단위로 연구하되 어디까지나 개인, 집단, 문화의 맥락 속에서 연구한다는 점일 것이다. 즉 심리학, 사회학, 문화인류학의 연구 성과를 종합한 하나의 인간행동의 과학으로서의 특성을 갖는다는 것이다.

인간의 행동이 가장 인간적인 것은 이것이 사회적 행동으로 간주될 때일 것이다. 즉 인간의 의미 있는 행동 중에 남을 의식하지 않고 이루어지는 행위는 거의 없으며 인간행동의 상당한 부분은 조직행동이다. 또한 개인이 어떤 집단이나 조직의 구성원일 때 그가 차지하는 지위에 상용하는 역할행동이 곧 조직행동이다. 아울러 인간행동이 문화를 떠나서는 그 의미가 사라져 버린다. 이와 같이 개인을 접근함에 있어 집단이나 조직, 문화를 고려하지 않고는 개인을 바르게 이해할 수 없기 때문에 이러한 것들이 사회심리학의 주요 연구대상이 되고 있다.

사회심리학자들은 특정 개인의 동기를 분석하고 이해하기 위하여 그런 동기를 유발하게 한 문화적 요인과 특정집단의 성격이 그 구성원의 동기의 형성에 영향을 주는 과정, 부모나 다른 중요한 타자로부터 영향을 받아서 특정 동기를 형성하게 되는 과정을 연구하고 있다. 현대에 이르러 자원봉사행동의 동기이론은 이타적인 측면과 이기적인 측면이 복합화된 새로운 경향을 보이고 있다고 볼 수 있다.

5. 동기유발 이론으로서의 허즈버그(F. Herzberg)의 두 요인이론(two - factor theory)

이는 동기위생이론이라고 부른다. 개인의 일은 인간의 두 가지 기본욕구를 충족시켜 주어야 하는바, 하나는 고통을 피하고자 하는 욕구이며, 다른 하나는 심리적인 성장과 만족의 욕구라는 것이다 (김영호·오정옥·전형미, 2002). 이것이 바로 위생 또는 유지요인 이라고 하는데 이것이 부족하면 문제가 된다. 물론 이들 요인 자체 가 업무의 만족이나 긍정적인 동기유발을 초래하지 않는다. 다시 말해서 이들 요인 자체가 동기유발 요인은 되지 않으나 이들이 결 여되면 일을 떠나게 하는 요인이 될 수 있다. 다음 동기적 요인들 은 도전적인 일, 증가하는 책임, 성장과 발달, 성취, 목표달성 및 결과에 대한 인정 등이 될 수 있다. 따라서 위생요인은 업무에 만 족을 느끼지 못하는 주요 원인이 되는 반면에 동기요인은 업무 만 족에 영향을 주는 주요 원인이 된다.

허즈버그는 인간에게는 불쾌감을 피하려는 욕구와 정신적으로 성장하여 자기를 실현하려는 전혀 이질적인 욕구가 있으며, 이는 소위 위생요인과 동기요인이라는 상호 독립된 두 종류의 욕구 형 태로써 인간행동에 각각 상이한 방법으로 영향을 미친다고 한다.

인간은 직무에 불만을 느끼면 자기가 일하고 있는 환경에 관심 을 가지게 되며, 반대로 직무에 만족하는 경우 그 만족은 직무 자체와 관계있다고 여기는 것이다. 즉 환경과 관련되는 위생요인은 불만족 요인이며 직무와 관계되는 동기요인은 만족요인으로 작용한다는 것이다. 이와 같은 위생요인과 동기요인은 기관과 조직에서 이루어지는 자원봉사 행동과도 밀접한 관련이 있는 요인으로써, 위생요인은 주로 관리체계에 관련된 요인들이며 동기요인은 업무에 관련된 요인들이라 할 수 있다. 특히 자원봉사활동에 있어서 만족요인은 지속성과 참여강도에 가장 중요하게 작용하며 실제조사연구자들에 의해 검증되고 있다.

위생요인 그 자체가 동기유발을 할 수는 없지만, 위생요인 없이는 동기유발을 할 수 없다. 즉 자원봉사자에게 새로운 직책을 부여하여 과업을 수행하게 하는 것은 자원봉사로 머물게 하거나 더 나은 직무수행을 유발하는 원인이 되지는 못한다. 그러나 자원봉사자들이 그러한 것을 잃어버리게 되면 불만요인으로써 자원봉사활동에 영향을 미치게 된다. 다시 말해서 위생요인은 자원봉사활동에 만족요인은 되지 못하지만 충족되지 못할 경우 불만요인은 될 수 있다는 것이다.

6. 동기유발 이론으로서의 맥그리거(McGregor)의 XY이론

인간성에 대한 새로운 이념을 주장한 McGregor는 훌륭한 인간관리의 전제 조건은 인간에 대한 올바른 이해와 신념, 즉 정확한 인간관의 확립 여하에 달려 있다고 주장한다(류기형, 2001). 동기유발이론은 전통적 인간관을 X이론이라 하고, 현대적 인간관을 Y이론이라고 부르면서 주요한 가정의 XY이론에 따른 인간관은 X이론

(전통적 인간관) Y이론(현대적 인간관)은 첫째, 본래 태만하고 가능한 한 일을 회피함, 일을 놀이와 같이 자연스럽게 생각함, 둘째, 야망이 없고 책임지기를 싫어함, 목표 달성을 위한 자기 통제가 가능함, 셋째, 선천적으로 이기적이며 창의력이 부족함, 수동적인 성향을 지닌 것은 아님, 넷째, 변화에 저항함 변화에 저항적으로만 반응하지 않음, 다섯째, 생리적 안전적 수준에서 동기 부영됨, 친화, 자존, 자기실현의 수준에 동기 부여됨, 여섯째, 인간은 통제와 강제의 대상임 자율성, 창조성을 지님 등이다. 여기에서 X이론의 가정과 동기 부여 방법은 운명적이고 통제적이기 때문에 자발적인 동기를 부여하는 방법으로는 부적당할 수밖에 없고, 한편 Y이론에 따르면 자원봉사자들을 의사결정에 참여시킴으로써 덜 집권화시킬 것과 이들에 대한 최소한의 통제와 지시를 강조하며, 또한 상상력, 진실성 및 창의성을 발휘할 수 있는 능력을 자원봉사자들은 누구나 다 갖고 있다고 본다.

7. 동기유발 이론으로서의 기타 동기

자원봉사의 동기는 이 외에도 여러 가지로 나누어 구분할 수 있다.

첫째, 종교적 도덕적 동기이다. 역사와 시대를 통하여 보살핌, 봉사, 희생, 동정 등은 시대를 초월한 원칙들이다. 여기에는 하나님의 은혜에 대한 보답이라든가 불교 교리의 실현 등에서 오는 사랑과 자비가 포함된다.

둘째, 즐거움 혹은 삶의 변화 동기이다. 자원봉사활동 경험을 통해 좋은 시간을 가지고, 느긋한 여유를 가지고 흥밋거리를 발견하는 것 등으로 표현된다.

셋째, 박애주의적 동기이다. 이 동기는 특별한 사람들, 고아, 장애인, 독거노인 등을 돕는 데에서 잘 나타난다.

넷째, 이상주의적이고 영적인 동기이다. 영적이거나 혹은 사회적인 이상 등의 신념에 기반을 둔 동기로서, 이상을 실현하기 위해서 자원봉사활동을 실천한다. 이러한 동기는 시민권운동, 평화운동, 여성운동 등과 같은 조직에서 볼 수 있다.

다섯째, 타인 지향적 동기이다. 이 동기는 다른 사람의 기대나 열망에 기반을 둔 것으로서, 노련한 청중 동원자들이나 카리스마적 지도자들의 기대나 열망에 주로 동기화된다.

여섯째, 성격에 기초한 동기이다. 천성적인 개인의 세계관에 바탕을 둔 동기이다.

일곱째, 반대급부(사회환원) 동기이다. 이는 선행으로써 사회에 환원하려는 동기이다. 이러한 동기를 가진 자원봉사자는 인간의 상호의존성이라는 신념을 반영하는 개인적인 윤리의식을 가지고 있다.

여덟째, 자기증진 동기이다. 자원봉사를 통하여 직업, 가족 혹은 사회생활에 유익할 것으로 보이는 개인적인 성장, 지식, 태도 및 기술의 획득을 기대하고 있는 동기이다.

아홉째, 부정적인 감정을 없애기 위한 동기이다. 자원봉사를 수행함으로써 친구관계를 확대하고, 사회적 지위를 확대하며, 집단에 소속되기를 열망하는 동기를 말한다.

동기요인 및 관련 이론들은 각각 독립된 요소로 기능하는 것이 아니라 서로 관련을 갖고 상호 영향을 미치면서 상호 작용에 의해 역동적으로 결정된다는 점이 강조되어야 할 것이다.

제2부

청소년자원봉사활동의 지속요인

제1장 청소년자원봉사활동 지속의 연구목적과 연구문제

1. 청소년자원봉사활동 지속의 연구목적

본 연구의 목적은 Kemp의 생태체계 관점[17]에서 미시체계 개인요인과 가정요인, 중간체계 학교요인, 그리고 거시체계 자원봉사활동 기관요인이 청소년자원봉사활동의 지속에 미치는 영향력을 탐색하여 청소년기라는 특정 시기에 자원봉사활동의 지속적인 참여에 공헌할 수 있는 관리 방안을 모색하는 데 있다.

2. 청소년자원봉사활동 지속의 연구문제

현재 이루어지고 있는 청소년자원봉사활동이 본래의 취지대로 이루어지고 있지 못하다는 문제점들에 대한 연구자의 문제의식과 그 대안을 찾고자 하는 본 연구 목적을 달성하기 위하여 생태체계적 관점에 근거해서 다음과 같은 연구 문제를 설정하였다.

연구문제 1. 미시체계 요인 중 개인요인이 청소년자원봉사활동 지속에 미치는 영향력은 어떠한가?

---

17) 생태체계이론(ecological system theory)에 근거한 생태체계모델은 개인에게서 발생하는 문제의 원인 및 원천을 개인에게뿐만 아니라 환경에도 있는 것으로 보고 개인과 환경에 동시 개입하는 접근법으로써 개인과 그들이 관여하는 다른 체계 또는 다양한 환경체계 사이의 상호 작용에 문제의 요인이 있다고 보고 이러한 상호 작용에 중점을 둔다(Kemp, 1998).

연구문제 2. 미시체계 요인 중 가정요인이 청소년자원봉사활동
　　　　　　 지속에 미치는 영향력은 어떠한가?

연구문제 3. 중간체계 요인인 학교요인이 청소년자원봉사활동 지
　　　　　　 속에 미치는 영향력은 어떠한가?

연구문제 4. 거시체계 요인인 기관요인이 청소년자원봉사활동 지
　　　　　　 속에 미치는 영향력은 어떠한가?

제2장　청소년자원봉사활동 지속의 선행연구

생태체계적 관점이 말하는 청소년자원봉사활동의 지속에 영향을
미치는 요인들에 대한 선행연구는 다음과 같다.

권순미(2001)의 안양시 6개 중학교 3학년에 재학 중인 청소년
550명을 대상으로 한 '중학생의 자원봉사활동의 지속성 요인에 관
한 탐색연구'에서는 4가지 요인을 선정하였다. 즉 개인요인(성별,
종교, 도덕성, 성적, 자원봉사 동기), 가정환경(부모의 관심과 지지,
부모의 후원 및 자원봉사 경험유무), 학교환경(봉사모델로서의 교사
존경 경험, 사전 교육 정도, 학교장 권장 정도, 교내 도움체계 유
무), 자원봉사 장(setting)의 요인(봉사활동 내용의 만족도, 기관담당
자 만족도, 활동 형태, 영향인물 유무, 참여 강도, 봉사활동 내용
및 시간의 결정 주체)이다. 그 결과 자원봉사 지속성에 영향을 주
는 요인으로는 청소년의 개인 특성 중에서 도덕성, 성적, 봉사활동
동기 등이며, 가정요인 중에서는 부모의 지지 및 관심 정도와 부모
의 후원 및 자원봉사 경험 유무 등이며, 학교요인 중에서는 교내

도움체계 유무이며, 자원봉사장 요인에서는 봉사활동 내용의 만족 정도, 기관담당자 만족 정도, 활동 형태, 영향인물 유무, 참여 강도, 봉사활동 내용 및 시간의 결정 주체 등으로 나타났다.

차선경(2002)의 서울시 강남구와 서초구에 소재한 남녀공학 중·고등학교 4개교에 180명을 대상으로 한 '청소년자원봉사활동 유지에 관련된 요인에 관한 연구'에서는 개인요인(성별, 학년, 종교, 참여 형태, 참여 동기, 참여 기간), 가정요인(부모님의 후원 및 자원봉사활동 참여 여부, 부모님의 칭찬 정도와 가족 봉사프로그램 참여 의사), 학교요인(자원봉사와 관련된 교육과 정보 제공 여부, 제공되는 교육과 정보의 내용과 만족도, 학교에서 제공되었으면 하는 자원봉사 관련 교육과 정보, 담당 교사나 담임교사와의 평가 시간 유무 및 만족도, 교사와의 평가 시간의 필요성), 기관요인(기관유형, 자원봉사자의 기관선택 방법, 자원봉사활동 내용 및 시간 결정 방법과 유지 관리과정으로써의 자원봉사 교육, 지도감독, 인정과 보상, 평가의 각 단계를 제공받았는지 여부 및 만족도와 각각의 내용과 방법, 실시 시기) 등을 조사하였다. 그 결과, 개인특성 관련 요인에서는 성별, 학년, 종교, 참여형태 등에 다른 지속 의지의 차이는 나타나지 않았으며, 다만 지속 기간이 6개월 이상인 청소년일수록 지속 의지가 있는 것으로 나타났다. 봉사활동의 참여 동기는 '내신 성적 때문에' 등과 같은 이기적 동기가 81.7%로 나타났다. 가정 관련 요인에서는 부모님이 자원봉사활동이나 후원금 납부에 참여할수록, 자원봉사활동에 대한 관심과 지지가 이루어질수록 지속 의지가 있는 것으로 조사되었다. 학교에서 자원봉사활동에 대한 교육이나 정보는 50% 이상이 제공받지 못하고 있는 것으로 나타났다. 기관 관련 요인에서 내용경험 방법의 경우는 청소년 자신의 의견이 반영되는 '자신의 희망대로' 결정하는 경우가 15.3%로 수동적으로 자원봉사활동 내용을 결정하는 것으로 나타났다. 기관에서의 자원봉사 교육에 대한 조사에서는 자원봉사 교육을 실시할수록, 이에 대한 만족도를 경험할수록 지속 의지가 있는 것으로 검증되었다. 자원봉사활동에 대한 인정과 보상의 경우 기관에서 제공되는 인정과 보상에 대한 만족도를 경험할수록 지속 의지가 있는 것으로 검증되었으며, 가장 많이 받는 보상 유형으로는 봉사 확인증 발급 이외에 담당자의 칭찬과 격려로 나타났다.

이명화(2003)는 전북 지역 중·고교 청소년 500명을 대상으로 한 '청소년의 자원봉사활동 지속 요인 연구'에서 지속 요인으로 개인적 요인(이타성, 만족도, 동기), 사회적 요인(가족, 친구, 학교로부터의 봉사활동 지지, 학교 내 도움체계 인지 여부, 학교체계, 활동 시기, 봉사활동 참여 경로), 관리적 요인(교육, 평가, 관리자와의 관계)을 가지고 조사하였다. 그 결과 청소년자원봉사활동의 지속 시간에 영향을 미치는 요인으로 사회적 요인 중에서 방학을 이용한 봉사활동이 지속 시간에 유의미한 영향이 있는 것으로 나타났으며 관리적 요인 중에서는 사전 교육을 실시하는 경우와 사전 교육과 중간교육을 실시하는 경우에 유의미한 관련이 있는 것으로 나타났다. 청소년자원봉사활동 지속 의지에 영향을 미치는 요인으로 개인적 요인 중에서 높은 만족감을 경험한 청소년들이 지속 의지가 높은 것으로 나타났다. 사회적 요인 중에서는 학교를 통해 봉사활동에 참가하는 청소년에 비해 종교 단체를 통해서나 개인적으로 봉사활동에 참여하는 경우가 지속 의지에 유의미한 영향을 미치는 것으로 나타났으며, 방학을 이용한 봉사활동이 지속 의지에 유의미한 영향이 있는 것으로 나타났다. 관리적 요인 중에서는 교육을 실시하는 시기와 평가가 지속 의지에 영향을 미치는 것으로 보고하였다.

김종오(2003)의 '청소년자원봉사활동의 중도탈락에 관한 연구'에서는 수원시에 소재한 인문계 고등학교 중 남자고교 1개교, 여자고교 1개교, 남녀공학 3개교 등 5개 학교 512명을 대상으로 개인적 요인(성별, 종교, 자아 통제감, 자아존중감, 사회적 책임성), 가족적 요인(가족 분위기), 봉사처의 요인(자원봉사교육, 봉사업무의 적절성, 사후지도 및 평가) 중심으로 연구하였다. 그 결과 조사 대상 고등학생 자원봉사자 중 반수 이상이 본래의 의미의 봉사활동보다는 상급학교 진학을 위한 봉사점수 확보의 방안으로 자원봉사활동을 하는 것으로 나타났다. 봉사활동을 실시하고 있는 기관·단체에서의 봉사활동 전후의 사전 교육 및 지도·평가가 청소년자원봉사 중도탈락과 관계가 가장 영향력을 크게 미치는 것으로 보고하였다.

최윤근(2004)의 '청소년자원봉사활동의 연속 의지 향상에 영향을 미치는 요인에 관한 연구'에서는 춘천시 소재 고등학교 중 인문계 고등학교 2개교와 실업계 고등학교 2개교씩 총 4개교의 1, 2학년 중 학년별 각 40명씩 총 320명을 대상으로 개인 관련 사항(성별, 종교, 계열, 단체가입), 가정 관련 사항(부모의 교육 정도, 부모의 지지나 관심, 부모가 후원이나 봉사활동 참여), 학교 관련 사항(교사의 중요성 강조, 교육 및 정보제공, 평가), 기관 관련 사항(자원봉사활동 종류, 만족, 교육 제공), 활동 관리체계 사항(프로그램, 전담교사, 활동보험, 보상제도, 네트워크 구성)을 변수로 연구되었다.

임정모(2004)는 '청소년자원봉사활동의 지속성에 영향을 미치는 요인에 관한 연구'에서 경기 북부 지역 고등학교 2학년 420명을 대상으로 개인특성(성별, 성적, 종교, 봉사활동 경험 유무, 봉사활동 동기), 가정요인(가족의 지지, 부모의 봉사활동 경험 유무), 학교요인(친구의 지지, 봉사활동 도움 체계 유무, 교육유무), 조직요인(동료 봉사자와의 관계, 담당자와의 관계, 봉사활동 만족도)을 지속요인의 변수로 선정하였다. 그 결과 청소년자원봉사활동 연속 의지에 영향을 주는 것은 가족과 함께하는 자원봉사활동이 있을 경우, 자원봉사활동의 종류에 따라 연속 의지가 있는 것으로 조사되었다. 지속을 위한 방안으로는 청소년들의 능력 및 흥미를 고려한 프로그램의 개발이 필요하며 전담 사회복지사의 육성 및 교육 필요, 안전교육 실시 및 활동 보험 개발 및 보급 필요, 인정 및 보상제도 필요, 자원봉사활동에 대한 수요 및 공급의 네트워크 구성의 정비 및 보급을 제언하였다. 그 결과 개인특성으로는 성별, 종교, 학교성적, 참여 동기, 경험 시간, 경험에 영향을 준 사람, 활동 유형에서는 유의미한 차이를 보이지 않았고, 학업 성적이 반영되기 때문이라는 요인이 53.1%로 가장 많은 것으로 나타났다. 또한 35.3%의 학생이 선생님을 자원봉사활동에 가장 큰 영향을 미친 사람으로 응답하여, 학생에 대한 교사의 영향력이 크게 작용하고 있음을 알 수 있었다. 가정요인으로는 부모의 관심이 많을수록 자원봉사활동을 지속하고 있음을 알 수 있었고, 학교요인으로는 자원봉사활동에 대한 교육과 친구의 지지가 지속적으로 참여하고 있는 것에 유의미한 차이를 보였다. 그리고 청소년의 자원봉사활동 기관요인으로 동료 자원봉사자와의 관계가 좋을수록 지속적인 참여를 하고 있는 것으로 나타났다.

오영석(2005)은 '청소년자원봉사활동의 지속성에 영향을 미치는 배경요인에 관한 연구'에서 자원봉사활동 경험이 있는 인문계 4개 고등학교에 재학 중인 준도시 지역과 농촌 지역 남·여 청소년

461명을 대상으로 개인요인(성별, 종교, 성적, 가정생활 수준), 가정환경(부모의 자원봉사 경험 유무, 부모의 관심과 지지, 부모의 교육 수준), 학교환경(학교에서의 사전 교육 정도), 터전요인(터전의 유형, 터전에서의 교육 유무)을 내용으로 연구하였다. 그 결과 개인적 특성에서는 남자보다는 여자, 성적은 중위권 또는 상위권 학생들에게서 자원봉사활동의 지속도가 높게 나타났다. 가정이나 학교요인으로서 자원봉사활동에 대한 경험이 있을수록 지속도가 높았다. 터전 요인에서는 자원봉사에 대한 사전 교육을 시킬수록, 자원봉사활동에 대한 도움 정도를 많이 느낄수록 지속도가 높게 나타난 것으로 보고하였다.

이상현(2005)은 '청소년자원봉사활동 참여와 중도탈락에 영향을 미치는 요인 분석' 연구에서 전라북도 인문계·실업계 여자 고등학생 각 600명씩 총 1,200명을 대상으로 여고생의 자원봉사활동 참여 실태를 조사 분석하는 데 있어서 개인적 요인(자아 성취감, 자아 통제감), 가정적 요인(자원봉사활동에 대한 부모의 태도), 학교적 요인(또래 집단의 태도, 학교의 관심도), 수요처 요인(자원봉사 수요처 및 봉사교육의 적절성, 자원봉사활동에 대한 인식 정도)을 가지고 조사하였다. 그 결과 청소년자원봉사활동 참여 실태는 39.8%가 학교의 권유로 자원봉사활동에 참여했다. 34.1%의 인문계 학생은 학교 성적에 반영하기 때문에 강압적으로 자원봉사활동에 참여하고 있으나, 그중 61.7%가 중도 탈락한 것으로 나타났다. 자원봉사활동의 참여 만족도가 높지 않은 이유는 18.5%가 자발적이지 못하기 때문이라고 응답하였다. 개인적, 가정적, 학교적, 자원봉사 수요처 요인의 청소년자원봉사활동 참여와 중도탈락에 미치는 영향을 분석한 결과, 자원봉사에 대한 학교의 관심과 자원봉사 기관 및 봉사 업무의 적절성에 영향을 미쳤다. 청소년들의 자원봉사에 대한 학교의 관심이 높을수록, 자원봉사 기관과 봉사 업무가 적절할수록 청소년의 자원봉사 참여가 지속되고 중도 탈락하지 않는 것으로 나타났다.

하칠(2005)의 '청소년자원봉사활동의 지속성 유지에 관한 연구'에서는 전라북도 중·고생 300명을 대상으로 일반적 사항(성별, 학년, 종교, 자원봉사활동 경험 유무, 가족 생활수준, 부모 직업, 가족 참여 여부, 참여 강도, 활동 시기, 교육 경험 여부), 참여형태(시간, 참여 이유, 참여 경로), 참여 방법(개인 유익 여부, 참여 기관, 적극성 정도, 만족 정도), 만족도(배움, 관심, 감사, 사귐, 성장, 보상, 지역사회 필요, 기여)를 변수로 하여 연구하였다. 그 결과 조사 대상 청소년들의 자원봉사활동 참여 경로는 주로 학교를 통해서인 것으로 나타났다. 자원봉사활동 만족도는 중학생이 고등학생보다 만족도가 높은 것으로 조사되었다.

김영이(2007)는 '청소년의 특기·적성을 활용한 자원봉사활동이 만족도에 미치는 효과'에 대한 연구에서 충청남도에 소재하고 있는 7개 시·군 중학교 4개교, 고등학교 4개교의 300명을 대상으로 개인요인(성별, 학교, 종교, 성적, 자원봉사 인식, 참여 형태, 참여 시간, 활동 장소), 가정요인(부모의 봉사 경험, 부모의 관심과 지지), 학교요인(봉사 교육, 학교 내의 도움)을 독립변수로 선정하여 지속에 어떠한 영향을 미치는지를 연구하였다. 그 결과 개인적인 요인으로 자원봉사활동에 대한 인식의 경우 긍정적 인식을 갖고 있는 청소년들이 부정적 인식의 청소년에 비하여 특기·적성을 활용한 자원봉사활동의 만족도가 가장 높은 것으로 나타났다. 가정요인으로는 자원봉사활동에 대한 부모의 관심과 지지가 높을수록 청소년들의 특기·적성을 활용한 자원봉사활동의 만족도가 높게 나타났다. 학교요인으로는 학교에서 교육과 정보를 많이 제공하는 청소년들의 특기·적성을 활용한 자원봉사활동의 만족도가 가장 높은 것으로 나타났다.

이상의 연구를 토대로 청소년자원봉사활동 지속과 중단에 영향을 미치는 생태체계적 요인을 본 연구자는 연구목적에 맞게 4가지 변수로 선정하였다. 즉 미시체계로서의 개인요인(종교, 성적, 도덕성, 자원봉사활동의 참여 동기, 자원봉사활동에 대한 인식)과 가정요인(부모의 자원봉사활동 참여 및 경험 유무, 부모의 관심과 지지 정도, 부모의 교육수준 정도, 가정생활 수준), 중간체계로서의 학교요인(학교에서 자원봉사활동에 대한 사전 교육 정도, 학교와 담임교사의 정보 제공과 권장 정도, 학교 내 봉사활동을 관장하는 부서체계 유무와 도움 정도), 그리고 거시체계로서의 자원봉사활동 기관요인(기관에서의 교육 유무와 교육의 효과성, 자원봉사활동 직무배치 방식과 업무내용의 만족 정도, 자원봉사활동 담당 관리자와의 관계의 만족 정도)이다. 이에 대한 이론적 고찰과 선행 연구들을 통하여 본 연구의 학문적 타당성과 연구 방향 설정에 도움을 얻고자 한다.

1. 미시체계 개인요인

개인들은 똑같은 환경에 처해 있다고 해서 모두 똑같은 반응을 나타내지는 않는다. 자원봉사활동의 지속에 있어서도 마찬가지다. 비슷한 환경에 처해 있는 청소년들 중에서도 어떤 사람은 지속하고 어떤 사람은 중단한다. 이것은 환경만이 지속에 영향을 미치는 요소가 아니라 개인의 특성도 영향력을 미친다는 것을 의미한다.

청소년자원봉사활동 지속에 영향을 미치는 미시체계로서의 주된 개인적 요인으로는 성별, 종교, 성적, 자원봉사활동에 대한 인식, 자원봉사자의 참여 동기, 도덕성 등을 들 수 있다. 그러나 여자 청소년이 남자 청소년에 비해 지속하는 비율이 높다는 사실이 선행 연구결과와 본 연구자의 예비조사 결과 명확하게 밝혀졌기 때문에 본 연구에서는 포함시키지 않았다.18)

1) 개인적 속성

(1) 종교

Pancer와 Pratt(1999)는 청소년들이 자원봉사활동을 할 수 있도록 영향을 미치는 요인 중 하나로 종교적 신념을 제시하였다. 종교는 생활 속에서 가르침을 실천하도록 훈련시키므로 종교는 자원봉사활동의 지속성에 영향을 미친다는 것이다. 오영석(2005)의 연구에서는 종교가 있는 청소년(56.8%)이 종교가 없는 청소년(50.2%)에 비해 지속률이 높게 나타났다. 장상근(2005)의 연구에서도 종교를 갖고 있는 참여자는 전체의 49.6%로서 종교와 자원봉사활동 참여

---

18) 성별에 따라 이타적 속성의 차이가 있음을 지적하는 Wright(1976; 조휘일, 1990 재인용)의 연구에 의하면 여성들이 남성에 비해 더욱 책임감 있고 인간관계에 깊이 관여하는 특성이 있기 때문에 남성보다 이타적인 경향을 보인다고 한다. 오영석(2005)의 연구에서도 여자 청소년(61%)이 남자 청소년(45%)에 비해 지속률이 높게 나타났다. 장상근(2005)의 연구에서도 여자 청소년(79.8%)이 남자 청소년(20.2%)에 비해 지속률이 높게 나타났다. 또한 서울특별시립 청소년진흥센터(2006)의 연구에서도 성인이 된 후 성별로 지속적인 참여의사를 살펴보았을 때 남학생(51%)보다 여학생(68.7%)이 더 높게 나타났다. 청소년자원봉사활동이 내신 성적에 반영되지 않더라도 참여하겠느냐는 질문에 남학생이 '참여하겠다' 49.4%(반드시 참여 9.1%, 가능하면 참여 39.1%), 여학생은 '참여하겠다'가 57.8%(반드시 참여 16.2%, 가능하면 참여 41.6%)로 나타나 여학생이 남학생보다 '참여하겠다'는 응답률이 높았다.

와 밀접한 관계가 있음을 알 수 있다.

사회복지관에서의 자원봉사자에 대한 조휘일(1990)의 연구에서도 대상자들의 70% 정도는 종교가 있다고 응답했다. 이러한 결과는 종교를 가지고 있는 사람이 종교가 없는 사람보다 이타적이기 때문이라고 분석할 수 있다. 그러나 정한숙(1997)의 연구에 의하면 종교인들이 이타적 동기가 높기 때문에 참여한다기보다는 교회의 권위에 복종하고 가르침에 부응하기 위한 것이므로 자율적인 조건에서는 종교가 크게 영향을 미치지 못한다는 결과를 제시하였다.

따라서 본 연구의 대상인 고등학교 청소년들은 종교 여부에 따라 자원봉사에 대한 가치관이 다르다고 볼 수 있으며, 자원봉사활동 지속에 종교가 영향을 미칠 것이다.

(2) 성적

현재 우리 청소년들은 입시 위주의 교육제도로 인해 학교 수업 이외에도 대다수 학생들이 과외학습을 받고 있다는 사실로 볼 때, 시간 부족으로 봉사활동에 대한 부담을 느낄 수 있는 상황 속에 있다. 그러므로 학업에 대한 관심이 높은 청소년일수록 성적에 반영되기 때문에 자원봉사활동을 지속할 수 있겠지만, 학업에 대해 집착이 적은 중하위권 청소년들이 오히려 자원봉사활동을 지속할 수 있는 여유를 가질 수 있다고 생각해 볼 수도 있다. 이러한 사실은 Pancer와 Pratt(1999)의 연구에서도 시간의 부족이 자원봉사활동을 지속하는 데 저해요인이라고 지적하고 있다.

그러나 권순미(2001)의 연구에서 성적에 따라 지속 시간에서 유의미한 차이가 있었는데, 학업성적이 '상'과 '중' 정도인 청소년들은 각각 17.8%와 17.1%가 30시간 이상 활동을 했던 반면, 학업성적이 '하'인 청소년들은 12.2%만 30시간 이상을 활동한 것으로 나타나 학업성적이 높은 청소년일수록 지속 시간이 많은 것으로 나타났다. 오영석(2005)의 연구에서도 중상위권 청소년(47.1%)이 하위권(45.8%) 청소년에 비해 진학에 대한 의지가 있어 규정된 시간보다 높게 활동하고 있는 것으로 나타났다.

따라서 본 연구의 대상인 고등학교 청소년들의 성적은 자원봉사활동 지속에 영향을 미칠 것이다.

2) 도덕성

도덕성은 일반적으로 내용 또는 형식의 관점에서 다루어져 왔다. 도덕성을 '내용'으로 규정하는 관점은 도덕성을 정직, 봉사, 절제, 관용, 성실 등과 같은 덕목으로 보고, 이러한 덕목들은 사회 제도나 관습 등 외적인 규범을 내면화함으로써 형성된다고 본다. 또한 도덕성을 '형식'으로 규정하는 관점은, 도덕성을 덕목의 내면화가 아니라 개인이 갖는 비판력, 판단력 등 사고력으로 보고 일상생활에서 일어나는 도덕적 문제들을 평가하고 판단할 때 작용하는 것으로 보는 관점이다(김경연・하영희, 1998). 도덕성은 어린 시기에 그 기초가 형성되며, 아동기 동안 확고하게 다져진다. 그러므로 성장과정에서 아동이 경험하는 모든 환경(사람, 사건, 책, 종교 등)이 도덕성 형성에 영향을 주게 되며, 아동기에 형성된 도덕성이 대부분 성인이 되어서까지 한 개인의 사고와 행동에 지대한 영향을 미친다(김광웅・방은령, 1992). 아동과 청소년의 도덕적 행동과 관련하여 많은 이론가들은 도덕적 행동을 돕기, 친절, 공유, 협동하기 등과 같은 도덕적 권장 행동(친사회적 행동)과 속이기, 거짓말하기,

훔치기 공격하기 등과 같은 도덕적 금지 행동으로 분류하여 연구해 왔다(최순영·김수정, 1995).

Bandura(1996)는 청소년을 대상으로 도덕적 행동을 연구한 결과 돕기, 친절, 공유, 협동과 같은 행동을 많이 할수록 훔치기, 속이기, 거짓말, 약물남용 등을 적게 한다고 보고하고 있다. 김경연·하영희(1998)의 연구에서도 친사회적 행동과 규칙위반 행동 간에 부적 상관관계가 있음을 보고하고 있다. 김종오(2003)의 연구에서도 도덕성이 높은 집단(평균 2.9403)은 도덕성이 낮은 집단(평균 2.4574)에 비해 중도 탈락률이 낮게 나타났다.

따라서 본 연구의 대상인 고등학교 청소년들의 도덕성은 이미 아동기를 거치면서 확립되었다고 볼 수 있으며, 봉사는 도덕적 권장 행동 중의 하나이므로 도덕성이 청소년자원봉사활동 지속에 영향을 미칠 것이다.

3) 자원봉사자의 참여 동기

인간행동의 동기를 크게 두 가지로 나누어 보면, 이타적 동기와 이기적 동기 또는 타인 지향적 동기와 자기 지향적 동기로 나눌 수 있다. 일반적으로 각 개인의 기본적인 행동의 동기를 이기적 동기로 볼 수 있으나 자원봉사의 상황에서는 이타적 동기를 중심동기로 볼 수 있다. 이타주의에 대한 전통적인 견해는 비이기적 행위 또는 타인을 위한 희생을 반영하는 것이었으나 사실상 대부분의 동기 이론 및 조사에서는 인간이 행하는 모든 일은 자기 유익을 구하는 방향을 지향한다는 가정에 기반을 두고 있다. 즉 이타적일수록 지속적으로 자원봉사를 하는 경향이 있다고 보고하고 있다(조휘일, 1990; 권순미, 2001). 또한 서울특별시립 청소년진흥센터(2006)의 연구 결과에 의하면 청소년들이 어떤 동기로 봉사활동에 참여하고 있는지 살펴보았을 때 '내신 성적 반영 때문에 어쩔 수 없이'에 '그렇다' 응답이 52.8%로 가장 높게 나타났다. 다음으로 '보람 있는 일을 했다고 하는 뿌듯한 마음을 갖고 싶어서'(46.5%), '나 자신도 언젠가는 다른 사람들의 도움을 받을 수 있기 때문에'(40.8%), '다양한 사람들과의 만남과 새로운 것을 배우고 경험해 보고 싶어서'(33.6%), '이웃이나 지역사회·국가 등에 조금이나마 도움을 주고 싶어서'(31.1%), '주위사람들이 격려하고 인정해 주기 때문에'(21.0%) 순으로 나타났다. 차선경(2002)의 연구에서도 봉사활동의 참여 동기는 '내신 성적 때문에'라는 이기적 동기가 81.7%로 나타났다. 김종오(2003)의 연구에서도 연구 대상자의 58%가 상급학교 진학을 위한 봉사 점수 확보의 방안으로 자원봉사활동을 하는 것으로 나타나 의무시간을 채운 후 중단하는 원인으로 보고하였다. 임정모(2004)의 연구에서는 학업 성적에 반영되기 때문이라는 요인이 53.1%로 가장 많은 것으로 나타났다.

대부분의 동기이론 및 조사는 인간이 행하는 모든 일들이 자신들의 이익을 추구하는 쪽을 지향한다는 가정에 근거하고 있다. 심지어 사람들이 타인들을 돕기 위해 손을 뻗쳐도 이러한 도움의 욕구는 결국 자신의 복지를 증가시키려는 욕구에 의해서 동기화되었다고 보는 경향이 강하다. 그러나 이타주의는 자원봉사활동을 위한 중심적인 힘이라고 볼 수 있다. 이타주의의 반대는 자기중심성(self-centeredness)으로서 이는 자신의 복지를 위한 이기적 관심 내지 타인의 복지에 대한 일반적인 무관심을 의미한다(조휘일, 2002).

이처럼 자원봉사 동기의 이론에서는 이타적 동기이론과 이기적 동기이론의 측면에서 동기를 분석해 왔다. 그러나 학습성의 측면에서 이루어지는 청소년자원봉사활동의 경우 각기 동기적 영향의 단일 측면에만 초점을 두고 분석하기에는 다소 무리가 따르기 때문에 본 연구에서는 이들 양측면의 상호 작용을 고려했다. 즉 자원봉사자의 동기나 과정, 결과에 있어 자원봉사자 자신의 이익이나 명예를 먼저 생각하지 아니하고 도움의 대상자를 먼저 생각하는 행동(김범수 외, 2003)이라면 이를 이타성으로 보았고, 자신의 이익을 우선시하였거나 타인을 고려하지 아니한 동기를 이기적인 것으로 보았다.

이상의 연구결과를 종합해 보면, 성인들은 자원봉사 참여 동기가 이타적일수록 지속적으로 활동하는 것으로 나타났지만, 청소년들은 이기적 동기로 인해 지속적으로 자원봉사활동에 참여하는 것으로 나타났다. 그러므로 자원봉사 동기는 지속에 영향을 미칠 것이다.

4) 자원봉사활동에 대한 인식

사람은 결정을 내릴 때 그것에 대해 어떤 가치관을 가지고 있느냐, 즉 어떻게 인식하고 있느냐에 따라 행동을 결정하게 된다. 자원봉사자들도 그들이 자원봉사활동에 대해 어떤 인식을 가지고 있는지에 따라 지속 여부를 결정하게 될 것이다.

서울특별시립 청소년진흥센터(2006)의 '자원봉사활동에 대해 어떻게 인식하고 있는가'에 대한 연구 결과를 보면 조사대상자의 60% 이상이 자원봉사활동이 '사회에 도움을 필요로 하는 이웃이 많이 때문에 필요하다'라는 반응을 보였다. 또한, 자원봉사활동을 사회적으로 자원봉사에 대한 사회 전반의 관심을 촉발하고 유도하는 효과를 나타내며 지역사회에 대한 공동체 의식이 고취되며, 사회사업 실무자가 할 수 없는 다양한 분야의 서비스가 가능해지는 효과가 있을 수 있다고 생각하고 있었다.

서울특별시립 청소년진흥센터(2006)의 연구 결과에 의하면 '청소년자원봉사활동을 무엇이라고 생각하는가'라는 질문에 전체적으로 '자기희생을 통해 주변 이웃을 돕는 일'(56.9%)이 가장 많았으며, '자기의 능력이나 특기 활용을 통해 사회에 기여하는 일'(53.1%), '다양한 사회 경험을 통해 자기 성장에 발전을 도모하는 일'(52.4%)의 순으로 나타나 청소년자원봉사활동에 대한 청소년들의 긍정적인 인식을 확인할 수 있다. '경제적·시간적 여유가 있는 사람들이 하는 일'(46.2%)이나 '학교의무시간을 채우기 위해 하는 일'(35.6%)이라는 응답자도 상당수가 있음을 확인할 수 있다.

따라서 자원봉사활동에 대한 인식 정도가 높을수록 자원봉사에 참여할 확률이 높다는 선행연구 결과를 보아서 자원봉사 인식은 자원봉사활동 지속에 영향을 미칠 것이다.

2. 미시체계 가정요인

청소년들에게 정서적 지지기능과 사회화 교육기능을 담당하는 가정이 자원봉사활동 지속에 미치는 영향은 적지 않다. 청소년자원봉사활동 지속에 영향을 미치는 미시체계 가정요인으로는 부모의 자원봉사활동 참여 및 경험 유무, 자원봉사활동에 대한 부모의 관심과 지지 정도, 부모의 교육수준 정도, 가정생활 수준 등을 들 수 있다.

1) 부모의 자원봉사활동 참여 및 경험 유무

청소년의 자원봉사활동과 부모의 자원봉사활동 참여 경험과의 관계를 알아본 장상근(2005)의 연구에 의하면 청소년자원봉사활동 지속적 참여자 중 '부모가 참여한 경험이 있는' 청소년이 56%를 차지하고 있다. 이는 중단자의 경우 부모의 자원봉사활동 '참여 경험이 없음'의 비율이 24%인 것과 비교해 볼 때 매우 큰 차이를 보여주고 있다.

Bandura는 인간이 자신의 경험을 통해서 뿐 아니라 관찰학습을 통해서도 학습이 이루어지기 때문에 다른 사람들의 행동을 관찰함으로써 훨씬 더 빨리 학습한다고 주장한다. 청소년들이 그들의 부모를 흉내 낼 때, 이들은 종종 새로운 행동을 즉각적으로 재현한다 (김동일 외, 2000; 변영계, 2004; 이인정・최해경, 1995).

Pancer와 Pratt(1999)는 15~19세 캐나다 청소년 20명에 대한 질적 연구를 통해서 봉사활동을 후원하고 참여의 모델을 제공해 주는 가정적 분위기에서 성장한 청소년들이 지속적으로 자원봉사활동에 참여했다는 연구 결과를 발표하였다.

자녀의 모델임과 동시에 사회를 이어주는 연결자인 부모의 후원 및 자원봉사활동 경험은 언어적 설득이나 교훈보다 청소년의 행동 및 사고와 감정의 변화에 결정적 역할을 할 수 있으리라 생각된다. 그러므로 부모의 참여 및 경험 유무는 청소년자원봉사활동 지속에 영향을 미칠 것이다.

2) 자원봉사활동에 대한 부모의 관심과 지지 정도

부모와 자녀 사이의 애정 어린 돌봄과 사랑의 관계는 사회에서 요구하는 긍정적 행동을 촉진시키지만, 거부적이며 적대적인 자녀와의 관계는 부정적 행동과 공격적 행동을 유발하는 것과 관계가 있다(Staub, 1981). 그러므로 사회가 장려하는 행동의 표준을 배우거나 내면화시키고자 한다면, 그리고 자녀에게 올바른 양육 방식과 부모의 본보기를 통하여 가르치고자 한다면 자녀들이 가장 잘 학습할 수 있는 따뜻한 사랑의 보살핌이 있는 분위기를 조성하는 것이 중요하다. 초기 사회화의 주도적 역할을 하는 부모들은 아동이 이타적 행동을 학습하는 데 영향을 미치는 중요한 존재가 된다고 주장한다(Rosenhan, 1970).

따라서 자원봉사활동에 대한 부모의 관심과 지지 정도는 청소년 자원봉사활동의 지속에 영향을 미칠 것이다.

3) 부모의 교육수준 정도

자원봉사활동과 부모의 교육수준 정도를 보면, 자원봉사활동은 시간적·경제적 투자를 수반으로 고학력자가 저학력자보다 경제적으로 여유가 있어서 자원봉사활동 참여 정도가 높을 것으로 생각할 수 있다. 그러나 장상근(2005)의 연구에서는 자원봉사활동 경험자(참여자, 현재 중단자)의 학력 분포는 고졸 이하가 51.5%, 전문대졸 이상이 48.5%로서 학력별 격차는 거의 없는 것으로 나타났다.

Smith(1994)의 연구에서는 학력이 높은 사람일수록 자원봉사활동의 참여도 및 자원봉사활동의 수행도, 기여도, 성취도 등이 높은 것으로 나타나 학력이 자원봉사 수행양상에 유의미한 것으로 나타났다. Pancer와 Pratt(1999)의 연구에서도 부모의 학력이 자녀의 자원봉사활동에 간접적인 영향을 미치고 있다고 보고한다.

따라서 부모 교육수준 정도는 청소년자원봉사활동의 지속에 영향을 미칠 것이다.

4) 가정생활 수준

자원봉사활동과 가정생활 수준과의 관계를 보면, 임정모(2004)의 연구에서는 청소년자원봉사활동자 중 가정생활 수준이 잘사는 청소년(64%)일수록 지속률이 높은 것으로 나타났다. Pancer와 Pratt (1999)의 연구에서도 가정의 사회적 지위가 높을수록 자원봉사활동에 긍정적인 영향을 주는 것으로 보고하였다. 이처럼 대부분의 연구 결과에서 가정생활 수준과 자원봉사활동의 관계는 가정의 소득 수준이 높을수록 자원봉사활동에 참여하는 수준이 높다는 것을 알 수 있다(한국사회복지협의회, 2003).

그러므로 가정생활 수준은 청소년자원봉사활동의 지속에 영향을 미칠 것이다.

3. 중간체계 학교요인

각 개인은 가정의 한 구성원인 동시에 더 큰 체계인 사회 환경의 구성원으로도 존재한다. 청소년들에게 있어서 사회 환경 중 가장 크게 영향을 미치는 중간체계는 대부분의 시간을 보내면서 생활하고 있는 학교 공동체이다.

청소년자원봉사활동 지속에 영향을 미치는 중간체계로서의 주된 학교적 요인으로는 학교에서 정기적으로 자원봉사활동에 대한 사전 교육 정도, 자원봉사활동에 대한 학교와 담임교사의 정보 제공

과 권장 정도, 학교 내 봉사활동을 관장하는 부서체계 유무와 도움
정도 등을 들 수 있다.

1) 학교에서 정기적으로 자원봉사활동에 대한 사전 교육 정도

이해숙(2000)은 자원봉사활동을 생활화하기 위해서는 학교의 모
든 교사가 자원봉사에 대해 관심을 갖는 것은 물론 담임교사가
조·종례 시간과 학급회의 등을 통해 교육하고, 교과 담당 교사가
수업시간을 통해 체계적인 교육을 실시한다면 효과가 크다는 결과
를 발표하였다. 특히 이론적인 교육보다는 시청각 교육과 교사 자
신의 체험을 들려주거나 직접 실천할 수 있도록 정보를 제공해 주
었을 때 효과가 크다고 한다. 그리고 지역사회 기관들과 연계하여
기회를 마련해 준다면 후에는 청소년들 스스로 봉사활동을 계획하
고 실천하는 분위기가 마련된다는 사실을 발표하였다.

오영석(2005)의 연구에서는 청소년자원봉사활동 배경 요인 중 학
교요인이 미치는 영향력에 대하여 학교에서 사전 교육을 받은 경
험이 있는 청소년이 90%로 나타났다. 임정모(2004)의 연구에서도
청소년자원봉사활동 지속자 중 학교에서 자원봉사활동에 대한 교
육을 받은 경우(66.7%)가 지속률이 높은 것으로 나타났다. 이상현
(2005)의 연구에서는 39.8%가 학교의 권유 때문에 자원봉사활동을
지속하는 것으로 나타났다.

따라서 교과 담당교사가 교과와 자원봉사활동을 연계시켜 지도
하고, 학급 담임교사가 조·종례시간과 생활지도를 통하여 어느 정
도 열의를 가지고 교육하느냐, 자원봉사활동을 직접 실천하는 데
도움이 될 수 있도록 지도할 수 있느냐 하는 것은 자원봉사활동의
지속에 영향을 미칠 것이다.

2) 자원봉사활동에 대한 학교와 담임교사의 정보 제공과
   권장 정도

학교의 분위기는 학교장이 어떤 지도력으로 교사들을 관리 감독
하느냐에 의해 영향을 받으며, 학교조직의 건강에도 영향을 미친다
(황익중, 2005). 따라서 건강하지 못한 학교 분위기는 폐쇄적이며,
기능적으로 고착된 경향을 보이므로 지역사회 기관과 연계하여 지
역사회 내의 봉사 수요처인 기관을 파악하고 청소년들에게 정보를
제공하는 자원봉사활동 지도에 관심을 갖지 않을 것으로 예측할
수 있다.

이해숙(2000)은 청소년자원봉사의 성패를 좌우하는 가장 큰 요인
중 하나로 자원봉사에 대한 담임교사의 인식과 의지라고 하였다.
학교요인 중 학교 교육과 정보 제공의 수준에 관련된 사항이다. 이
영휘(2000)의 연구에서는 청소년들은 담임교사의 자원봉사활동에
대한 강조 정도와 만족도 간에 통계적으로 유의미한 차이가 있는
것으로 나타났다. 즉 담임교사가 자원봉사활동의 중요성에 대하여
강조할수록 청소년들의 자원봉사활동 만족 정도도 더 높아진다는
것을 알 수 있으며, 담임교사의 자원봉사활동 강조 정도가 청소년
들의 봉사활동 만족 정도에 영향을 미친다고 볼 수 있다.

임정모(2004)의 연구에서는 청소년자원봉사활동 지속자 중 자원
봉사활동에 관심을 가지는 학교 분위기(67%)와 담임교사의 지지
(53.3%)가 클수록 지속률이 높은 것으로 나타났다. 또한 조사 대상
자의 35.3%는 교사를 자원봉사활동에 가장 큰 영향을 미친 사람으
로 응답하여, 청소년에 대한 교사의 영향력이 크게 작용하고 있음
을 알 수 있었다.

따라서 학교생활에서 청소년들에게 직접적인 영향을 끼치는 담임교사의 자원봉사에 대한 권장 정도는 청소년자원봉사활동의 지속에 영향을 미칠 것이다.

3) 학교 내 봉사활동을 관장하는 부서체계 유무와 도움 정도

현재 학교 조직체계에는 공식적으로 자원봉사활동을 전담하여 지도하는 체계가 있다. 학교마다 차이가 있기는 하지만 대개 공식적으로 생활지도부나 특별 활동부 내에 봉사 담당계 교사가 있다. 그러나 학교마다 공식적인 도움체계가 청소년들의 자원봉사활동을 얼마나 적극적으로 도와주고 정보를 주는지에 따라, 그 효과는 크게 달라질 수밖에 없다.

Miranda Yates(1999)의 연구에서도 미국 고교생들에게 교과목에서 부과한 지역봉사활동을 실시한 후 보고서를 제출하도록 과제물로 부과하고 과제를 해결할 수 있도록 노숙자 무료급식소와 교사가 청소년들의 교육을 위해 공조 체계를 형성하였다. 그 결과 봉사활동 후 청소년들은 사회 문제에 대한 이해와 그것을 해결하기 위한 자신들의 역할을 숙고해 보는 기회를 제공받게 되었으며, 그러한 활동을 통해 자신의 유용성을 인정받는 긍정적인 경험을 하게 되므로 자아 정체성 속에 시민의식이 확립될 수 있다고 보고한다.

이러한 연구를 통해서 볼 때, 학교에서 교육과정의 하나로 어느 정도 강제성이 동반되었으나 체계적인 계획에 의한 봉사학습에 대한 효과를 알 수 있었으며, 지원체계가 학교 내에 존재한다는 인식은 청소년자원봉사활동의 지속에 영향을 미칠 것이다.

4. 거시체계 기관요인

청소년자원봉사활동은 미시체계로서의 개인요인이나 가정요인 그리고 중간체계로서의 학교요인에서 영향을 받았을지라도 거시체계로서의 기관에서 갖게 되는 경험은 지속에 적지 않게 작용할 것이다. 따라서 기관에서 자원봉사자를 어떻게 관리할 것인가는 참으로 중요하다. Mccurley와 Lynch의 구분에 따라 자원봉사자의 관리과정은 다음과 같다(김범수, 2002). 프로그램 기획, 업무 설계, 모집, 면접과 선발, 오리엔테이션과 훈련, 지도 감독, 유지와 인정, 평가(긍정적인 교정, 해고) 등이다.

본 연구에서는 청소년자원봉사활동 지속에 영향을 미치는 거시체계로서의 주된 기관요인을 오리엔테이션과 훈련(기관에서의 교육 유무와 교육의 효과성), 면접과 선발(자원봉사활동 직무 배치 방식과 업무 내용의 만족 정도), 유지와 인정(자원봉사활동 담당 관리자와 관계의 만족 정도) 등 세 가지를 적용하고자 한다.

1) 기관에서의 교육 유무와 교육의 효과성

봉사활동 기관은 찾아온 자원봉사자에게 자신의 능력을 최대한 발휘하여 기관의 목표와 자원봉사자 개인의 목표 달성에 공헌할 수 있도록 유도하는 것이 중요하다. 이를 위해서 기관은 자원봉사자가 그들의 환경과 직무에 대하여 적응하도록 교육훈련을 실시하여야 한다. 특히 청소년자원봉사자들의 경우 자원봉사활동을 해야만 한다는 부담감을 안고 기관으로 찾아오거나 자원봉사활동을 하겠다는 의욕은 많으나 경험이 없는 경우가 대부분이기 때문에 이들에게 업무수행을 위한 교육은 중요하다.

특히 청소년들에게 봉사활동 사전 교육이라 하면 봉사활동의 내용이 무엇이고 어떻게 해야 하는 것이며 그 봉사활동 안에서의 역할은 무엇인지, 봉사활동을 통해 얻을 수 있는 것은 무엇인지 알아가는 과정이며 봉사활동 시 주의사항까지 교육받을 수 있는 시간이다. 자원봉사활동을 위한 교육은 봉사활동의 정신과 담당할 업무를 감안하여 시행한다(한국청소년개발원, 2005).

서울특별시립 청소년진흥센터(2006)의 연구결과에 의하면 지난 1년 동안 청소년들이 받은 사전 교육 시간은 '2시간 미만'이 47.9%('1시간 미만' 23.5%, '1시간~2시간 미만' 24.4%), '2시간 이상'은 32.1%로 나타났다. 활동에 있어 사전 교육 시간의 정도는 다소 차이가 있을 수 있으며, 사전 교육을 받은 청소년이 80.0%이고 사전교육을 받지 않은 청소년이 20.0%로 나타났다. 그러나 청소년자원봉사활동의 교육이 청소년들에게 얼마나 영향력을 주었는지에 대한 연구는 이루어지지 않았다.

따라서 기관의 전 구조에 대한 이해와 그 직무에 요구되는 지식의 원리 및 개념을 이해하기 위한 교육과정은 업무수행 능력을 향상시켜 줄 뿐만 아니라 자원봉사자 자신의 성장을 돕고 자원봉사활동에 대한 관심을 더욱 증대시켜 준다는 점에서도 매우 중요한 과정이다. 또한, 교육경험은 중단자 집단에서 현저하게 적게 나타나고 있는 것으로 볼 때 기관에서의 교육 유무와 교육의 효과성은 청소년자원봉사활동의 지속에 영향을 미칠 것이다.

2) 자원봉사활동 직무배치 방식과 업무내용의 만족 정도

직무배치란 선발된 사람의 인적 특성과 업무를 대응 또는 적합시키는 과정을 의미한다. 봉사기관과 자원봉사자들이 함께 만족을 얻게 되려면 자원봉사자들 개개인에게 가장 적합한 업무를 부여해서 배치하여야 한다. 적절한 사람을 적합하고 잘 계획된 업무에 배치하는 것이 자원봉사관리자에게도 가장 보람 있는 경험이 된다.

자원봉사활동 지속요인을 설명하는 이론 중에 기대이론이 있다(김영호 외 4인, 2006). 기대이론은 왜 자원봉사자들이 계속해서 자원봉사활동에 머무르느냐를 설명하는 데 높은 설득력이 있는 것으로 평가되는 이론이다. 기대이론에서는 자원봉사자가 담당한 업무가 그들의 기대에 상응하지 못할 때는 활동을 계속하려는 동기가 감소할 것이기 때문에 자원봉사자를 계속 프로그램에 머물게 하려면 봉사 업무의 수준과 성격이 그들의 기대에 적합하도록 유지되어야 한다는 것이다(Moore, 1985; 권순미, 2001 재인용).

자원봉사자는 자신이 하고 있는 일에 흥미를 느끼고 그 일을 통하여 자신이 바라는 보상을 받을 수 있으며, 또한 그 일을 잘 수행할 수 있다고 여길 때 그 일을 지속할 것이다. Pancer와 Pratt의 연구에서 청소년들이 봉사활동에서 어떤 경험을 했으며, 만족감이 어느 정도였느냐에 따라 자원봉사활동의 지속에 영향을 미친다고 보고한다(Pancer와 Pratt, 1999).

차선경(2002)의 연구에서는 '자신의 희망대로' 결정하는 경우는 15.3%로 낮은 것으로 보아 대부분 수동적으로 봉사활동 내용을 결정하는 것으로 나타났다. 이상현(2005)의 연구에서는 청소년들에게 자원봉사활동이 도움이 되었느냐는 질문에 '도움이 됐다'는 50.7%로 높게 나타났다. 성별로 살펴보면, 여학생이(60.4%) 남학생(45.7%)보다 높게 나타나 통계적으로 유의미한 차이를 확인할 수 있다. 여기서 알 수 있는 사실은 자원봉사자 자신이 봉사활동 경험을 통해 긍정적인 감정을 경험하게 되면, 만족의 상태에 이르게 되고 이는 자원봉사활동의 지속에 중요한 요인이 될 수 있다.

따라서 업무 행동의 결과에서 얻은 충족감은 그들이 미래행동의 지속성에 영향을 주는 내적 힘이 되기 때문에 자원봉사활동 직무 배치 방식과 업무내용의 만족 정도는 청소년자원봉사활동의 지속에 영향을 미칠 것이다.

3) 자원봉사활동 담당 관리자와 관계의 만족 정도

자원봉사자를 활용하는 기관은 하나의 조직이므로 어떻게 자원봉사자를 관리하느냐 하는 측면은 조직 관리상 매우 중요하다. 효과적인 지도 감독을 하려면 업무에 관해서는 완벽한 지시를 주고 어떤 질문에도 응답할 준비를 해야 하고, 기관이 기대하는 것을 명확히 전달하며, 자원봉사자의 활동에 인정과 감사를 표시하고, 부적절한 행동은 바로 볼 수 있게 도우며, 자원봉사자의 욕구를 충족시키는 데 융통성을 발휘해야 한다(한국사회복지협의회, 2008).

한수정(1999)은 자원봉사자와 기관의 자원봉사 담당자에 대한 만족 정도가 높을수록 자원봉사활동을 지속한다는 결과를 제시하고 있으며, 조휘일(2002)은 과업에 대한 체계적인 배경과 지시 감독 및 인간적인 배려가 자원봉사활동에 영향을 주는 변인임을 지적하였다.

따라서 자원봉사활동 담당 관리자와 관계의 만족 정도는 청소년자원봉사활동의 지속에 영향을 미칠 것이다.

제3장 청소년자원봉사활동 지속개념과 생태체계 이론

1. 청소년자원봉사활동 지속의 개념

본 연구의 주요 주제인 청소년자원봉사활동 지속 요인을 고찰함에 있어서 지속의 개념과 범주를 먼저 설정하지 않을 수 없다.

지속 여부를 측정함에는 다양한 방법이 있을 수 있으나 자원봉사활동을 지속하는 기간에 대한 연구 결과들을 보면 다음과 같다. 구혜영(2008)과 김범수(2002)는 지속이란 일회성이 아니라 지속적으로 6개월 이상 이루어지는 활동이 주 1회 혹은 격주, 월 1회 등 주기적으로 이루어져야 한다고 강조하였다. 그러나 김철수(1997)의 연구에서 기관별로 종합한 전체 누적 지속률을 보면 봉사활동을 시작한 지 3개월이 지나면 봉사자 전체의 35%가 중단하고 65%만이 활동을 지속하는 것으로 나타났다. 이러한 급격한 중단율은 4~5개월 사이에는 다소 진정되다가 6~7개월째 다시 증가하여 6개월이 지나면 절반의 자원봉사자들이 활동을 중단하는 것으로 조사되어 6개월이 자원봉사활동 지속의 하나의 전환점이 되고 있다. 모옥희(1995)의 연구에서는 자원봉사활동 기간이 6개월 미만이 59.5%로 절반 이상을 차지하고 있으며, 6개월 이상 1년 미만이 23.3%, 1년 이상은 17.2%로 나타나 6개월 이상이 자원봉사활동을 지속하는 하나의 전환점이 되고 있다.

또한 서울특별시립 청소년진흥센터(2006)의 연구 결과에 의하면 청소년이 지난 1년 동안 실시한 봉사활동의 총시간을 살펴본 결과 '6시간 이상~10시간 이하'가 29.7%로 가장 높게 나타났으며, '21

시간 이상'이 25.0%로 나타났다. 다음으로 '5시간 이하'(21.2%), '11시간 이상~15시간 이하'(12.2%), '16시간 이상~20시간 이하'(11.9%) 순으로 나타났다. 또한, 성별로 살펴볼 때, 남학생은 '6시간 이상~10시간 이하'가 31.1%로 가장 높게 나타나 학교에서 실시하는 의무시간만을 채우고 있으며, 여학생은 '21시간 이상'이 31.3%로 높게 나타나 남학생보다 많은 봉사활동을 하는 것으로 나타났다. 학교급별로 살펴볼 때 중학교는 10시간 미만이 61.0%(5시간 이하 14.9%, 6시간~10시간 이하 46.1%), 인문계 고교 37.0%(5시간 이하 15.9%, 6시간~10시간 이하 21.1%), 실업계 고교 64.4%(5시간 이하 37.5%, 6시간~10시간 이하 26.9%)로 나타났다. 실업계 고교생의 자원봉사활동 참여율이 다소 저조하게 나타나고 있는데, 자원봉사활동 의무시간 이상은 인문계 고교(35.0%), 실업계 고교(18.7%), 중학교(16.2%) 순으로 나타나 인문계 고등학교 학생들의 높은 참여율을 확인할 수 있다.

위의 선행 연구들은 연간 시간이나 활동 기간을 통해서 지속성을 파악하고 있지만, 시간과 기간을 함께 고찰함으로써 청소년들의 자원봉사활동 지속성을 보다 명확하게 파악할 수 있으리라 생각된다. 자원봉사활동 지속에 대한 선행연구에서는 주로 6개월을 기준으로 하고 있지만, 학업을 중시하는 우리의 풍토에 맞추어 보면, 자원봉사활동을 매일 매주 실시한다는 것은 어려울 수 있다. 매월 2, 4주 토요일이 휴무인 점과 방학을 고려한다면 청소년자원봉사활동에서는 기간만을 고려하는 것은 다소 문제가 있을 수 있다. 따라서 청소년자원봉사활동에서는 지속 기간과 함께 지속 시간을 동시에 고려해야 한다.

다음은 지속 여부에 대한 측정에서 지속 의지 혹은 지속적 실천에 대한 연구 결과들을 보면 다음과 같다. 정한숙(1997)의 연구에 의하면, 의무시간과 상관없이 자원봉사활동을 계속할 의지가 확실한 경우는 26.1%, 생각 중이라고 응답한 경우는 56.7%, 지속할 의지가 없는 경우가 16.2%로 매우 부정적으로 나타났다.

서울특별시립 청소년진흥센터(2006)의 조사 결과에 의하면 청소년자원봉사활동을 내신 성적에 반영되지 않더라도 참여하겠느냐는 질문에 '반드시 참여한다'가 11.4%, '가능하면 참여한다'가 40.2%로 나타났다. 성별로 살펴보면 남학생이 '참여하겠다'가 49.4%(반드시 참여 9.1%, 가능하면 참여 39.1%), 여학생은 '참여하겠다'가 57.8%(반드시 참여 16.2%, 가능하면 참여 41.6%)로 나타나 여학생이 남학생보다 높은 응답률을 보였다. 학교급별에 있어서는 중학생이 '참여하겠다'가 49.4%(반드시 참여 13.6%, 가능하면 참여 35.8%), 고등학생이 '참여하겠다'는 52.4%(반드시 참여 10.7%, 가능하면 참여 41.7%)로 나타났다. 고등학생은 인문계 고교생이 55.9%, 실업계 고교생은 46.6%의 참여의사를 보여 통계적으로 유의미한 차이를 보이고 있다. 반면, '참여하지 않겠다'는 인문계 고교(30.0%), 실업계 고교(24.2%), 중학교(22.5%) 순으로 나타났다.

참여 의지가 이렇게 높게 나온 것에 대해 '가능하면 참여하겠다'를 지속 의지로 볼 수 있는지는 의문이다. 왜냐하면 앞에서 지난 1년 동안 참여한 총 봉사시간을 묻는 문항에서 21시간 이상 참여한 학생이 35.0%로 가장 높게 나타났음에도 불구하고 지속적인 참여에 있어서는 가장 많은 학생이 참여하지 않겠다고 나타났기 때문이다. 서울특별시립 청소년진흥센터(2006)의 연구 결과 성인이 된 후에도 봉사활동에 참여하겠느냐는 의사를 묻는 질문에 '참여하겠다'는 56.8%(반드시 참여 12.5%, 가능하면 참여 44.3%)로 나타났다. 성별로 살펴보면, 남학생은 51.1%(반드시 참여 10.6%, 가능하면 참여 40.5%)가 참여의사를 밝혔고, 여학생은 68.7%(반드시 참여 16.5%, 가능하면 참여 52.2%)가 참여의사를 보였다. 남학생보다는 여학생이 더 높은 결과를 보였으며, 내신 반영에 따른 봉사활동의 지속 여부에서도 남학생보다는 여학생이 더 높은 참여의사를 보여주고 있다. 학교급별로 보았을 때, '참여하겠다'는 응답은 중학생이 52.7%, 고등학생은 59%(실업계 고교 학생49.7%, 인문계 고교 학생 64.6%)로 나타났다.

그러나 성인이 되었을 때의 참여의사를 조사한 박천수(1999)의 연구에 의하면 참여할 의향이 있다고 응답한 경우가 41.8%로 나타나 청소년들은 현재는 자원봉사활동에 계속해서 참여하기가 힘들지만, 미래에 시간적 여유가 있으면 참여하고 싶다는 의지가 다소 있다는 것을 알 수 있다. 그러나 이 또한 참여하고 싶다, 가능하면 참여하겠다 등의 지속 참여 의지와 실천을 결부시킬 수 있을지는 의문이다. 도덕성에 근거해서 참여 안 하겠다고 답할 경우 자신은 도덕적으로 문제가 있다는 자책감에서 참여하겠다는 의사를 보일 수 있을 것이다. 지금 실천하고 있는 청소년은 성인이 되어서도 청소년 시절에 자원봉사활동에 대한 경험을 토대로 실천할 가능성이 높지만, 현재 지속적으로 참여하지 않는 청소년은 참여할 확률이 그만큼 낮다고 볼 수밖에 없기 때문이다.

위와 같이 청소년자원봉사활동의 지속성에 대해 선행연구를 통해 고찰해 본 결과, 대부분의 청소년들은 일회적이며, 의무시간만을 채우는 것으로 자원봉사활동에 대한 지속적인 실천율이 매우 낮음을 알 수 있다. 의지가 있으면서 성인이 되어서 참여하겠다고 하지만 지금은 제도적 의무시간 이상 실행하고 있지 않으면 지속자로 간주할 수 없다고 본다.

일반적으로 문헌이나 사회복지 현장에서 지속성을 논할 때 최소 6개월 이상 자원봉사활동이 계속되었을 때 지속적이라고 간주한다. 그러나 청소년자원봉사활동에서 단순히 6개월이란 시간적인 연속선상의 개념만으로 지속성을 평가하는 것은 무리가 따른다. 왜냐하면 대부분의 청소년자원봉사활동은 주 5일 수업제 휴무일이나 방학을 이용하여 이루어지기 때문이다. 그러므로 청소년자원봉사활동은 방학을 주기로 하여 반복되는 것을 지속성의 개념으로 파악해야 한다고 주장하기도 한다(김경, 1999; 권순미, 2001).

따라서 본 연구에서의 청소년자원봉사활동 지속이란 총 지속 시간과 지속적 실천 행동이 결합된 개념이다.

1) 지속 시간

지속 시간이란 고등학교에 입학한 후(현재 2~3학년) 2008년 10월까지의 자원봉사활동에 참여했던 총 지속 시간을 기준으로, 학교에서 단체로 실시할 때만 참여해서 연간 20시간만 채운 청소년을 비지속 집단으로 규정하고, 연간 30시간 이상 참여한 경우를 지속 집단으로 규정한다.[19]

2) 지속적인 실천 행동

학교에서 교육적인 차원에서 주어지는 자원봉사활동에 참여할

---

19) 30시간 이상을 지속으로 규정한 이유는 선행 연구에서는 40시간(권순미, 2001) 혹은 21시간(서울특별시립 청소년진흥센터, 2006)으로 규정하기도 하지만 본 연구자의 예비 조사 결과 연구 대상인 고등학교 청소년 중 40시간 이상을 지속하는 사람은 극히 적은 실정이고, 연간 30~40시간 지속 참여자는 학급당 5/35명 정도였다.

뿐만 아니라 본인 스스로 추가로 실천하고 있는 경우를 지속적인 실천 행동으로 규정한다. 그리고 학교 청소년의 특성상 지속의 실천형태는 학기와 방학 중, 정기·비정기적으로 연중 참여하고, 개별적·단체로 실천하는 것을 말한다.

위와 같은 설정 기준에 따라 학교에서 실시할 때만 참여하고 의무시간인 연간 20시간 이상 지속해 본 적이 없는 청소년들을 자원봉사활동 중단 집단으로 규정하였다. 그리고 의무시간 이외에 본인의 의지로(학기와 방학 중에 정기·비정기적으로 연중 참여하면서 개별적·단체로) 30시간 이상 자원봉사활동을 실천하고 있는 청소년들을 지속 집단으로 구분하였다.

2. 청소년자원봉사활동의 생태체계 이론

1) 사회복지 실천에서의 체계론적 관점

미성숙한 청소년들의 의사 결정 여부는 청소년 자신의 문제가 아니라 외적 상황이나 조건과 밀접한 연관성을 가지게 된다(최승희, 2008). 청소년들의 자원봉사활동 결정에 있어서도 그렇다. 사회복지는 전통적으로 인간과 환경 간의 상호 작용을 강조하는 환경 속의 인간이라는 관점을 유지해 왔다. 단지 개인에게만 초점을 두거나 혹은 사회 환경을 분리해서 접근하기보다 양자 간의 상호 작용을 중시하는 이 관점은 이른바 체계이론(system theory)에 의해 가장 잘 설명된다(이인정·최해경, 1995).

사회복지 실천에서의 체계론적 관점은 1970년대 초부터 시작되었다. 이 관점은 인간을 환경과 유리된 존재가 아니라 사회적·물리적인 외부 환경과 상호 작용을 하는 개방 체계로 보았다. 그 결과, 개인에게서 발생하는 문제의 원인을 개인에게뿐만 아니라 환경에도 있는 것으로 보고 개인과 환경에 동시 개입하는 접근법들이 개발되었다. 이러한 접근법은 크게 세 가지로 분류될 수 있는데 사회체계 이론(social system theory), 일반체계 이론(general system theory), 생태체계 이론(ecological system theory)이 그것이다(최옥채 외, 2002).

관련 이론들의 특징을 살펴보면 다음과 같다. 첫째, 사회체계 이론에서는 인간 행동에 영향을 미치는 다양한 체계 수준, 즉 개인 체계, 가족 및 조직을 포함하는 소집단 체계, 지역사회와 같은 보다 복잡하고 넓은 사회 체계에 관심을 둔다. 둘째, 일반체계 이론은 유기체와 환경 간의 체계적인 상호 작용 혹은 상호 관련성에 대해 전체성, 상호성, 개방성의 개념으로 설명하고 분석하려는 일반 과학이다. 셋째, 생태체계 이론은 일반체계 이론의 기본요소에 생태학적 관점이 결합된 이론으로 유기체가 환경 속에서 어떻게 역학적인 평형 상태를 유지하고 성장해 가는지에 관심을 두고 있다(장인협, 1993). 그리고 사회복지 실천에서는 일반체계 이론보다는 사회체계 이론이나 생태체계 이론이 더 많이 활용될 만큼 생태체계 이론은 인간과 물리적·사회적 환경 사이의 상호 교환을 개념화하는 현재의 접근들을 대표한다(Germain & Gitterman, 1980)고 볼 수 있다.

2) 자원봉사 지속요인에 대한 생태체계적 관점

생태체계적 관점은 1970년대 초 Germain에 의해 사회복지학의 이론적 준거 틀로 처음 도입되었으며 후에 보다 정교해졌다. Germain과 Gitterman(1980)은 사회복지 실천에서 활용될 수 있는 모델로서 생활

모델을 제시했다. 생태체계 이론을 공식화한 주요 모델로 평가받고 있는 이 생활 모델은 대처 능력 강화와 개인에게 영향을 주는 환경 모두를 강조함으로써 인간과 그를 둘러싸고 있는 다양한 제도 및 체계 간의 상호 작용을 이해하는 개념적 틀을 제공해 주었다. 그 외, 생태체계적 관점을 토대로 한 사회복지 실천 모델로는 Bronfenbrenner (1979)의 인간 발달 생태학 모델과 Bubolz (1979)의 인간 생태학 모델을 들 수 있다(한은주, 2006).

특히 생태체계적 관점은 기존의 다양한 이론들이 통합적으로 구축된 것이므로 다른 이론들이 제공하지 못하는 포괄적인 조망을 가능하게 하고 개인을 넘어서 가족 혹은 보다 큰 체계에 이르는 다양한 분석 단위에 적용될 수 있다는 장점이 있다(한은주, 2006). 사회복지 실천에 있어서 생태체계적 관점이 갖는 유용성은 다른 실천 모델에 비해 넓은 관점과 관심 영역을 포괄하여 문제에 대한 총체적인 이해를 가능하게 해 준다.

이러한 생태체계적 관점은 이전의 단선적이고 인과론적인 시각에서 통합적이고 전체적이며 역동적인 인간과 환경 관계에 대한 시각으로서의 전환점을 제공하였다. 전통적 개입 모델은 개인에게 비중을 두고 접근한 데 반해, 체계 모델이나 생태 모델은 개인과 그들이 관여하는 다른 체계 또는 다양한 환경 체계 사이의 상호 작용에 문제의 요인이 있다고 보고 이러한 상호 작용에 중점을 두어야 한다고 제안한다(박명숙, 1999). 이에 개인이 상호 작용하는 가정－학교－사회 등과 같은 외적 체계들은 내적 체계들과 함께 유용한 잠재적 자원으로 활용될 수 있는 것이다. 자원봉사활동의 지속은 어느 한 가지 요인만으로 결정되는 것이 아니라 개인과 그 개인이 상호 작용하는 다양한 체계가 균형과 조화의 결과 나타나는 것이다. 지속은 개인의 문제뿐만 아니라 가정 – 학교 – 사회 등을 포함한 여러 환경 안에서 체계 간에 일어날 수 있는 사회적인 상호 작용에 관심을 가져야 한다.

특히, 청소년은 자아 정체감이 형성되어 가는 과정 중에 있으며 가정과 사회 등의 환경 변화에 민감하게 영향을 받는다. 따라서 인간과 환경 간의 상호 작용을 강조하는 생태체계적 관점은 청소년 자원봉사활동의 이론적 준거 틀로서 매우 적절한 이론이다.

Bronfenbrenner(1979)에 의하면 청소년이 과거에 겪은 경험과 관계의 성질은 청소년의 발달 및 대처 자원의 특성을 결정짓는다고 한다. 즉 가족의 사회적인 계급과 종교, 민족성, 그리고 거주하는 주변 환경 등은 청소년의 삶에 지대한 영향을 미친다는 것이다. Stern과 Smith(1999; 김동배·권중돈, 1998 재인용) 또한 청소년의 행동은 개인적 기질 및 대인 관계 상호 작용 스타일 등과 같은 개인의 특성, 청소년의 직접 환경인 가족 체계의 특성, 청소년과 그 가족이 상호 작용하는 동료 체계, 학교 체계, 이웃 또는 지역사회 체계 등과 같은 주요 사회 체계들과의 상호 작용을 통해 결정된다고 보았다.

다음으로 청소년자원봉사활동의 지속에 영향을 끼치는 생태체계적 구성요소인 각각의 체계들을 살펴볼 필요가 있다. 생태체계적 관점에 의하면 청소년의 행동은 각각의 체계들이 상호 작용한 결과물이라고 한다. 여기에서 체계란 상호 의존적인 관계성 속에 서로 연결되어 있으면서 일정 기간 동안 어느 정도의 안정성을 나타내는 부분들의 복합체라고 정의(Buckley, 1967; 김동배·권중돈, 1998 재인용)되는 것으로, 개인을 둘러싼 체계는 학자에 따라 다양하게 구분되고 있다.

Bronfenbrenner(1979)는 인간에게 영향을 미치는 생태적 환경을 미시체계, 중간체계, 외부체계, 거시체계로 나누었다. Belsky(1993; 한은주·김태현, 2000 재인용)는 Bronfenbrenner의 연구를 바탕으로 네 가지 수준의 체계를 구분했는데 개체 발생론적 수준(ontogenic level), 미시체계 수준(microsystem level), 외적체계 수준(exosystem level), 거시체계 수준(macrosystem level)이 그것이다. 반면에 Kemp (1998)는 좀 더 단순하게 미시(micro), 중간(meso), 거시(macro)의 세 단계로 구분하였다(한은주·김태현, 2000 재인용). 그리고 Buckley (1967; 김동배·권중돈, 1998 재인용)는 체계의 조직적 속성인 체계성(systemness) 또는 전체성(wholeness)의 정도를 기준으로 체계의 유형을 개인체계, 가족체계, 사회와 문화체계로 나누었다. 그는 개인체계에 대해 시간의 흐름에 따라 성장·성숙·변화의 과정을 겪고 다른 체계와의 상호 작용을 통해 변화하며 전체로서의 체계에도 영향을 미치는 체계라고 보았다. 그리고 가족 내부에서 발생하는 발달 과업이나 생활 주기를 통해 구성원의 변화를 유발하는 가족체계는 청소년에게 정서적 지지와 사회화를 이루는 주된 장이라고 보았다(김동배·이희연, 2003). 사회체계는 개인의 사회적 환경 안에 존재하는 다양한 사회조직의 모형으로 개인체계와 가족체계와 안정적으로 관련되어 있다.

그런데 청소년들이 상호 교류하는 체계는 다른 연령대에 비해 비교적 뚜렷하기 때문에 Kemp의 미시(micro), 중간(meso), 거시(macro)의 세 단계 구분은 청소년자원봉사활동의 지속을 다루는 데 있어 매우 유용한 구분이라 할 수 있다. 특히 우리나라의 청소년들은 생활 반경이 가정과 학교 중심인 경우가 많아서 주로 미시체계로서의 가정, 중간체계로서의 학교, 그리고 자원봉사를 경험한 기관에서 미치는 영향을 고려하여 거시체계로서의 기관요인이 상호 작용하는 가운데 자원봉사활동에 대한 개인체계가 성장, 변화한다고 볼 수 있다. 이에, 본 연구에서는 Kemp의 분류를 기반으로 청소년자원봉사활동 지속에 영향을 미치는 생태체계적 요소들을 미시체계 요인, 중간체계 요인, 거시체계 요인으로 나누고 각각의 체계에 해당하는 주요 변수들을 고찰하였다.

 연구방법

1. 조사대상 및 표본추출

본 연구의 표집 대상은 <표 12>와 같이 연간 20시간씩 의무 규정에 따라 자원봉사활동을 경험한 서울 시내 남녀 인문계 고교 2~3학년 학생 1,080명을 대상으로 하였다.

<표 12> 표집대상

지역(구)	남자고	여자고	계
강남 · 서초	180/200	180/200	360
은평 · 마포	180/200	180/200	360
금천 · 동작	180/200	180/200	360
합계	540/600	540/600	1,080

조사 대상 학교 선정은 서울특별시 통계연보(2007)의 소득 수준에 따라 선정된 강남 · 서초구, 은평 · 마포구, 금천 · 동작구 3개 지역에서 남녀 인문계 고교 6개 학교를 선정하였다. 표본 추출은 비

확률적 편의 표집으로서 각 학교마다 200명(지속자 100명, 중단자 100명)을 선정하여 6개 학교 총 1,200명을 대상으로 실시하였다. 응답자 1,200명 중 설문 과정에서 불성실한 답변을 제외한 1,080명의 설문지를 본 연구에 사용하였다.

표본 추출 과정을 설명하면 다음과 같다.

첫째, 표본 추출 과정에서 비확률적 편의 표집 방법을 사용하였다. 비확률적 편의 표집 방법을 사용한 것은 현실적으로 고등학교 청소년들의 지속률은 <표 13>과 같이 22% 수준에 머물고 있어 학급당 표집이 어려우므로 여러 학급에 걸쳐 지속자를 본 연구에 필요한 인원수대로 배포, 작성할 수 있도록 하였고, 비교 대상인 중단 청소년은 학급단위로 하되 지속자를 제외한 상태에서 실시하였다.

둘째, 표집 대상 선정을 실업계를 제외한 인문계 고교 청소년만을 선정하였다. 인문계 고교만을 선정한 것은 본 연구자의 사전 조사 실시 결과 <표 13>과 같이 실업계 고교(남자 10%, 여자 16%)에서는 인문계 고교(남자 19%, 여자 25%)에 비해 청소년자원봉사활동 참여율이 거의 절반에 이르고 있었다.[20] 이러한 사실로 미루어 실업계 학교 수가 인문계에 비하여 월등히 적다는 점과 자원봉사활동이 덜 강조되고 있다는 점에서 실업계 고교를 포함해서 일

[20] 서울특별시립 청소년진흥센터(2006)의 조사 결과를 보아도 아래와 같이 인문고 36%, 실업고 18.7%로 본 연구자의 조사 결과와 동일하게 나타났다.

성별 · 학교급별 21시간 이상 자원봉사 참여자

구분		지속률
학교별 21시간 이상	인문계	36%
	실업계	18.7%
성별 지속의지	남	22%
	여	31%
서울특별시립 청소년진흥센터, 483명, 2006조사		

반화하기에는 어려움이 있다고 여겨져 실업계 고교는 제외하고 인문계 고교만을 대상으로 선정하였다.

<표 13> 30시간 이상 자원봉사활동을 지속적으로 실천하는 자

성별	학교구분	지속률(%)	빈도
남	인문계	19%	6/32
	실업계	10%	3/31
여	인문계	25%	8/32
	실업계	16%	5/31
본 연구자 1차 조사 126명, 2008년 6월			

셋째, 표집 대상 남녀 비율을 동일하게 선정하였다. 그 이유는 고등학생들의 자원봉사에 대한 남녀 참여율이 본 연구자의 예비조사 결과 <표 13>과 같이 남자 청소년(인문계 고교 19%, 실업계 고교 10%)이 여자 청소년(인문계 고교 25%, 실업계 고교 16%)에 비해 월등히 낮게 나타나고 있다.[21] 이러한 현실을 감안하여 본 연구에서는 표집 대상 남녀의 비율을 동일하게 조사하였다.

넷째, 표집 대상 지속자와 중단자 비율을 동일하게 조사하였다. 그 이유는 고등학생 중 자원봉사활동에 지속적으로 참여하는 비율이 본 연구자의 조사 결과 앞의 <표 13>과 같이 지속자(22%)가 중단(78%)자에 비해 월등히 적은 것으로 나타나 청소년의 자원봉사활동 지속률은 현실적으로 매우 낮은 실정이어서 확률적 표본추출법을 사용하여 학급당 무작위 추출 방법을 사용할 경우 대다수의 중단자만 표집되어 본 연구 목적을 달성할 수 없기 때문이다.[22]

---

21) 서울특별시립 청소년진흥센터(2006)의 조사 결과를 보아도 남학생이 22%, 여학생은 31%로 나타나 여학생이 남학생보다 더 많이 자원봉사활동을 실천하는 것으로 나타났다.

22) 서울특별시립 청소년진흥센터(2006)의 연구결과를 보아도 지속(26.5%)하는 청소년에 비해 중단(73.5%)자가 훨씬 높게 나타났다.

다섯째, 지속자와 중단자의 선정 기준을 학교에서 실시할 때만 참여하여 의무시간 이상 지속해 본 적이 없는 청소년들을 자원봉사활동 중단 집단으로 규정하였다. 그리고 의무시간 이외에 본인의 의지로(학기와 방학 중에 정기·비정기적으로 연중 참여하면서 개별적·단체로) 30시간 이상[23] 자원봉사활동을 실천하고 있는 청소년들을 지속 집단으로 구분하여 표집하였다.

2. 변수의 구성 및 측정도구

본 연구의 주요 변수는 <표 14>와 같다.

<표 14> 변수의 구성

변수			문항내용	문항번호
종속 변인	지속		자원봉사활동을 실시한 시간	52
			지속적인 실천 행동 여부	53
			지속적인 참여 형태	54
독립 변인	미시 체계	개인 요인	개인적 특성(학년, 성별)	01 - 02
			종교	03
			성적	04
			도덕성	05 - 12
			자원봉사자의 참여 동기	13 - 20
			자원봉사활동에 대한 인식	21 - 26

---

23) 30시간 이상을 지속으로 규정한 이유는 선행 연구에서는 40시간(권순미, 2001) 혹은 21시간(서울특별시립 청소년진흥센터, 2006)으로 규정하기도 하지만 본 연구자의 예비 조사 결과 연구 대상인 고등학교 청소년 중 40시간 이상을 지속하는 사람은 극히 적은 실정이고, 연간 30~40시간 지속 참여자는 학급당 5/35명 정도였다.

변수			문항내용	문항번호
독립 변인	중간 체계	가정 요인	부모의 자원봉사활동 참여 및 경험 유무	27
			자원봉사에 대한 부모의 관심과 지지 정도	28 – 30
			부모의 교육 수준 정도	31 – 32
			가정생활 수준	33
		학교 요인	자원봉사활동에 대한 정기적인 사전 교육 정도	34
			교사의 정보제공과 권장 정도	35
			학교 내 봉사활동을 관장하는 부서체계 유무와 도움 정도	36
	거시 체계	기관 요인	자원봉사활동 경험 기관에서의 교육 유무와 효과성	37 – 38
			자원봉사활동 직무 배치 방식과의 만족 정도	39 – 41
			자원봉사활동 업무 내용의 만족 정도	42 – 44
			자원봉사활동 담당 관리자와 관계의 만족 정도	45 – 51

1) 종속 변인

본 연구는 미시적 요인, 중간적 요인, 거시적 요인이 청소년자원
봉사활동 지속 여부에 어떠한 영향을 미치는지 살펴보고자 하는
것이다. 지속 여부를 알아보기 위한 종속 변인은 자원봉사활동을
실시한 시간, 지속적인 실천행동 여부, 지속적인 참여형태 등 세
문항으로 구성되었다.

자원봉사활동을 실천한 지속 시간을 알아보기 위하여 지난해 11
월(지난해 겨울방학 포함)부터 2008년도 10월(금학년도 여름방학
포함)까지 자원봉사활동에 참여했던 연간 총 활동시간을 기입하도
록 구성하였다.

지속적인 실천행동 여부를 알아보기 위하여 '학교에서 실시할 때
만 참여하고 의무시간 이상 지속해 본 적이 없다'와 '방학·학기
중 의무시간 이상 지속하고 있다'로 구성하였다. 지속적인 참여형
태를 알아보고자 '방학 중·학기 중 언제 참여하는지', 활동 간격
은 '정기적·비정기적'인지, 그리고 개별적·단체 중 '누구와 활동

을 하는지'로 구성하였다.

따라서 학교에서 단체로 실시할 때만 참여해서 20시간만 채운 후 본인의 의지로 더 이상 지속해 본적이 없는 청소년들은 중단집단에 속하고, 의무시간 이외에 본인의 의지로 (학기와 방학 중에 정기·비정기적으로 연중 참여하면서 개별적·단체로) 30시간 이상 자원봉사활동을 실천하고 있는 청소년은 지속 집단에 속한다.

2) 독립 변인

(1) 미시체계 개인요인

자원봉사활동 지속 여부에 미시체계 개인요인이 미치는 영향을 알아보고자 학년, 성별, 종교, 성적, 도덕성, 자원봉사 참여 동기, 자원봉사활동에 대한 인식 등 스물여섯 문항으로 구성되었다.

개인요인 중 학년과 성별은 본 연구의 객관성을 유지하기 위해 고려된 사항으로써 학년에 있어서 1학년의 경우 고교에 입학한 지 아직 1년이 지나지 않아 예비조사의 결과로 볼 때 방학을 이용해서 주로 활동을 한다는 점에서 겨울방학에 자원봉사활동을 실천하려는 청소년이 포함되지 않았다는 점에서 제외하고, 2, 3학년을 대상으로 실시하였다. 또한 남자와 여자의 비율을 동일하게 하였다.

첫째, 종교는 '없다'와 '있다'로 구분하여 종교 유무에 따른 지속의 차이를 알고자 하였다.

둘째, 학교 성적은 학급 석차를 기준으로 '상', '중', '하'로 응답하게 함으로써 성적이 지속에 미치는 영향을 분석하고자 하였다.

셋째, 도덕성 정도를 측정하였다. 청소년의 도덕성이란 정직, 봉사, 절제, 관용, 성실 등과 같은 덕목이다. 이러한 도덕성을 측정하기 위해 Wrightman(1974)과 Berkowitz와 Lutterman(1968)의 척도를 기초로 도덕성 척도를 재구성한 조학래(1996)의 설문 문항 중 여덟 문항을 선정하고 고등학생들에게 적합하게 수정하여 사용하였다. 원척도의 신뢰도 계수 alpha는 .78이다. 이타성과 사회적 책임성으로 구성된 도덕성 척도는 5점 Likert 척도로서 1점은 '전혀 그렇지 않다'에서 5점은 '매우 그렇다'로 자기 보고식 평정을 하도록 되어 있다. 최저 8점에서 최고 40점으로서 5, 6, 8, 11의 문항은 '매우 그렇다'를 선택하여 점수가 높을수록 도덕성이 높다는 것을 의미한다. 그러나 7, 9, 10, 12번 문항은 역채점 문항으로서 반대로 '전혀 그렇지 않다'를 선택하여 점수가 높을수록 도덕성이 높다는 것을 의미한다.

넷째, 자원봉사활동 참여 동기 정도를 측정하였다.

자원봉사활동 참여 동기란 일반적 이론가들은 이타적 동기이론과 이기적 동기이론의 측면에서 동기를 분석해 왔다. 그러나 학습성의 측면에서 이루어지는 청소년자원봉사활동의 경우 각기 동기적 영향의 단일 측면에만 초점을 두고 분석하기에는 다소 무리가 따르기 때문에 본 연구에서는 이들 양 측면의 상호 작용을 고려했다. 즉 자원봉사자의 동기나 과정, 결과에 있어 자원봉사자 자신의 이익이나 명예를 먼저 생각하지 아니하고 도움의 대상자를 먼저 생각하는 행동(김범수 외, 2003)이라면 이를 이타성으로 보았고, 자신의 이익을 우선시하였거나 타인을 고려하지 아니한 동기를 이기적인 것으로 보았다.

이러한 자원봉사활동 동기에 대한 측정도구는 서울특별시립 청소년진흥센터(2006)의 설문 여덟 문항을 사용하였다. 원척도의 신뢰도 계수 alpha는 .77이다. 참여 동기에 대한 척도는 5점 Likert 척도로서 1점은 '전혀 그렇지 않다'에서 5점은 '매우 그렇다'로 자기 보고식 평정을 하도록 되어 있다. 최저 8점에서 최고 40점으로서 15~20번 문항은 '매우 그렇다'를 선택하여 점수가 높을수록 참여 동기가 이타적임을 의미한다. 그러나 13, 14번 문항은 역채점 문항으로서 반대로 '매우 그렇다'고 응답할 경우 자원봉사활동 동기가 이타적이지 못함을 의미한다.

다섯째, 자원봉사활동 인식 정도에 대해 측정하였다. 자원봉사활동 인식이란 청소년자원봉사활동을 무엇이라고 생각하는가를 말한다. 이것에 대한 측정 도구는 서울특별시립 청소년진흥센터(2006)의 설문 여섯 문항을 사용하였다. 원척도의 신뢰도 계수 alpha는 .77이다. 인식에 대한 척도는 5점 Likert 척도로서 1점은 '전혀 그렇지 않다'에서 5점은 '매우 그렇다'로 자기 보고식 평정을 하도록 되어 있다. 최저 6점에서 최고 30점으로서 21, 22, 23번 문항에서 '매우 그렇다'라고 응답할 경우 봉사활동을 긍정적으로 인식하는 것이며, 24, 25, 26번 문항은 반대로 '매우 그렇다'라고 응답할 경우 봉사활동을 부정적으로 인식하는 것이다.

(2) 미시체계 가정요인

자원봉사활동 지속 여부에 미시체계 가정요인이 미치는 영향을 알아보고자 부모의 자원봉사활동 참여 및 경험 유무, 자원봉사에 대한 부모의 관심과 지지 정도, 부모의 교육 수준, 가정생활 수준 등 일곱 문항으로 구성되었다.

첫째, 부모의 자원봉사활동 참여 및 경험 유무에 대해 측정하였다. 여기서 말하는 부모의 자원봉사활동 참여 및 경험은 부모가 자원봉사활동을 참여한 경험이 있거나 현재 참여하고 있는지를 말한다. 이것에 대한 측정도구는 권순미(2001)의 설문 문항을 사용하였다. 원척도의 신뢰도 계수 alpha는 .768이다. 참여 동기에 대한 척도는 3점 Likert 척도로서 1점은 '참여하신 적이 없다', 2점은 '참여하신 적이 있다', 3점은 '현재 참여하고 계시다'로 되어 있다. 점수가 높을수록 부모가 자원봉사활동을 실천하는 모습을 보며 학습된다는 것을 의미한다.

둘째, 부모의 관심과 지지 정도를 측정하였다. 부모의 관심과 지지란 청소년들이 자원봉사활동을 실천하는 것에 대해 부모가 관심을 가지고 칭찬과 격려로 지지해 주는 것을 의미한다. 이것에 대한 측정도구는 권순미(2001)가 제작한 설문 문항을 사용하였다. 원척도의 신뢰도 계수 alpha는 .768이다. 모두 세 문항이고 5점 Likert 척도로서 1점은 '전혀 그렇지 않다'에서 5점은 '매우 그렇다'로 자기 보고식 평정을 하도록 되어 있다. 최저 3점에서 최고 15점으로서 점수가 높을수록 자원봉사에 대한 부모의 관심과 지지를 받고 있다는 것을 의미한다.

셋째, 부모의 교육과 가정생활 수준을 측정하였다. 부모의 교육은 부모의 최종학력을 의미하며, 가정생활 수준은 가정의 경제적 여건을 말한다. 이러한 부모의 교육과 가정생활 수준에 대해 알아보기 위해서는 부모의 학력은 '중졸 이하', '고졸', '전문대졸 이상'으로 구성하였다. 가정생활 수준은 '매우 못사는 편이다'에서 '매우 잘사는 편이다'로 가정 형편에 따른 영향력을 알아보고자 한다.

(3) 중간체계 학교요인

자원봉사활동 지속 여부에 중간체계 학교요인이 미치는 영향을 알아보고자 자원봉사활동에 대한 정기적인 교육 정도, 학교와 담임교사의 관심과 권장 정도, 학교 내 자원봉사활동 도움 부서체계 정도 등 세 문항으로 구성되었다.

여기서 말하는 자원봉사활동에 대한 정기적인 교육 정도는 학교에서 교육과정에 편성된 봉사활동 교육시간을 통해 교육을 받았는지를 말한다. 그리고 학교와 담임교사의 관심과 권장 정도는 담임교사나 교과 담당교사를 비롯한 학교가 자원봉사활동에 대한 적극적인 분위기 조성이 이루어지는 상태에서 자원봉사활동을 권장하는 것을 의미한다. 또한 학교 내 자원봉사활동 도움 부서체계란 학교 내의 공식적인 기구 안에 자원봉사를 전담하는 부서나 담당교사가 설치 배정되어 있는지를 말한다. 자원봉사활동에 대한 학교적 여건을 측정하기 위한 측정도구는 김혜숙(2002)이 제작한 설문을 사용하였다. 원척도의 신뢰도 계수 alpha는 .85이다. 학교요인에 대한 척도는 5점 Likert 척도로서 1점은 '전혀 그렇지 않다'에서 5점은 '매우 그렇다'로 자기 보고식 평정을 하도록 되어 있다. 최저 3점에서 최고 15점으로서 점수가 높을수록 학교지원체계와 분위기 조성이 적극적이라는 것을 의미한다.

(4) 거시체계 기관요인

자원봉사활동 지속 여부에 거시체계 기관요인이 미치는 영향을 알아보고자 자원봉사활동 경험기관에서의 교육 유무, 자원봉사활동 기관에서 받은 교육의 효과성, 자원봉사활동 직무배치 방식과 업무내용의 만족 정도, 자원봉사 담당 관리자에 대한 만족 정도 등 열다섯 문항으로 구성되었다.

첫째, 자원봉사활동 직무배치 방식과 업무내용의 만족 정도를 측정하였다. 자원봉사활동 직무 배치 방식이란 청소년자원봉사자가 봉사활동의 목적으로 기관을 방문하였을 경우 담당자가 활동 업무를 기관의 필요를 따라 일방적으로 배치해 주는가 아니면 여러 활동거리 중 자원봉사자의 의사를 반영하여 직무를 배치하는가를 말한다. 또한 업무 내용의 만족이란 기관에서 자원봉사활동을 마치고 난 후 느끼는 만족감을 의미한다. 이러한 자원봉사활동 직무 배치 방식과 업무 내용의 만족 정도를 측정하기 위해 김숙경(2002)이 제작한 설문을 사용하였다. 원척도의 신뢰도 계수 alpha는 .80이다. 모두 여섯 문항이고 5점 Likert 척도로서 1점은 '전혀 그렇지 않다'에서 5점은 '매우 그렇다'로 자기 보고식 평정을 하도록 되어 있다. 최저 6점에서 최고 30점으로서 점수가 높을수록 직무 배치 방식과 업무 내용에 만족도가 높다는 것을 의미한다.

둘째, 자원봉사활동을 경험한 기관의 담당 관리자에 대한 만족 정도를 측정하였다. 여기서 말하는 담당 관리자에 대한 만족이란 자원봉사활동을 수행하는 동안 담당 관리자의 태도와 관계에 만족하였는지를 말하는 것이다. 이러한 자원봉사활동을 경험한 기관의 담당 관리자에 대한 만족 정도를 측정하기 위해 권순미(2001)가 제작한 설문을 사용하였다. 원척도의 신뢰도 계수 alpha는 .768이다. 모두 일곱 문항이고 5점 Likert 척도로서 1점은 '전혀 그렇지 않다'에서 5점은 '매우 그렇다'로 자기 보고식 평정을 하도록 되어 있다. 최저 7점에서 최고 35점으로서 점수가 높을수록 자원봉사활동을 경험한 기관의 담당 관리자에 대한 만족 정도가 높다는 것을 의미한다.

3. 자료 분석 방법

총 수집 자료는 1,200부이며, 이 중 응답이 충실하지 않아 분석에 적합하지 않은 자료를 제외하여 최종 분석에 총 1,080부가 사용되었다. 수집된 자료는 SPSS를 이용하여 통계처리되었으며, 빈도분석(Frequency Analysis)과 로지스틱 회귀분석(Logistic Regression)을 실시한다. 자원봉사활동 지속 여부에 따른 독립변인들의 상대적인 영향력을 알아보기 위해 각 요인들 각각과 둘, 셋의 요인을 통제하여 영향력을 파악하여 자원봉사자들의 지속에 영향을 미치는 요인은 무엇인가를 알고자 한다.

4. 연구가설 및 분석모형

본 연구는 청소년자원봉사활동의 지속 여부에 영향을 미치는 요인을 알아보고자 연구가설을 설정하고 <그림 1>과 같은 연구모형을 설정하였다.

연구가설은 다음과 같다.
<가설 1> 개인요인은 청소년자원봉사활동 지속에 영향을 미칠
　　　　 것이다.
1-1 종교가 있는 청소년이 자원봉사활동을 더 많이 지속할 것
　　　 이다.
1-2 성적이 낮을수록 자원봉사활동을 지속할 것이다.
1-3 도덕성이 높을수록 자원봉사활동을 지속할 것이다.
1-4 참여 동기가 이타적일수록 자원봉사활동을 지속할 것이다.

1-5 자원봉사에 대한 인식이 긍정적일수록 자원봉사활동을 지속할 것이다.

<가설 2> 가정요인은 청소년자원봉사활동 지속에 영향을 미칠 것이다.

2-1 부모가 자원봉사활동에 참여 및 경험이 있을수록 자원봉사활동을 지속할 것이다.

2-2 자원봉사활동에 대한 부모의 관심과 지지를 많이 받을수록 자원봉사활동을 지속할 것이다.

2-3 부모의 교육 수준이 높을수록 자원봉사활동을 지속할 것이다.

2-4 부모의 가정생활 수준이 높을수록 자원봉사활동을 지속할 것이다.

<가설 3> 학교요인은 청소년자원봉사활동 지속에 영향을 미칠 것이다.

3-1 학교에서 정기적으로 자원봉사활동에 대한 사전 교육을 받을수록 자원봉사활동을 지속할 것이다.

3-2 학교와 담임교사의 자원봉사활동 권장을 받을수록 자원봉사활동을 지속할 것이다.

3-3 학교 내 자원봉사활동을 관장하는 부서체계의 도움이 클수록 자원봉사활동을 지속할 것이다.

<가설 4> 기관요인은 청소년자원봉사활동 지속에 영향을 미칠 것이다.

4-1 자원봉사활동 기관에서 자원봉사활동 업무에 대한 사전 교

육을 받을수록 자원봉사활동을 지속할 것이다.

4-2 자원봉사활동 직무 배치 방식과 업무 내용의 만족 정도가 높을수록 자원봉사활동을 지속할 것이다.

4-3 자원봉사활동을 경험한 기관의 자원봉사 관리자에 대한 만족도가 높을수록 자원봉사활동을 지속할 것이다.

연구분석 모형은 다음과 같다.

청소년의 개인요인, 가정요인, 학교요인, 그리고 기관요인을 독립변수로 하고, 자원봉사활동의 지속을 종속변수로 하였다.

<그림 1> 연구모형

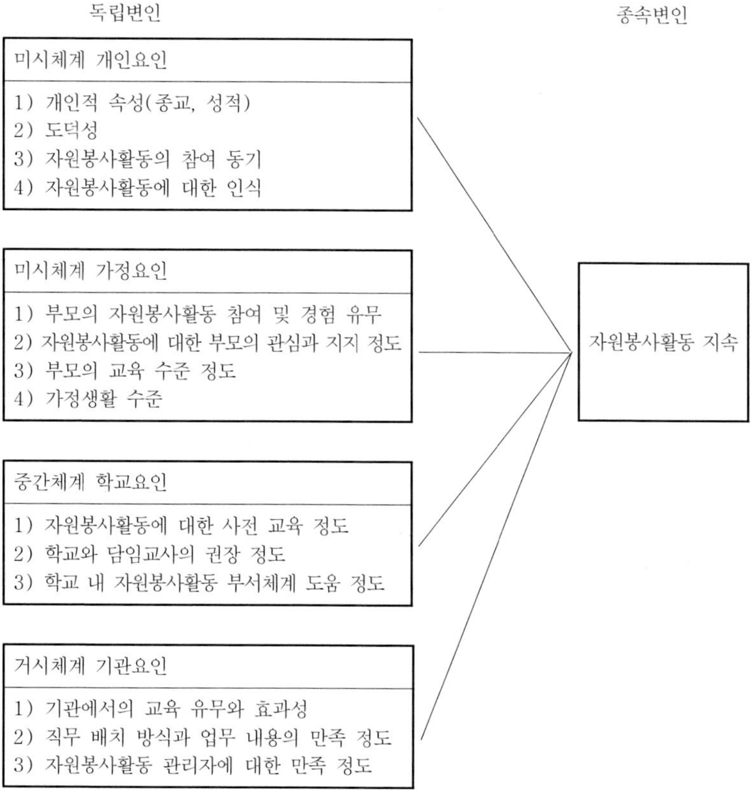

독립변인

미시체계 개인요인
1) 개인적 속성(종교, 성적) 2) 도덕성 3) 자원봉사활동의 참여 동기 4) 자원봉사활동에 대한 인식

미시체계 가정요인
1) 부모의 자원봉사활동 참여 및 경험 유무 2) 자원봉사활동에 대한 부모의 관심과 지지 정도 3) 부모의 교육 수준 정도 4) 가정생활 수준

중간체계 학교요인
1) 자원봉사활동에 대한 사전 교육 정도 2) 학교와 담임교사의 권장 정도 3) 학교 내 자원봉사활동 부서체계 도움 정도

거시체계 기관요인
1) 기관에서의 교육 유무와 효과성 2) 직무 배치 방식과 업무 내용의 만족 정도 3) 자원봉사활동 관리자에 대한 만족 정도

종속변인

자원봉사활동 지속

제5장 연구결과 분석

1. 연구대상자의 특성

1) 개인적 특성

본 연구의 조사 대상자는 서울 시내 고등학교 2~3학년 청소년 1,080명을 표본으로 연구되었으며 개인적 특성을 살펴보면 <표 15>과 같다.

<표 15> 연구 대상자의 개인적 특성

변수	항목	%	빈도
성별	남자	50.0	540
	여자	50.0	540
학년	2학년	56.5	610
	3학년	43.5	470
종교	없다	45.6	492
	있다	54.4	588
성적	하	18.6	201
	중	60.2	650
	상	21.2	229
전체		100	1,080

먼저 조사 대상자의 성별 분포를 보면 '남자' 50%, '여자' 50%로 남녀의 비율이 동일하게 표집되었다.

학년별로 보면 '2학년'이 56.5%, '3학년'이 43.5%의 비율을 차지하고 있었다.

종교를 살펴보면, '있다'가 54.4%, '없다'가 45.6%로 나타났다.

성적분포를 살펴보면, '보통' 정도가 60.2%로 가장 많았고, '잘 하는 편이다'가 21.2%, '못 하는 편이다'가 18.6%로 조사되었다.

2) 청소년들이 자원봉사활동을 지속하는 형태

가설 설정 단계에서는 언급되지 않았지만, 의무적인 자원봉사활 동 외에 자원봉사활동을 지속하고 있다고 응답한 집단에 대해서 <표 16>과 같이 다음의 질문을 추가적으로 조사하였다.

<표 16> 자원봉사활동을 지속하는 형태

변수	지속형태	%	빈도
언제 하는가?	방학 중	85.4	461
	학기 중	14.6	79
활동 주기는	수시로(비정기적으로)	80.9	437
	정기적으로	19.1	103
누구와 함께 하는가?	개별적으로 봉사활동함.	71.5	386
	단체(동아리)로 봉사활동함.	28.5	154
합계		100	540

언제 자원봉사활동을 하는가에 대해서는 '학기 중'에 실시하는 청소년이 14.6%인 것에 반해, '방학 중'에 실시하는 경우는 85.4% 로 절대 다수가 방학 중에 실시하는 것으로 나타났다.

자원봉사활동 주기는 어떠한가에 대해서는 '정기적으로' 실시하 는 청소년은 19.1%에 불과한 반면, '수시로 비정기적으로' 실시하 는 경우는 80.9%로 매우 높게 나타났다.

자원봉사활동을 누구와 함께하는가에 대해서는 '동아리나 단체 로' 실시하는 청소년은 28.5%에 불과한 반면, '개별적으로' 실시하 는 경우는 71.5%를 차지하고 있다.

2. 미시체계 개인요인과 청소년자원봉사활동 지속과의 관계

자원봉사활동 지속에 영향을 미치는 개인요인은 종교, 성적, 도덕성, 참여 동기, 자원봉사활동에 대한 인식으로 구성되었다. 우선 지속 참여와 지속 안 함으로 구분하여 개인요인에 따라 지속에 어떠한 차이가 있는지에 대해 살펴보고자 한다.

앞에서 설정한 <가설 1-1> 종교가 있는 청소년이 자원봉사활동을 더 많이 지속할 것이다. <가설 1-2> 성적이 낮을수록 자원봉사활동을 지속할 것이다. <가설 1-3> 도덕성이 높을수록 자원봉사활동을 지속할 것이다. <가설 1-4> 참여 동기가 이타적일수록 자원봉사활동을 지속할 것이다. <가설 1-5> 자원봉사에 대한 인식이 긍정적일수록 자원봉사활동을 지속할 것이다를 검증하였다.

미시체계의 하위 요인들 간의 상호 작용을 고려하여, 로지스틱

<표 17> 미시체계 개인요인이 청소년자원봉사활동 지속 여부에 미치는 영향:
지속 참여함(VS 지속 안 함)

변수	B	Exp(B) = odds[24]
상수	−3.463(.553)	
종교 있음(VS 종교 없음)	.166(.128)	1.181
학교 성적		
− 학교 성적 중(VS 하)	.450**(.172)	1.568
− 학교 성적 상(VS 하)	.789***(.210)	2.201
3학년(VS 2학년)	.075(129)	1.078
개인의 도덕성	.353**(.141)	1.424
자원봉사활동 동기(이타성)	.731***(.126)	2.076
자원봉사활동에 대한 인식(긍정성)	−.098(.150)	.907
카이제곱	86.017	
자유도	7	
유의확률	.000	

주 1. 각 변수의 상위 숫자는 회귀 계수(B), 하위 숫자는 표준 오차임
주 2. ***: p<.000, **: p<.01, *: p<.05

회귀분석으로 미시체계의 개인요인이 자원봉사활동 지속 여부에 미치는 영향을 분석한 결과는 <표 17>과 같다.

<가설 1 - 1> 종교가 있는 청소년이 자원봉사활동을 더 많이 지속할 것이다.

먼저 가설 1 - 1을 검증한 결과, 영가설을 기각할 수 없으므로 종교가 청소년자원봉사활동 지속에 영향을 미치지 못한다고 볼 수 있다(B = .166). 따라서 연구가설 1 - 1은 지지되지 못한다. 종교 유무와의 관계에서는 지속 안 함(47.3%)보다는 지속 참여함(52.7%)이 다소 높게 나타났지만 유의미한 영향력은 미치지 못한 것으로 나타났다.

이러한 연구 결과는 종교가 생활 속에서 가르침을 실천하도록 가르치고 있어 종교는 자원봉사활동의 지속성에 영향을 미친다는 Pancer와 Pratt(1999)의 이론과, 오영석(2005)의 연구(종교가 있는 청소년 56.8%, 종교가 없는 청소년 50.2%)가 가설을 지지해 주지만, 정한숙(1997)의 연구에 의하면 종교인들이 이타적 동기가 높기 때문에 참여한다기보다는 교회의 권위에 복종하고 가르침에 부응하기 위한 것이므로 자율적인 조건에서 종교는 크게 영향을 미치지 못한다는 연구가 이러한 결과의 이유를 설명해 준다.

<가설 1 - 2> 성적이 낮을수록 자원봉사활동을 지속할 것이다.

<가설 1 - 2>를 검증한 결과, 학교 성적이 '상'(B = .789***)이나

---

24) p: 봉사활동을 지속할 확률/odds = p/(1 - p): 지속할 확률을 지속하지 않을 확률로 나눈 값(김두성 · 강남준, 2000).

'중'(B = .450**)일 경우는 '하'일 경우보다 청소년이 자원봉사활동을 지속할 가능성이 높게 나타났다. 구체적으로 다른 개인요인들의 영향을 통제할 경우, 학교성적이 '상'일 경우가 '하'일 경우보다 자원봉사활동을 지속할 odds가 2.201(= Exp(B))배 증가하며, '중'일 경우가 '하'일 경우보다 자원봉사활동을 지속할 odds는 1.568배 증가한다.

이러한 연구결과는 시간의 부족이 자원봉사활동을 지속하는 데 저해요인이라는 Pancer와 Pratt(1999)의 이론을 근거로 성적이 대학 진학에 중요한 요인으로 작용하는 우리나라 입시 현실에서 성적을 중요시하는 청소년은 공부하는 데 많은 시간을 할애해야 하므로 자원봉사활동에 대한 시간이 부족하여 지속할 확률이 낮을 것이라고 예상하였다. 그러나 지속하는 경우는 성적이 우수한 청소년이 더 많았다는 오영석(2005)의 연구(중·상위권 청소년 47.1%, 하위권 청소년 45.8%)가 본 연구결과를 지지해 준다. 이것은 성적이 우수한 청소년일수록 다른 요인들이 더 긍정적으로 작용한 것으로 본다.

<가설 1 - 3> 도덕성이 높을수록 자원봉사활동을 지속할 것이다.

<가설 1 - 3>을 검증한 결과, 개인의 도덕성이 높을수록 청소년들이 자원봉사활동을 지속할 확률이 높아진다(B = .353**). 구체적으로 다른 개인요인들의 영향을 통제할 경우, 도덕성이 1단위 증가할수록 청소년들이 자원봉사활동을 지속할 odds가 1.424배 증가하고, 동기의 이타성이 1단위 증가할수록 청소년들이 자원봉사활동을 지속할 odds가 2.076배 증가한다.

이러한 연구결과는 청소년을 대상으로 도덕적 행동을 연구한 결

과 돕기, 친절, 공유, 협동과 같은 행동을 많이 할수록, 훔치기, 속이기, 거짓말, 약물남용 등을 적게 한다는 Bandura(1996)의 이론과 친사회적 행동과 규칙 위반 행동 간에 부적 상관관계가 있다는 김경연·하영희(1998)의 도덕성 이론이 본 연구결과에 대한 이유를 설명해 준다. 또한 김종오(2003)의 연구에서 도덕성이 높은 집단(평균 2.9403)은 도덕성이 낮은 집단(평균 2.4574)[25]에 비해 중도 탈락률이 낮게 나타났다는 사실이 본 연구가설을 지지해 준다. 그러므로 도덕성이 높은 청소년은 자아성숙과 자아존중감이 높기 때문인 것으로 본다.

<가설 1 - 4> 참여 동기가 이타적일수록 자원봉사활동을 지속할 것이다.

<가설 1 - 4>를 검증한 결과, 청소년의 자원봉사활동 동기의 이타적 정도가 높을수록 청소년들이 자원봉사활동을 지속할 확률이 높아진다(B = .731***).

이러한 연구결과는 자원봉사활동 참여 동기의 이타성에 따른 지속 여부가 결정된다는 조휘일(1990)의 연구가 이러한 결과의 이유를 설명해 준다. 이것은 청소년들이 의무적으로 참여하고는 있지만 자원봉사활동에 대한 이타적인 동기가 높게 작용하는 것으로 본다.

---

25) sig. 값이 .012로 p<.05 수준에서 통계적으로 유의미한 차이를 보였다. 이것은 자원봉사활동을 중단하는 청소년들이 지속하는 청소년들에 비해 도덕성이 낮은 것으로 해석할 수 있다.

<가설 1－5> 자원봉사에 대한 인식이 긍정적일수록 자원봉사활동을 지속할 것이다.

<가설 1－5>를 검증한 결과, 영가설을 기각할 수 없으므로 자원봉사활동에 대한 긍정적인 인식 정도가 청소년자원봉사활동 지속에 영향을 미치지 못한다고 볼 수 있다(B =－.098). 따라서 연구 <가설 1－5>는 지지되지 못한다.

이러한 연구결과는 자원봉사활동에 대한 인식 정도가 높을수록 자원봉사에 참여할 확률이 높다(62.3%)는 서울특별시립 청소년진흥센터(2006)의 연구 결과와는 상반되게 나타났다. 이것은 자원봉사활동에 대한 인식보다는 다른 요인들이 더 크게 작용한 것으로 본다.

따라서 <가설 1－2>, <가설 1－3>, <가설 1－4>는 통계적으로 지지되었고, <가설 1－1>, <가설 1－5>는 지지될 수 없다.

3. 미시체계 가정요인과 청소년자원봉사활동 지속과의 관계

자원봉사활동 지속에 영향을 미치는 가정요인은 부모의 자원봉사활동 참여 및 경험 유무, 자원봉사활동에 대한 부모의 관심과 지지 정도, 부모의 교육 수준 정도, 가정생활 수준으로 구성되었다. 지속 참여와 지속 안 함으로 구분하여 가족요인에 따라 지속에 어떠한 차이가 있는지에 대해 살펴보고자 한다.

앞에서 설정한 <가설 2－1> 부모가 자원봉사활동에 참여 및 경험이 있을수록 자원봉사활동을 지속할 것이다. <가설 2－2> 자원봉사활동에 대한 부모의 관심과 지지를 많이 받을수록 자원봉사활동을 지속할 것이다. <가설 2－3> 부모의 교육 수준이 높을수록 자원봉사활동을 지속할 것이다. <가설 2-4> 부모의 가정생활 수준이 높을수록 자원봉사활동을 지속할 것이다를 검증하였다.

로지스틱 회귀분석으로 미시체계의 가정요인이 자원봉사활동 지속 여부에 미치는 영향을 분석한 결과는 <표 18>와 같다.

<표 18> 미시체계 가정요인이 자원봉사활동 지속 여부에 미치는 영향:
지속 참여함(VS 지속 안 함)

변수	B	Exp(B)
상수	-2.479(.417)	.084
부모의 자원봉사활동 참여		
-참여한 적 있음(VS 경험 없음)	.234(.144)	1.263
-현재 참여하고 있음(VS 경험 없음)	.416*(.207)	1.515
부모의 지지	.392***(.075)	1.479
아버지학력		
-고졸(VS 중졸 이하)	.409(.357)	1.505
-전문대졸 이상(VS 중졸 이하)	.695(.363)	2.004
어머니 학력		
-고졸(VS 중졸 이하)	.042(.295)	1.043
-전문대졸 이상(VS 중졸 이하)	-.034(.310)	.966
생활수준	.215**(.080)	1.239
카이제곱	81.735	
자유도	8	
유의확률	.000	

주 1. 각 변수의 상위 숫자는 회귀계수(B), 하위 숫자는 표준 오차임
주 2. ***: p<.000, **: p<.01, *: p<.05

<가설 2-1> 부모가 자원봉사활동에 참여 및 경험이 있을수록
자원봉사활동을 지속할 것이다.

<가설 2-1>을 검증한 결과, 영가설을 기각할 수 없으므로 부모의 자원봉사활동 '참여경험 유무'가 청소년자원봉사활동 지속에 영향을 미치지 못한다고 볼 수 있다(B=.234). 따라서 연구가설 2-1

은 지지되지 못한다. 하지만, 부모가 '현재 자원봉사활동에 참여하고 있다'면 부모가 자원봉사활동 경험이 없을 경우보다 청소년이 자원봉사활동을 지속할 가능성이 높아지는 것으로 검증되었다(B =.416*). 구체적으로 다른 가족요인들의 영향을 통제할 경우, 부모가 현재 자원봉사활동에 참여하고 있다면 부모가 자원봉사활동 참여 경험이 없는 경우보다 청소년이 자원봉사활동을 지속할 odds가 1.515배 증가한다.

이러한 연구 결과는 현재 부모가 자원봉사활동 참여의 모델을 제공해 주는 가정적 분위기에서 청소년들이 지속적으로 자원봉사활동에 참여하게 된다는 Pancer와 Pratt(1999)의 이론과 Bandura의 부모를 흉내 낼 때, 새로운 행동을 즉각적으로 재현한다(김동일 외, 2000; 변영계, 2004; 이인정·최해경, 1995)는 이론, 그리고 부모가 자원봉사활동에 참여한 경험이 있는 참여자의 지속률이 높다는 (56%) 장상근(2005)의 연구가 이러한 결과의 이유를 설명해 준다. 이것은 부모의 후원 및 자원봉사활동 경험이 언어적 설득이나 교훈보다 청소년의 행동 및 사고와 감정의 변화에 결정적 역할을 할 수 있어서 이런 가정적 분위기가 청소년들이 지속적으로 자원봉사활동에 참여하게 되는 요인으로 본다.

<가설 2-2> 자원봉사활동에 대한 부모의 관심과 지지를 많이 받을수록 자원봉사활동을 지속할 것이다.

<가설 2-2>를 검증한 결과, 부모가 자원봉사활동에 대해서 지지하는 정도가 높아질수록 청소년이 자원봉사활동을 지속할 확률이 높아지는 것으로 나타났다(B =.392**). 구체적으로 다른 가족요

인들의 영향을 통제할 경우, 부모의 자원봉사활동 지지도가 1단위 증가할수록 청소년이 자원봉사활동을 지속할 odds는 1.479배 증가하다.

이러한 연구 결과는 사회화의 주도적 역할을 하는 부모들의 자기 자녀들의 이타적 행동에 대한 지지는 자녀들의 사회적 행동에 영향력을 크게 미친다는 Staub(1978), Rosenhan(1970)의 이론이 본 연구가설을 지지해 준다. 이는 사회적으로 존중받는 행동인 자원봉사가 부모를 통해서 내면화되기 때문인 것으로 본다.

<가설 2-3> 부모의 교육 수준이 높을수록 자원봉사활동을 지속할 것이다.

<가설 2-3>을 검증한 결과, 영가설을 기각할 수 없으므로 부모의 교육 수준의 차이가 청소년의 자원봉사활동 지속에 영향을 미치지 않는다고 볼 수 있다(B = .695). 따라서 연구 <가설 2-3>은 지지되지 못한다.

이러한 연구결과는 학력이 높을수록 자원봉사활동의 참여도 및 자원봉사활동의 수행도, 기여도, 성취도 등이 높기 때문에 학력이 높은 부모를 둔 자녀도 그 영향을 받는다는 Smith(1994)의 연구와 Pancer · Pratt(1999)의 연구결과는 본 연구를 뒷받침해 주지 못하고 있다. 즉 부모의 교육 수준이 청소년자원봉사활동의 인식과 관계가 없었다. 이것은 부모의 교육 수준보다는 부모의 직업과 다른 요인이 더 크게 작용하는 것으로 본다.

<가설 2 - 4> 부모의 가정생활 수준이 높을수록 자원봉사활동을
지속할 것이다.

가설 2 - 4를 검증한 결과, 가정생활 수준이 높을수록 청소년이
자원봉사활동을 지속할 가능성이 높은 것으로 검증되었다(B = .215**).
구체적으로 다른 가족요인들의 영향을 통제할 경우, 생활수준이 1
단위 증가할수록 청소년이 자원봉사활동을 지속할 odds는 1.239배
증가한다.

이러한 연구 결과는 가정의 소득수준이 높을수록 자원봉사활동
참여가 높다는 Pancer와 Pratt(1999)의 이론과 청소년자원봉사활동
자 중 가정생활 수준이 높은 청소년(64%)일수록 지속률이 높다는
임정모(2004)의 연구가 본 연구 결과를 지지해 준다. 이는 가정생
활이 여유가 있을수록 이웃을 생각할 여유도 더 많다는 것을 알 수
있다.

따라서 <가설 2 - 2>, <가설 2 - 4>는 통계적으로 지지되었고,
<가설 2 - 1>, <가설 2 - 3>은 지지될 수 없다.

4. 중간체계 학교요인과 청소년자원봉사활동 지속과의 관계

자원봉사활동 지속에 영향을 미치는 학교요인은 청소년들이 대
부분의 시간을 보내면서 생활하고 있다는 점에서 중요한 요인으로
작용할 것이다.

지속에 영향을 미치는 중간체계로서의 주된 학교요인으로는 학
교에서 정기적으로 자원봉사활동에 대한 사전 교육 정도, 자원봉사
활동에 대한 학교와 담임교사의 정보 제공과 권장 정도, 학교 내

자원봉사활동을 관장하는 부서체계 유무와 도움 정도로 구성되었다. 지속 참여와 지속 안 함으로 구분하여 학교요인에 따라 지속에 어떠한 차이가 있는지에 대해 살펴보고자 한다.

앞에서 설정한 <가설 3-1> 학교에서 정기적으로 자원봉사활동에 대한 사전 교육을 받을수록 자원봉사활동을 지속할 것이다. <가설 3-2> 학교와 담임교사의 자원봉사활동 권장을 받을수록 자원봉사활동을 지속할 것이다. <가설 3-3> 학교 내 자원봉사활동을 관장하는 부서체계의 도움이 클수록 자원봉사활동을 지속할 것이다를 검증하였다.

로지스틱 회귀분석으로 중간체계의 각 학교요인이 자원봉사활동 지속 여부에 미치는 영향을 분석한 결과는 <표 19>과 같다.

<표 19> 중간체계 학교요인이 청소년자원봉사활동 지속 여부에 미치는 영향:
지속 참여함(VS 지속 안 함)

변수	B	Exp(B)
상수	-5.682(.366)	
정기적 사전 교육 정도	.366**(.115)	1.442
정보 제공과 권장 정도	.804***(.105)	2.235
지원 체계와 도움 정도	.902***(.115)	2.463
카이제곱	505.508	
자유도	3	
유의확률	.000	

주 1. 각 변수의 상위 숫자는 회귀계수(B), 하위 숫자는 표준 오차임
주 2. ***: p<.000, **: p<.01, *: p<.05

<가설 3 - 1> 학교에서 정기적으로 자원봉사활동에 대한 사전 교육을 받을수록 자원봉사활동을 지속할 것이다.

가설 3 - 1을 검증한 결과, 학교의 정기적인 사전 교육 정도가 높을수록 청소년들이 자원봉사활동을 지속할 확률이 높아진다(B = .366**). 구체적으로 다른 학교요인들의 영향을 통제할 경우, 사전 교육 수준이 1단위 증가할수록 청소년이 자원봉사활동을 지속할 odds는 1.442배 증가한다.

이러한 연구 결과는 자원봉사활동에 참여하는 청소년 중 대다수가 학교에서 사전 교육을 받은 경험이 있다(90%)는 오영석(2005)의 연구와 지속자 중 학교에서 자원봉사활동에 대한 교육을 받은 경우(66.7%)가 지속률이 높다는 임정모(2004)의 연구가 본 연구결과를 지지해 준다. 이것은 학교 교육과정 중 봉사활동 시간을 통하여 정기적으로 봉사활동에 대한 교육을 실시한 것이 자원봉사활동을 실천하는 데 도움이 되는 것으로 본다.

<가설 3 - 2> 학교와 담임교사의 자원봉사활동 권장을 받을수록 자원봉사활동을 지속할 것이다.

<가설 3 - 2>를 검증한 결과, 학교와 교사의 자원봉사활동 관련 정보 제공과 권장의 수준이 높을수록 청소년들이 자원봉사활동을 지속할 확률이 높아진다((B = .804***). 구체적으로 다른 학교요인들의 영향을 통제할 경우, 교사의 정보 제공과 권장 정도가 1단위 증가할 경우 청소년이 자원봉사활동을 지속할 odds는 2.235배 증가한다.

이러한 연구 결과는 청소년자원봉사활동 지속자 중 자원봉사활

동에 관심을 가지는 학교 분위기(67%)와 담임교사의 지지(53.3%)가 클수록 지속률이 높다는 임정모(2004)의 연구가 본 연구결과를 지지해 준다. 이것은 청소년들의 많은 시간 동안 생활하는 학교의 자원봉사활동에 대한 분위기와 담임교사가 조·종례 시간과 학급회의 등을 통해 권장하고, 교과담당 교사가 수업시간을 통해 권장하는 것이 효과가 크다는 사실을 보여주고 있다.

<가설 3-3> 학교 내 자원봉사활동을 관장하는 부서체계의 도움이 클수록 자원봉사활동을 지속할 것이다.

<가설 3-3>을 검증한 결과, 학교 내의 자원봉사활동 지원부서의 도움 수준이 높을수록 청소년들이 자원봉사활동을 지속할 가능성이 높아진다($B = .902***$). 구체적으로 다른 학교요인들의 영향을 통제할 경우, 지원부서의 도움 수준이 1단위 증가할수록 청소년이 자원봉사활동을 지속할 odds는 2.463배 증가한다.

이러한 연구 결과는 학교 내에 공식적으로 자원봉사활동을 전담하는 지원체계의 적극적인 학교 분위기가 청소년자원봉사활동의 지속을 좌우한다는 Miranda Yates(1999)의 이론이 본 연구결과를 지지해 준다. 이것은 학교에서 교과 지식뿐만 아니라 생활습관 등 많은 부분이 학교 분위기에 의해서 학습되고 형성된다. 자원봉사활동 또한 그런 차원에서 이해될 수 있다.

따라서 <가설 3-1>, <가설 3-2>, <가설 3-3>은 모두 통계적으로 지지되었다.

5. 거시체계 기관요인과 청소년자원봉사활동 지속과의 관계

청소년자원봉사활동 지속에 영향을 미치는 거시체계로서의 주된 기관요인으로는 기관에서의 교육 유무와 교육의 효과성, 자원봉사활동 직무배치 방식과 업무 내용의 만족 정도, 자원봉사활동 담당 관리자와 관계의 만족 정도로 구성되었다. 지속 참여와 지속 안 함으로 구분하여 학교요인에 따라 지속에 어떠한 차이가 있는지에 대해 살펴보고자 한다.

앞에서 설정한 <가설 4-1> 자원봉사활동 기관에서 자원봉사활동 업무에 대한 사전 교육을 받을수록 자원봉사활동을 지속할 것이다. <가설 4-2> 자원봉사활동 직무 배치 방식과 업무 내용의 만족 정도가 높을수록 자원봉사활동을 지속할 것이다. <가설 4-3> 자원봉사활동을 경험한 기관의 자원봉사관리자에 대한 만족도가 높을수록 자원봉사활동을 지속할 것이다를 검증하였다.

로지스틱 회귀분석으로 거시체계의 각 기관요인이 자원봉사활동

<표 20> 거시체계 기관요인이 청소년자원봉사활동 지속 여부에 미치는 영향:
지속 참여함(VS 지속 안 함)

변수	B	Exp(B)
상수	-2.531(.269)	
기관 사전 교육 있음(VS 없음)	.508**(.153)	1.662
기관 사전 교육 효과	-.071(.071)	.931
직무배치 방식 만족도	-.308**(.111)	.735
업무내용 만족도	.783***(.112)	2.187
담당 관리자와의 관계 만족도	.385**(.116)	1.469
카이제곱	158.346	
자유도	5	
유의확률	.000	

주 1. 각 변수의 상위 숫자는 회귀계수(B), 하위 숫자는 표준 오차임
주 2. ***: p<.000, **: p<.01, *: p<.05

지속 여부에 미치는 영향을 분석한 결과는 <표 20>과 같다.

> <가설 4－1> 자원봉사활동 기관에서 자원봉사활동 업무에 대한
> 사전 교육을 받을수록 자원봉사활동을 지속할 것
> 이다.

<가설 4－1>을 검증한 결과, 자원봉사활동을 하기 전 기관에서
교육을 받은 집단은 그렇지 않은 집단보다 자원봉사활동을 지속할
가능성이 높다(B=.508**). 구체적으로 다른 기관요인들의 영향을
통제하고 분석했을 때, 사전 교육을 받은 경우에는 받지 않는 경우
에 비해 자원봉사활동을 지속할 odds가 1.662배 증가한다.

이러한 연구 결과는 자원봉사자에 대한 체계적인 관리가 이루어
질 때 자원봉사활동이 효과적으로 이루어진다는 김범수(2002)의 이
론과 자원봉사활동 참여자 중 지난 1년 동안 사전 교육을 받은 청
소년(80.0%)일수록 지속률이 높다는 서울특별시립 청소년진흥센터
(2006)의 연구가 본 연구결과를 지지해 준다. 이것은 기관에서의
사전 교육이 학교에서의 교육과는 달리 자원봉사활동의 내용이 무
엇이고 어떻게 해야 하는 것이며 그 자원봉사활동 안에서의 역할
은 무엇인지, 자원봉사활동을 통해 얻을 수 있는 것은 무엇인지를
교육받을 수 있어서 업무수행 능력을 향상시켜 줄 뿐만 아니라 자
원봉사자 자신의 성장을 돕고 자원봉사활동에 대한 관심을 증대시
킨 것으로 본다.

<가설 4 - 2> 자원봉사활동 직무 배치 방식과 업무내용의 만족
정도가 높을수록 자원봉사활동을 지속할 것이다.

<가설 4 - 2>에서는 두 가지를 검증하고 있다. 직무 배치 방식과
업무 내용의 만족 정도이다. 먼저, 직무 배치 방식을 검증한 결과,
직무 배치 방식에 대한 만족도가 높을수록 오히려 청소년들의 자원봉
사활동 지속 가능성이 낮아지는 것으로 분석되었다(B = - .308**). 구
체적으로 다른 기관요인들의 영향을 통제할 경우, 직무배치 방식
만족도가 1단위(5점 척도에서) 감소할수록 청소년들이 자원봉사활
동을 지속할 odds가 1.36배(직무배치 만족도 exp(B) = .735의 역수)
증가한다.

이러한 연구 결과는 선발된 사람의 인적 특성과 업무를 대응 또
는 적합시켜줌으로써 기관은 자원봉사자로부터 최대의 혜택을 기
대하고 자원봉사자들 역시 만족을 얻게 된다는 Moore(1985)의 이론
과는 상반된 결론이다. 이것은 청소년자원봉사자가 기관을 방문하
였을 때 명확한 제시가 없이 알아서 하도록 하는 경우보다는 기관
에 필요한 업무를 제시해 주었다는 점에서 높게 나타났고, 기관에
필요한 업무를 한 것에 대한 만족감으로 상쇄되었기 때문인 것으
로 보인다. 또한 직무 배치 방식이 자원봉사활동 청소년들의 기대
나 배려를 충족시켜 주지 못하고 있으며 오히려 직무 배치 방식이
역으로 작용하고 있다. 이러한 현상은 자원봉사활동이 원래 봉사학
습 차원에서 연간 20시간이라는 의무적인 시간을 채우기 위해 실
천되고 있는 현실에서 나타나는 부작용으로 보인다. 그럼에도 불구
하고 청소년들은 자신의 흥미, 적성, 특기를 고려해 주지 않는 여
건 속에서도 업무에 대한 만족도에 따라 지속적으로 참여하고 있

는 것으로 보인다.

또한 <가설 4 - 2>의 업무내용 만족도를 검증한 결과, 업무내용 만족도가 높을수록 청소년들이 자원봉사활동을 지속할 가능성이 높아진다(B = .783***). 구체적으로 다른 기관요인들의 영향을 통제할 경우, 업무 내용 만족도가 각각 1단위(5점 척도에서) 증가할 경우 청소년이 자원봉사활동을 지속할 odds는 2.187배 증가한다.

이러한 연구 결과는 청소년자원봉사활동의 만족도가 높을수록 (50.7%) 지속한다는 김상욱(1990)의 연구가 본 연구 결과를 지지해 준다. 이것은 자원봉사자 자신이 봉사활동 경험을 통해 긍정적인 감정을 경험하게 되면, 만족의 상태에 이르게 되어 자원봉사활동의 성과에 중요한 요인이 될 수 있다. 청소년들이 자원봉사활동에서 얻은 충족감은 지속성에 영향을 주는 내적 힘이 되기 때문인 것으로 본다.

<가설 4 - 3> 자원봉사활동을 경험한 기관의 자원봉사 관리자에 대한 만족도가 높을수록 자원봉사활동을 지속할 것이다.

<가설 4 - 3>을 검증한 결과, 담당 관리자와의 관계 만족도가 높을수록 청소년들이 자원봉사활동을 지속적으로 참여할 가능성이 높아진다(B = .385**). 구체적으로 다른 기관요인들의 영향을 통제할 경우, 담당자와의 관계 만족도가 각각 1단위(5점 척도에서) 증가할 경우 청소년이 자원봉사활동을 지속할 odds는 1.469배 증가한다.

이러한 연구 결과는 과업에 대한 체계적인 배경과 지시 감독 및 인간적인 배려가 자원봉사활동에 영향을 주는 변인이라는 조휘일

(1990)의 이론이 본 연구 결과를 지지해 준다. 이것은 자원봉사활동 기관 담당자가 청소년들의 자원봉사활동에 대해 관심 있는 지도감독을 수행하여 자원봉사자와 만족스런 관계를 형성함으로써 청소년 자원봉사활동의 지속에 영향을 미칠 수 있기 때문인 것으로 본다.

따라서 <가설 4-1>, <가설 4-2>, <가설 4-3> 모두는 통계적으로 지지되었다.

제6장 결론과 함의

1. 미시체계 개인요인 중에서 성적이 상위권일수록, 도덕성이 높을수록, 참여 동기가 이타적일수록 지속적인 참여가 높은 것으로 나타났다.

첫째, 학교 성적이 '상'이나 '중'일 경우는 '하'일 경우보다 청소년이 자원봉사활동을 지속할 가능성이 높게 나타났다.

이러한 연구 결과는 지속하는 경우는 성적이 우수한 청소년이 더 많았다는 오영석(2005)의 연구(중·상위권 청소년 47.1%, 하위권 청소년 45.8%)는 본 연구결과를 지지해 준다. 그러나 성적이 대학 진학에 중요한 요인으로 작용하는 우리나라 입시 현실에서 성적에 대한 욕심이 많은 청소년은 공부하는 데 많은 시간을 할애해야 하므로 자원봉사활동에 대한 시간이 부족하여 지속할 확률이 낮을 것이라는 본 연구자의 판단과 시간의 부족이 자원봉사활동을 지속하는 데 저해요인이라는 Pancer와 Pratt(1999)의 이론과는 상반되게 나타났다. 이것은 성적이 우수한 청소년일수록 다른 요인들이 더 긍정적으로 작용한 것으로 본다.

둘째, 개인의 도덕성(B = .353**)이 높을수록 청소년들이 자원봉사활동을 지속할 확률이 높아진다.

이러한 연구결과는 청소년을 대상으로 도덕적 행동을 연구한 결과 돕기, 친절, 공유, 협동과 같은 행동을 많이 할수록, 훔치기, 속이기, 거짓말, 약물남용 등을 적게 한다는 Bandura(1996)의 이론과 친사회적 행동과 규칙 위반 행동 간에 부적 상관관계가 있다는 김경연·하영희(1998)의 도덕성 이론이 본 연구를 뒷받침해 준다. 또한 김종오(2003)의 연구에서 도덕성이 높은 집단(평균 2.9403)은 도덕성이 낮은 집단(평균 2.4574)[26]에 비해 중도 탈락률이 낮게 나타났다는 사실이 본 연구가설을 지지해 준다. 그러므로 도덕성이 높은 청소년은 자아성숙과 자아존중감이 높기 때문에 지속하는 것으로 여겨진다.

셋째, 청소년의 자원봉사활동 동기의 이타적 정도(B = .731***)가 높을수록 청소년들이 자원봉사활동을 지속할 확률이 높아진다.

이러한 연구결과는 자원봉사활동 참여 동기의 이타성에 따른 지속 여부가 결정된다는 권순미(2001)의 연구가 이러한 결과의 이유를 설명해 준다. 이것은 청소년들이 의무적으로 참여하고는 있지만 자원봉사활동에 대한 이타적인 동기가 높게 작용하는 것으로 본다.

---

26) sig. 값이 .012로 p<.05 수준에서 통계적으로 유의미한 차이를 보였다. 이것은 자원봉사활동을 중단하는 청소년들이 지속하는 청소년들에 비해 도덕성이 낮은 것으로 해석할 수 있다.

2. 미시체계 가정요인 중에서는 부모의 자원봉사활동 참여 및
   경험이 있을수록, 부모의 관심과 지지를 받을수록, 가정생활
   수준이 높을수록 지속성이 높은 것으로 나타났다.

첫째, 부모가 '현재 자원봉사활동에 참여하고 있다'면 부모가 자
원봉사활동 경험이 없을 경우보다 청소년이 자원봉사활동을 지속
할 가능성이 높아지는 것으로 검증되었다(B = .416*).

이러한 연구 결과는 부모가 자원봉사활동 참여의 모델을 제공해
주는 가정적 분위기에서 성장한 청소년들이 지속적으로 자원봉사
활동에 참여하게 된다는 Pancer와 Pratt(1999)의 이론과 Bandura의
부모를 흉내 낼 때, 새로운 행동을 즉각적으로 재현한다(김동일 외,
2000; 변영계, 200; 이인정 · 최해경, 1995)는 이론, 그리고 부모가
자원봉사활동에 참여한 경험이 있는 참여자의 지속률이 높다는
(56%) 장상근(2005)의 연구가 이러한 결과의 이유를 설명해 준다.
이것은 부모의 후원 및 자원봉사활동 경험이 언어적 설득이나 교
훈보다 청소년의 행동 및 사고와 감정의 변화에 결정적 역할을 할
수 있어서 이런 가정적 분위기에서 성장한 청소년들이 지속적으로
자원봉사활동에 참여하기가 쉬울 것으로 보인다.

둘째, 부모가 자원봉사활동에 대해서 지지하는 정도(B = .392**)
가 높아질수록 청소년이 자원봉사활동을 지속할 확률이 높아지는
것으로 나타났다.

이러한 연구 결과는 사회화의 주도적 역할을 하는 부모들의 자
기 자녀들의 이타적 행동에 대한 지지는 자녀들의 사회적 행동에
영향력을 크게 미친다는 Staub(1978), Rosenhan(1970)의 이론이 본
연구가설을 지지해 준다. 이는 사회적으로 존중받는 행동인 자원봉

사가 부모를 통해서 내면화되기 때문인 것으로 본다.

셋째, 가정생활 수준(B = .215**)이 높을수록 청소년이 자원봉사활동을 지속할 가능성이 높은 것으로 검증되었다.

이러한 연구 결과는 가정의 소득 수준이 높을수록 자원봉사활동 참여가 높다는 Pancer와 Pratt(1999)의 이론과 청소년자원봉사활동자 중 가정생활 수준이 높은 청소년(64%)일수록 지속률이 높다는 임정모(2004)의 연구가 본 연구 결과를 지지해 준다. 이는 가정생활이 여유가 있을수록 이웃을 생각할 여유도 더 많다는 것을 알 수 있다.

3. 중간체계 학교요인 중에서는 학교에서 자원봉사활동에 대한 사전 교육을 받을수록, 학교와 담임교사의 정보 제공과 권장이 많을수록, 학교 내 자원봉사활동을 관장하는 부서 체계가 있고 도움을 받을수록 지속적인 참여가 높은 것으로 나타났다.

첫째, 학교의 정기적인 사전 교육 수준(B = .366**)이 높을수록 청소년들이 자원봉사활동을 지속할 확률이 높아진다.

이러한 연구 결과는 자원봉사활동에 참여하는 청소년 중 대다수가 학교에서 사전 교육을 받은 경험이 있다는(90%) 오영석(2005)의 연구와 지속자 중 학교에서 자원봉사활동에 대한 교육을 받은 경우(66.7%)가 지속률이 높다는 임정모(2004)의 연구가 본 연구결과를 지지해 준다. 이것은 학교 교육과정 중 봉사활동 시간을 통하여 정기적으로 봉사활동에 대한 교육을 실시한 것이 자원봉사활동을 실천하는 데 도움이 되는 것으로 본다.

둘째, 학교와 교사의 자원봉사활동 관련 정보 제공과 권장의 수준(B = .804***)이 높을수록 청소년들이 자원봉사활동을 지속할 확률이 높아진다.

이러한 연구 결과는 청소년자원봉사활동 지속자 중 자원봉사활동에 관심을 가지는 학교 분위기(67%)와 담임교사의 지지(53.3%)가 클수록 지속률이 높다는 임정모(2004)의 연구가 본 연구결과를 지지해 준다. 이것은 청소년들이 많은 시간 동안 생활하는 학교의 자원봉사활동에 대한 분위기와 담임교사가 조·종례 시간과 학급회의 등을 통해 권장하고, 교과담당 교사가 수업시간을 통해 권장하는 것이 효과가 크다는 사실을 보여주고 있다.

셋째, 학교 내의 자원봉사활동 지원부서의 도움 수준(B = .902***)이 높을수록 청소년들이 자원봉사활동을 지속할 가능성이 높아진다.

이러한 연구 결과는 학교 내에 공식적으로 자원봉사활동을 전담하는 지원체계의 적극적인 학교 분위기가 청소년자원봉사활동의 지속을 좌우한다는 Miranda Yates(1999)의 이론이 본 연구결과를 지지해 준다. 이것은 학교에서 교과 지식뿐만 아니라 생활습관 등 많은 부분이 학교 분위기에 의해서 학습되고 형성된다. 자원봉사활동 또한 그런 차원에서 이해될 수 있다.

4. 거시체계 자원봉사활동 기관요인 중에서는 기관에서의 교육을 받고 교육의 효과를 경험할수록, 자원봉사활동 업무내용에 만족할수록, 자원봉사활동 담당 관리자와의 관계에서 만족할수록 지속적인 참여가 높은 것으로 나타났다.

첫째, 자원봉사활동을 하기 전 기관에서 교육을 받은 집단은 그렇지 않은 집단보다 자원봉사활동을 지속할 가능성이 높다(B = .508**).

이러한 연구 결과는 자원봉사자에 대한 체계적인 관리가 이루어 질 때 자원봉사활동이 효과적으로 이루어진다는 조휘일(2002)의 이론과 자원봉사활동 참여자 중 지난 1년 동안 사전 교육을 받은 청소년(80.0%)일수록 지속률이 높다는 서울특별시립 청소년진흥센터(2006)의 연구가 본 연구결과를 지지해 준다. 이것은 기관에서의 사전 교육이 학교에서의 교육과는 달리 자원봉사활동의 내용이 무엇이고 어떻게 해야 하는 것이며 그 자원봉사활동 안에서의 역할은 무엇인지, 자원봉사활동을 통해 얻을 수 있는 것은 무엇인지를 교육받을 수 있어서 업무수행 능력을 향상시켜 줄 뿐만 아니라 자원봉사자 자신의 성장을 돕고 자원봉사활동에 대한 관심을 증대시킨 것으로 본다.

둘째, 업무내용 만족도(B = .783***)가 높을수록 청소년들이 자원봉사활동을 지속할 가능성이 높아진다.

이러한 연구 결과는 청소년자원봉사활동의 만족도가 높을수록(50.7%) 지속한다는 이상현(2005)의 연구가 본 연구 결과를 지지해 준다. 이것은 자원봉사자 자신이 봉사활동 경험을 통해 긍정적인 감정을 경험하게 되면, 만족의 상태에 이르게 되어 자원봉사활동의 성과에 중요한 요인이 될 수 있다. 청소년들이 자원봉사활동에서 얻은 충족감은 지속성에 영향을 주는 내적 힘이 되기 때문인 것으로 본다.

셋째, 담당 관리자와의 관계 만족도(B = .385**)가 높을수록 청소년들이 자원봉사활동을 지속적으로 참여할 가능성이 높아진다.

이러한 연구 결과는 과업에 대한 체계적인 배경과 지시 감독 및 인간적인 배려가 자원봉사활동에 영향을 주는 변인이라는 한수정

(1999)의 연구가 본 연구 결과를 지지해 준다. 이것은 자원봉사활동 기관 담당자가 청소년들의 자원봉사활동에 대해 관심 있는 지도감독을 수행하여 자원봉사자와 만족스런 관계를 형성함으로써 청소년자원봉사활동의 지속에 영향을 미칠 수 있기 때문인 것으로 본다.

제<big>3</big>부

청소년자원봉사활동 지도론

제1장 청소년자원봉사활동의 운영27)

1. 청소년자원봉사활동의 지도 절차

자원봉사활동은 '봉사학습'으로서의 교육적 의의를 충분히 살릴 수 있도록 단계적으로 지도한다. 특히, '학교 교육과정에 의한 자원봉사활동' 또는 '학교 계획에 의한 자원봉사활동'은 학교의 연간 계획에 의하여, 매 학년별로 사전 교육(1단계) → 프로그램 구성(2단계) → 자원봉사활동의 실행(3단계) → 자원봉사활동의 평가(4단계) 과정을 거쳐 지도한다. 심화 단계는 '학교 교육과정 이외의 자원봉사활동'에서 실천한다.

<표 22> 자원봉사활동의 지도 단계

구분	단계	지도중점	세부 지도 내용
학교 교육과정에 의한 자원봉사활동	1단계	사전 교육(자원봉사활동 기본 교육)	- 자원봉사활동의 의의 - 자원봉사활동의 필요성 및 절차 - 활동 영역 및 유의점
	2단계	프로그램 구성	- 교사·학생 상호 협의하에 자원봉사활동 프로그램 구성
	3단계	자원봉사활동의 실행	- 프로그램에 따른 자원봉사활동 참여
	4단계	자원봉사활동의 평가	- 감상문 쓰기 - 자원봉사활동 소감 발표 및 평가회 - 토론하기
학교 교육과정 이외의 자원봉사활동	심화단계	개별적, 지속적 활동	- 계획 수립 - 사전 지도 - 활동 및 평가 - 확인서 제출

---

27) 본 장의 청소년자원봉사활동 지도론은 서울특별시교육청 학생자원봉사활동 지도 지침을 참조하여 재구성한 것임.

2. 학교중심(학교 교육과정에 의한) 자원봉사활동

1) 편성방법

- 학교 교육과정에 의한 자원봉사활동은 교육과학기술부 고시 특별활동 교육과정, 시교육청 교육과정 편성·운영 지침 및 본 내용을 준거로 편성한다.
- 자원봉사활동의 학교 교육과정 편성은 초·중·고등학교 학교 급별, 학년별 발달 단계에 따라 단계적으로 계획을 세워 지도한다.
- 학교 교육계획서에 자원봉사활동 지도, 운영, 평가계획을 반영한다. 학교 교육과정에 의한 자원봉사활동은 학년 초에 학교 교육 계획으로 수립하여 학교운영위원회의 심의(자문)를 받아 실시·운영한다.
- 지역사회의 여건과 활동 대상 기관의 관계를 고려하여 편성한다.
- 학생 중심으로 계획, 실행, 평가될 수 있도록 하며, 행사 위주의 획일적 프로그램으로 운영되지 않도록 편성한다.
- 학교와 지역사회의 형편을 고려하여 활동하기 적당한 소그룹으로 편성한다.
- 학교 밖에서의 자원봉사활동은 집중적으로 시간을 편성할 수 있다.
- 특별활동의 다른 영역과 연계하여 활동할 수 있다(단, 다른 영역의 활동과 중복 인정할 수는 없음)
- 자원봉사활동의 목적, 취지, 필요성 등을 학습할 수 있도록 사전 교육 위주로 편성한다.

- 프로그램별로 청소년의 수준과 계절과 장소를 고려하여 편성한다.

2) 운영

- 다양한 프로그램을 편성하여 청소년들이 자원봉사활동의 전 영역에 걸쳐 고루 활동할 수 있도록 한다.
- 사전 계획을 철저히 수립하여 실행 과정에서 발생하는 문제점을 최소화하여야 한다.
- 형식적, 획일적, 강제적 활동이 되지 않도록 해야 한다.
- 봉사정신이 습관화될 수 있도록 명상, 훈화, 사전 교육 등을 수시로 실시한다.
- 청소년자원봉사활동이 내실 있게 운영될 수 있도록 지도교사나 자원봉사자의 지원을 받아 현장 지도를 강화한다.
- 반드시 사전에 학교장의 결재를 받은 후 실시한다.
- 자원봉사활동 중에 발생하는 사고는 학교안전공제회의 보상을 받을 수 있다.
- 청소년자원봉사활동 정보안내센터 및 자원봉사활동 대상 기관과의 충분한 업무 협조를 통하여 자원봉사활동이 효과적으로 이루어질 수 있도록 한다.

3) 지도절차

<표 23> 학교중심(학교 교육과정에 의한) 자원봉사활동 지도절차

준비	→	실행	→	평가

구분	활동 내용 및 방법
준비	• 자원봉사활동에 대한 문제 인식, 사전 학습, 실행 계획 수립이 이루어진다. • 문제 인식은 청소년들이 자원봉사활동의 필요성과 활동 대상에 대한 이해를 의미하며, 이 과정을 통하여 구체적인 활동거리를 찾을 수 있다. • 사전 학습은 구체적인 활동에 필요한 지식 또는 기능의 습득 과정이다. • 실행 계획을 수립할 때는 사전 조사, 실행 가능한 자원봉사활동 선정, 대상기관 담당자와 협의, 활동 내용 및 준비물 점검 등이 이루어져야 한다.
실행	• 학교 내에서 또는 학교 밖의 봉사 대상 기관이나 장소 또는 봉사 대상이 되는 사람을 만나서 실제로 자원봉사활동을 실행한다. • 안전사고 예방, 계획된 대로의 실행 여부, 상황 변화에 따른 대처, 활동 과정에서 인간관계 유지, 지도자의 지시에 잘 따르는지 여부, 봉사자 상호 간의 협조 등에 유의하여 실시하도록 지도한다.
평가(반성 및 발전)	• 자원봉사활동의 교육적 성과, 청소년 및 봉사 대상의 만족도 등을 확인하고 활동 결과를 기록한다. • 프로그램 실행 직후에 실시하는 것이 효과적이다. • 자원봉사활동 프로그램의 학습 목표가 어느 정도 달성되었는지를 평가하되, 소감문 작성, 면접, 설문조사, 간담회, 우수사례 발표회 등 다양한 평가 방법을 활용한다. • 지도교사는 추수 지도를 통하여, 자원봉사활동이 청소년 개인에서 가족, 집단, 지역사회로 확대·발전될 수 있도록 한다.

(1) 준비

준비과정에서는 문제인식, 사전학습, 실행계획 수립이 이루어져야 한다. 문제인식은 청소년들이 자원봉사활동의 필요성과 활동 대상에 대한 문제인식을 뜻하며, 이 과정을 통하여 구체적인 활동거리를 찾을 수 있다. 사전학습은 구체적인 활동에 필요한 지식 또는 기능의 습득 과정이다. 실행 계획을 수립할 때는 사전조사, 실행 가능한 자원봉사활동 선정, 대상기관 담당자와 협의, 활동내용 및 준비물 점검 등이 이루어져야 한다.

(2) 실행

학교 내에서 또는 학교 밖의 봉사 대상 기관이나 장소 또는 봉사 대상이 되는 사람을 만나서 실제로 자원봉사활동을 하는 과정이다. 실행 과정의 유의 사항은 자원봉사활동 유의사항 숙지, 안전사고 예방, 계획된 대로의 실행 여부 점검, 상황 변화에 따른 대처,

활동 과정에서 인간관계 유지, 지도자의 지시에 잘 따르는지 여부 점검, 봉사자 상호 간의 협조

(3) 평가

자원봉사활동의 교육적 성과, 청소년 및 봉사 대상의 만족도 등을 확인하고 활동 결과를 기록하는 과정이다. 프로그램 실행 직후에 실시하는 것이 좋다. 자원봉사활동 프로그램의 당초 목표가 어느 정도 달성되었는지를 소감문 작성, 면접, 설문 조사, 간담회, 우수사례 발표회 등 다양한 방법으로 평가한다. 지도교사는 추수지도를 통하여, 자원봉사활동이 청소년 개인에서 가족, 그룹, 지역사회로 확대·발전될 수 있도록 한다. 자원봉사활동 지도교사는 '학교 교육과정에 의한 봉사활동' 상황을 자원봉사활동 기록표에 기록한다(학생 개인별 자원봉사활동 확인서 발급 생략). 학급 담임교사는 자원봉사활동 기록표를 근거로, 학생 개인별 자원봉사활동 상황을 '학교생활기록부' 봉사활동란(봉사활동 누가기록란)에 전산 입력한다. '학교 교육과정에 의한 봉사활동' 상황을 봉사활동 누가기록부에 기록할 때, 실제로 자원봉사활동에 참가한 학생에 한하여 일괄 입력한다.

3. 지역사회중심(학교 교육과정 이외) 자원봉사활동

1) 운영

- 가정과 연계하여 가족 동반으로 자원봉사활동이 이루어질 수 있도록 지도한다.
- 자원봉사활동계획서, 확인서 등 필요한 서식은 학교에 비치하거

나 서식을 다운받을 수 있도록 학교 홈페이지에 탑재하여야 한다.

- 개인 계획에 의한 자원봉사활동은 사전에 학교장의 승인을 받도록 하며, 자원봉사활동에 대한 절차, 유의 사항 등에 대한 사전 교육을 반드시 실시해야 한다.
- 학교 교육과정 이외의 자원봉사활동 또는 개인 계획에 의한 자원봉사활동은 학교, 공공기관, 기타 자원봉사활동 관련 단체에서 실시하는 자원봉사활동에 참여하도록 홍보한다.
- 가족 단위 및 소집단 자원봉사활동을 권장한다. 학부모회의, 가정통신문 등을 통하여 자원봉사활동을 안내한다. 일손 돕기 활동, 위문 활동, 환경·시설 보전 활동 등의 자원봉사활동은 학부모와 함께하는 자원봉사활동을 적극 권장한다. 가족 단위 자원봉사활동 우수사례를 발굴 홍보한다(교지, 학교소식지, 신문 등).
- '학생봉사활동정보안내센터' 및 자원봉사활동 대상 기관과의 충분한 업무 협조를 통하여 자원봉사활동이 효과적으로 이루어질 수 있도록 해야 한다.
- '학교 교육과정 이외의 자원봉사활동'은 개인 계획에 의한 자원봉사활동뿐만 아니라, 학교에서 우수한 프로그램을 학교 계획으로 편성·운영하여 실시할 수 있도록 지도한다.
- 자원봉사활동계획서, 확인서 등 필요한 서식은 담당 부서에서 준비한다.
- 개인 계획으로 이루어지는 자원봉사활동에 대한 절차, 유의사항 등에 대한 사전 교육을 반드시 실시한다.
- '학교 교육과정 이외의 자원봉사활동'은 학교, 공공기관, 기타 봉사 관련 단체에서 주관하는 활동에 참여하도록 지도한다.

- '학교 교육과정 이외의 자원봉사활동'은 가급적 심화 과정으로 활동하도록 지도한다.
- 가정과 연계한 가족 단위 자원봉사활동을 권장한다.
- 학부모회의, 가정통신문 등을 활용하여 자원봉사활동의 의의, 자세, 방법 등을 안내한다. 일손 돕기 활동, 위문 활동, 환경·시설 보전 활동 등에 학부모와 자녀의 동참을 적극 권장한다. 가족 단위 자원봉사활동 우수사례를 적극적으로 발굴하고 홍보한다.

2) 지도절차

<표 24> 지역사회중심(학교 교육과정 이외) 자원봉사활동 지도절차

사전 교육 → 자원봉사활동 계획서 제출 → 학교의 승인(담임교사와 사전 협의) → 실행 → 자원봉사활동 확인서 제출 및 평가

구분	활동 내용 및 방법
사전 교육	• '학교 교육과정 이외의 자원봉사활동'도 학교에서 적극적으로 지원 안내해야 하며 구체적인 프로그램에 대한 사전 협의와 지도가 전제되어야 한다. • 자원봉사활동에 대한 사전 준비 교육이 철저히 이루어져야 하며, 자원봉사활동 각 영역과 영역별 유의사항을 안내한다. • 봉사학습의 의미를 체험할 수 있는 곳인지 점검한다. • 안전사고가 발생하지 않도록 반드시 안전수칙을 교육한다.
계획서 제출	• 활동 대상과 내용, 시간 등을 고려하여 구체적인 활동계획서를 작성해야 한다. • 자원봉사활동 대상을 물색하고 기관을 답사하여 자료를 수집한다. • 자원봉사활동 실행을 위한 구체적 프로그램에 대해 사전에 협의한다. • 발생할 수 있는 문제점을 검토하고 수정·보완한다.
학교 승인	• 개인별, 소집단별 자원봉사활동계획은 담당 지도교사 및 담임교사와 사전에 협의한다. • 개별적인 자원봉사활동계획은 학교장의 승인을 받아야 한다.
실행	• 안전사고에 유의하여 자원봉사활동을 실행한다. • 자원봉사활동을 통한 학습의 효과를 거둘 수 있도록 한다. • 취미와 적성에 맞는 체험학습의 기회로 활용하고, 자원봉사활동이 습관화, 내면화되도록 지도한다.
평가(반성 및 발전)	• 자원봉사활동 실행 후 그 내용을 평가한다. • 학생은 대상기관에서 발부한 확인서를 학교에 제출한다. • 담임교사는 자원봉사활동 확인서를 수합·정리하고 평가한 후 추수 지도를 실시한다.

교육과정 이외의 자원봉사활동 또는 개인 계획에 의한 자원봉사활동은 학생 개인이나 자발적으로 형성된 학생 집단 또는 가족 단위의 자원봉사활동이다. 교육과정 이외의 자원봉사활동도 학교에서 적극적으로 조장·지원·안내해야 하며, 사전 교육 및 구체적인 프로그램에 대한 사전 협의와 지도가 이루어져야 한다.

3) 확인 및 결과처리

- 학교 교육과정 이외의 자원봉사활동 또는 개인 계획에 의한 자원봉사활동은 실시 후 자원봉사활동 확인서(자원봉사활동 개인별 카드를 활용할 수도 있음)에 활동기관으로부터 확인받아 담임교사에게 제출한다.
- 자원봉사활동 확인서에는 봉사자의 성명, 소속, 활동 장소, 활동 내용, 활동 시간, 확인자의 성명, 전화번호 및 활동과정에 대한 평가가 포함되어야 한다.
- 자원봉사활동 확인서의 활동 시간 및 내용에 대한 인정 여부 등의 사항에 관해서는 학교 자원봉사활동추진위원회(성적관리위원회)에서 결정한다.
- 자원봉사활동 확인서는 학급 담임교사에게 제출하여 확인을 받는다.
- 자원봉사활동 확인서의 기재 내용이 부실한 경우는, 학급 담임교사가 사실 내용을 확인한 후 자원봉사활동추진위원회(성적관리위원회)에서 인정 여부를 결정한다.
- 학년 말에 실시된 자원봉사활동은 다음 학년 초에 자원봉사활동 확인서를 학급 담임에게 제출하여 해당 학년도 학교생활기

록부에 기재(학교생활기록부정정대장에 기록하여 학교장 결재 후)할 수 있도록 한다.

4. 봉사활동의 운영 계획 수립 방안

자원봉사활동이란 자발적인 의도에서 개인이나 단체로 다른 사람을 돕거나 사회에 기여하는 무보수의 계획적이고 지속적인 활동을 말한다. 이러한 자원봉사활동을 청소년들이 제대로 수행하고 교육적으로나 사회적으로 좋은 결과를 얻기 위해서는, 교육청 수준과 학교 수준에서 청소년들의 자원봉사활동을 위한 적절한 계획수립이 반드시 필요하다. 특히 우리나라에서는 아직까지 청소년들을 위한 자원봉사활동의 내용이나 성격이 분명하게 정립되지 않은 상황하에서 교육청이나 학교 수준에서 행해야 할 일 중에 하나는 청소년들에게 자원봉사활동을 권장할 만한 자원봉사활동을 발굴하거나 창안해 내는 것이다. 따라서 이 장에서는 먼저 청소년들에게 바람직한 자원봉사활동을 선정하기 위한 일반 원칙을 4가지 제시한 후, 교육청 수준과 학교수준에서 자원봉사활동계획을 적절히 수립하기 위해서 고려해야 할 활동들에 대해 자세히 제시하고 있다.

1) 자원봉사활동 선정의 기본 원칙

교육청이나 학교 수준에서 기존의 것이든 새롭게 개발할 수 있는 것이든 상관없이 선택할 수 있는 수많은 종류의 자원봉사활동 프로그램 중에서 어떤 것이 청소년들에게 바람직한 것인지의 여부를 판단하는 것은 매우 어려운 일이다. 특히 각 교육청이나 각 학교에 따라 상황이나 여건이 서로 다를 수 있을 뿐만 아니라 청소년 개개인의 상황이나 여건도 다를 수 있기 때문에 청소년들에게 바람직한 자원봉사활동을 선정하기란 쉬운 일이 아니다. 그러나 교육청이나 학교 수준에서 자원봉사활동과 관련하여 해야 할 가장 중요한 일 중에 하나는 청소년들에게 바람직한 자원봉사활동을 선정하여 목록을 만들어 주는 것이기 때문에 적절한 자원봉사활동을 선정하기 위한 기본원칙이 있어야 할 것이다. 여기서 선정을 위한 가장 기본원칙으로 다음의 4가지 원칙을 제안한다.

(1) 청소년 개인의 자기 발전을 위한 것이 되어야 한다.

청소년들을 위한 자원봉사활동으로 선정되기 위해서는 참여하고자 하는 각 청소년들에게 자기 발전의 기회를 제공하는 것이어야 한다. 즉 청소년들에게 자원봉사활동의 경험을 갖게 하는 일차적인 목적이 교육적인 결실을 거두기 위한 것이기 때문에, 청소년들을 위한 자원봉사활동으로 선정되기 위해서는 그 자원봉사활동에 참여하는 것이 곧 청소년 개개인의 발전에 보탬이 된다는 것이 분명히 드러나는 것이어야 한다. 예컨대, 자원봉사활동을 청소년들에게 권장하는 것은 청소년들이 공동체 의식을 함양하고 함께 사는 사회를 아름답게 만들고자 하는 좋은 교육적인 의도인데 이를 무시하고 해당 청소년들이 상급학교 진학을 위한 경쟁에서 유리하도록 하기 위해 형식적이고 피상적인 활동들을 선정하여 '시간 채우기'를 유도하거나, 청소년들에게 도움이 되지 않는 일들을 상급기관의 '눈치보기'를 위해 선정하는 일은 없어야 할 것이다.

(2) 봉사 대상에게 실제적으로 도움을 주는 것이 되어야 한다.

청소년들을 위한 자원봉사활동으로 선정되기 위해서는 봉사 대상이 되는 기관이나 사람들에게 실제적으로 도움을 줄 수 있는 것이어야 한다. 아무리 좋은 의도를 가지고 있는 자원봉사활동이라 하더라도 청소년들의 자원봉사활동의 대상이 되는 기관이나 사람들에게 피해를 주거나 귀찮게 하지 않는 것이어야 한다. 따라서 청소년들을 위한 자원봉사활동으로 선정하기 전에 봉사 대상이 될 기관이나 사람들과 충분히 협의하여 상대방이 필요로 하고 원하는 내용이 무엇인지를 제대로 파악해야 할 것이다. 봉사 대상이 되는 기관이나 사람들의 의견을 무시한 상태에서 '점수 따기'나 '실적 쌓기'를 위해 자의적으로 자원봉사활동을 수행하게 된다면 이는 애초부터 하지 않는 것이 더 나을 것이다.

(3) 청소년들의 발달단계에 적절한 것이 되어야 한다.

청소년들을 위한 자원봉사활동으로 선정되기 위해서는 그 자원봉사활동이 해당 청소년의 발달단계에 적절한 것이 되어야 한다. 청소년들은 아직까지 정신적으로나 육체적으로 왕성한 발달 과정에 있기 때문에, 각 청소년들의 발달단계에 적절한 내용과 방법으로 자원봉사활동계획을 수립해야 한다. 예컨대 초등학교 청소년의 발단 수준에 적절한 자원봉사활동이 따로 있으며, 이와 유사하게 중학교 학생이나 고등학교 청소년들에게 적절한 자원봉사활동의 내용이나 방법이 따로 있다. 따라서 교육청이나 학교 수준에서 청소년들을 위한 자원봉사활동들을 선정할 때는, 비록 초·중·고 각 학교급별로 서로 관련성은 있도록 하되, 그 내용이나 방법은 서로 다르게 해야 할 것이다.

(4) 청소년들이 구체적으로 할 수 있는 것이 되어야 한다.

청소년들을 위한 자원봉사활동으로 선정되기 위해서는 해당 청소년들이 구체적으로 할 수 있는 것이 되어야 한다. 이는 교육청이나 학교 수준에서 자원봉사활동을 선정할 때, 해당 지역사회의 실정이나 상황을 충분히 고려하여 청소년들이 구체적으로 행할 수 있는 내용을 선정해야 하는 것이다. 예컨대, 교통지도가 필요 없는 농촌 지역 청소년들에게 등·하굣길 교통지도를 요구한다거나, 가까운 지역사회 내에 논밭이 없는 도시 학교 청소년들에게 농어촌 일손 돕기를 요구하는 어리석은 일은 하지 말아야 할 것이다. 또한 모내기를 한 번도 해 본 적이 없는 도시 청소년들에게 '모내기' 일손 돕기를 요구하는 것도 바람직하지 않다. 아울러 교통지도가 필요한 도시 학교 청소년들에게 학교수준에서 교통지도를 요구할 경우에도 청소년들이 무엇을 어떻게 해야 하는지를 구체적으로 제시할 수 있어야 할 것이다.

2) 교육청 수준의 자원봉사활동계획 수립 방안

교육청 수준의 자원봉사활동계획 수립 방안을 논하기 위해서는 우선 자원봉사활동과 관련하여 교육청 수준에서 해야 할 일이 무엇인지를 파악하고, 해야 할 일이 파악된 후 그와 관련하여 각각에 대해 계획을 수립해야 할 것이다.

(1) 교육청 수준에서 해야 할 일

각 교육청 수준에서 청소년들을 위한 자원봉사활동과 관련하여 행해야 할 활동을 홍보활동, 준비활동, 운영 및 지원활동, 평가활동으로 나눌 수 있다.

첫째, 홍보활동이란 교원, 청소년, 학부모뿐만 아니라 자원봉사활동의 대상이 될 가능성이 있는 기관이나 사람들을 대상으로 자원봉사활동에 대한 필요성이나 중요성에 대해 적극적으로 홍보하는 것을 말한다.

둘째, 준비활동이란 홍보활동을 지속하면서도 동시에 교육청이 주관하여 산하 여러 학교들이 함께 실시할 만한 교육청 단위의 자원봉사활동이 어떤 것들이 있는지 이에 관한 목록을 만드는 일과, 관내 각 초·중·고등학교 수준에서 자원봉사활동을 제대로 수행할 수 있도록 자원봉사활동 지침서를 제작하여 배포하고, 학교수준에서 자원봉사활동을 준비하는 일에 대해 지도·조언하는 일을 말한다.

셋째, 운영 및 지원활동이란 교육청 단위의 자원봉사활동을 운영함과 동시에, 관내 각급 학교 수준에서 자원봉사활동을 운영하는 것을 지원하는 것을 말한다.

넷째로, 평가활동이란 앞서 언급한 3가지 일을 수행하기 위한 계획수립단계에서부터 시행과정 전반에 대해 체계적으로 평가하고, 그 결과물에 근거하여 수정, 보완, 개선을 위한 활동을 말한다.

(2) 4가지 주요 활동의 계획 수립 방안

(가) 홍보 활동

청소년의 자원봉사활동의 필요성이나 중요성에 대한 홍보활동을 제대로 수행할 때, 자원봉사활동에 참여하는 청소년들에게는 의미 있는 교육 활동이 될 것이며, 자원봉사활동의 대상이 되는 각종 기관이나 사람들로부터 호의적인 반응과 협조를 얻을 수 있을 것이므로 교육청 수준에서 자원봉사활동에 대한 홍보활동을 매우 중요시해야 한다. 이러한 홍보활동을 위해서 계획수립을 할 때는 다음 사항들을 고려해야 한다.

단편적이고 일회적인 홍보활동이 아니라 조직적이면서도 지속적으로 홍보활동을 수행하기 위해 교육청 단위에서 자원봉사활동을 전담할 부서나 위원회를 구성하고, 산하 각급 학교 단위에도 자원봉사활동 전담부서나 위원회를 구성하도록 한다. 각 교육청별로 자원봉사활동 홍보자료(책자나 비디오 등)를 만들어 각급 학교 및 관련 기관에 배포한다. 자원봉사활동을 위한 포스터를 제작하여 배포하거나 표어 공모를 통해 자원봉사활동에 대해 자연스럽게 인식할 수 있는 기회를 제공한다. 각종 강연회나 연수, 세미나 등을 통해 자원봉사활동의 의의나 필요성에 대해 제대로 인식을 할 수 있도록 한다.

<자원봉사활동 표어 소개>

- 바로 지금 당신이 필요합니다.
- 작은 힘이 큰 힘으로
- 봉사하는 당신 멋있는 당신
- 나눔에서 오는 인간의 향기
- 가슴엔 사랑을 손길엔 봉사를

- 이웃에 사랑을 사회에 희망을
- 나누는 마음 건강한 사회

- 오늘의 자원봉사 내일의 밝은 사회
- 이웃사랑 자원봉사 살맛나는 열린사회

- 작은 나눔 큰 기쁨
- 지금 여기에 내 작은 손이
- 우리가 하나 되는 힘
- 함께하는 봉사 함께 웃는 사회
- 나눌수록 큰 기쁨 베풀수록 큰 보람
- 가슴마다 사랑 손길마다 봉사
- 한 번 봉사 기쁨 두 번 봉사 보람
- 자원봉사 생활화로 한 가족 사회
- 이웃에 관심을 사회에 봉사를

- 남을 위한 봉사 나를 위한 완성
- 이웃을 기쁘게 사회를 환하게
- 내민 손 고운 마음 잡은 손 밝은 마음
- 따뜻한 손길 정다운 이웃
- 아낌없는 자원봉사 구김 없는 밝은 사회
- 조그만 봉사도 기쁨은 한 아름

- 봉사는 나의 몫 기쁨은 우리 몫
- 너도나도 자원봉사 이웃사랑 나라사랑
- 사랑은 너에게 보람은 나에게
- 돕는 기쁨을 아십니까?
- 작은 봉사 큰 보람
- 마음을 열면 우리는 하나

- 나누는 사랑 더하는 기쁨
- 나눔도 함께 기쁨도 함께
- 서먹한 이웃도 도우면 한 가족
- 으뜸사랑 자원봉사
- 봉사는 내가 먼저 기쁨은 우리 모두
- 나눌 때 큰 기쁨 베풀 때 큰 보람
- 작은 정성으로 이루는 큰 사랑
- 봉사하는 이웃 밝아지는 사회
- 작은 나눔으로 이루는 참세상
- 당신이 먼저 나설 때입니다.
- 주고 보니 내 기쁨

(나) 준비활동

자원봉사활동에 대한 홍보활동을 지속하면서 동시에 구체적으로 자원봉사활동을 수행하기 위한 준비활동이 요구된다.

- 교육청이 주관할 자원봉사활동의 목록을 작성하기 위해, 산하 여러 학교들이 함께 실시할 만한 교육청 단위의 자원봉사활동 이 어떤 것들이 있는지를 알아보고, 경우에 따라서는 새로운 자원봉사활동 프로그램을 창안해야 할 것이다.
- 관내 각 초·중·고등학교 단위에서 각 학교의 여건과 상황을

고려하여 해당 청소년들에게 추천할 만한 자원봉사활동 목록을 작성하는 데 도움을 주기 위해 각 학교급별 예비 목록을 작성하여 배포하고, 학교급별 자원봉사활동 목록 작성을 위한 적절한 지도·조언을 해야 한다.

- 각 학교급별로 자원봉사활동 예비 목록을 제시할 때는 자원봉사활동의 구체적인 내용 및 성격, 대상 기관이나 장소, 필요한 인원, 활동 가능한 시간, 주소, 연락처(전화번호 및 담당자 이름) 등을 자세히 기록하는 것이 바람직하며, 교육청이 제시하는 예비 목록과 같은 형태로 각급 학교는 해당 학교의 자원봉사활동 목록을 구체적으로 작성해야 한다.

- 목록 작성의 예
  - 기관·장소, 소요인원, 가능한 시간대, 주소, 연락처, 비고
  - 국립재활원, 30명 내외. 월, 수, 금 오후 3-5 서울시 도봉구 수유 5동 520 902-3763, 담당자: OOO 지도교사: OOO

(다) 운영 및 지원활동

청소년들의 자원봉사활동을 위한 교육청 단위의 목록 작성과 각급 학교를 위한 예비 목록 작성이 완료되면, 교육청의 자원봉사활동 전담부서나 위원회는 관내 각급 학교의 전담부서나 위원회와 긴밀한 협력하에 교육청 단위의 자원봉사활동을 운영하기 위한 연간, 월간 계획을 수립해야 한다. 아울러 관내 각급 학교 수준에서 자원봉사활동을 운영하는 것을 지원하기 위한 연간, 월간 계획도 수립해야 한다.

① 교육청이 주관할 자원봉사활동의 선정 및 구체적인 실천방안 수립

- 교육청 단위의 자원봉사활동에 참여하기를 원하는 학교 파악
- 교육청 담당자와 참여하고자 하는 각급 학교의 담당자들의 협의를 통해 연간, 월간 계획을 수립함. 이때 각급 학교 단위의 자원봉사활동과 서로 중복되지 않도록 한다.
② 관내 각 초·중·고등학교 수준의 봉사활동을 위한 지도, 조언을 위한 계획 수립
- 관내 각급 학교 수준의 자원봉사활동을 지원하기 위한 연수나 방문 장학을 위한 연간, 월간 계획을 수립하도록 한다.

(라) 평가활동

자원봉사활동을 위해 교육청 수준에서 행해야 할 홍보활동, 준비활동, 그리고 운영 및 지원활동의 계획수립 단계에서부터 시행과정 전반에 대한 체계적인 평가를 실시하고, 그 결과물을 근거로 하여 각 활동에 대한 수정, 보완, 개선을 위한 활동을 수행한다. 주요 활동 내용은 다음과 같다.

- 자원봉사활동과 관련된 실태파악, 여론조사, 요구조사, 현장조사
- 시범운영에 대한 평가
- 실제 운영에 대한 평가
- 실천을 저해하는 원인 분석
- 청소년들의 소감문 작성 유도
- 우수 실천 사례의 발굴, 보급
- 개선안 연구

5. 교육청 수준의 자원봉사활동 운영 방안

1) 교육청 수준의 자원봉사활동의 의미

교육청 수준의 봉사활동은, 학교 수준에서 봉사활동과 관련된 프로그램을 편성하고 계획을 수립하는 데 도움을 줄 수 있는 지침을 안내하고, 봉사활동 유관 기관에 대한 정보를 제공하는 데 필요한 기초 자료를 수집하기 위해, 지역 내 학교들이 연합해서 할 수 있는 봉사활동을 교육청 주관하에 통일적으로 수행하는 것을 말한다.

2) 청소년자원봉사활동을 위한 지역사회 체계의 이해

지역사회에서 청소년자원봉사활동(봉사 학습)과 관련된 집단은 청소년 자신을 포함해서, 학교, 학부모, 교육청, 지방 정부, 지역사회 단체 및 기관, 그리고 기업 등 7개 집단으로 구성된다.

따라서 봉사활동을 교육적으로 의미 있게 계획·운영하기 위해서는, 일차적으로 교육청 수준에서 '지역사회 봉사활동을 위한 체계'에 대한 이해를 바탕으로 관련 집단과의 관계와 관련 집단에 대한 기대 역할 등을 파악하여, 청소년자원봉사활동을 위한 지원 및 협력 체계를 공고히 해야 한다.

3) 교육청 수준의 자원봉사활동 영역

지역사회에서의 봉사활동을 위해서는 무엇보다 먼저 지역사회에 대한 이해가 선행되어야 한다. 왜냐하면, 지역사회에 대한 이해를 바탕으로 지역사회의 요구를 고려한 봉사활동이 이루어질 때보다 의미 있고 효과적인 봉사활동이 가능하기 때문이다. 따라서 교육청 수준에서는 각급 학교와의 협조를 통해 다음과 같은 활동들을 청소년들이 할 수 있는 봉사활동 프로그램으로 마련할 수 있다.

교육청에서는 아래와 같은 활동을 실시하기에 앞서, 지역 내 기관(자원봉사센터, 지역사회기관, 시민단체, 행정기관 등)에 편지 또는 공문을 발송하여 기초 자료와 정보를 준비하는 것이 바람직하다.

(1) 지역의 사회적 요구 조사 활동

지역 내 봉사활동 유관 기관의 성격과 현황, 봉사를 필요로 하는 집단의 유형과 실태, 그리고 보수 또는 신설을 요하는 시설 등을 조사, 정리하는 활동을 교육청 수준에서 실시한다.

(2) 지역사회 조사 활동

지역사회의 특성, 문제점, 주민의 요구 등을 인터뷰나 설문지 조사를 통해 알아보는 활동을 교육청 수준에서 청소년자원봉사활동을 위한 프로그램으로 준비한다.

(3) 조사 결과 홍보 활동

지역사회 및 사회적 요구의 조사 결과를 지역 주민과 공무원, 봉사 기관 등에 홍보하여 지역에 대한 이해와 연대감을 높일 수 있도록 교육청 수준에서 이를 청소년자원봉사활동 프로그램으로 활용할 수 있다.

위와 같은 활동을 위한 계획 및 프로그램의 편성, 운영, 평가 등은 교육청 수준에서 이루어져야 하며, 관내 각급 학교와의 연계를 통해 많은 청소년들이 참가할 수 있도록 해야 한다. 활동의 결과는 학교 수준의 봉사활동을 위한 기초 자료로 활용될 수 있도록 요약.

정리되어 관내 각급 학교에 제공되어야 한다.

4) 교육청 수준에서의 자원봉사활동 운영

(1) 운영을 위한 기획 모임

교육청에서는 위와 같은 교육청 수준의 봉사활동 프로그램을 운영하기에 앞서, 이러한 봉사활동이 학교와 지역사회 간에 유기적인 관련을 맺으면서 수행될 수 있도록 운영을 위한 기획 모임을 가진다.

기획 모임에는, 학교 교사(초·중·고), 관련 집단 대표(공무원, 주민, 봉사 기관 종사자, 학부모 등), 교육청 담당자, 청소년 대표 등이 참여할 수 있도록 한다.

(2) 운영을 위해 논의할 사항

　　(가) 편성할 프로그램의 목적을 명료히 한다.

　　(나) 학교급별 수준과 학년 수준을 고려해서 청소년들에게 적합한 봉사활동 프로그램을 마련한다.

　　(다) 봉사활동을 수행하는 과정에서 나타날 수 있는 문제점을 파악하여 예방 조치를 강구한다.

　　(라) 학교급 간, 학년 간 연계 방안을 모색한다.

　　(마) 봉사활동 프로그램별로 봉사활동 그룹을 조직하고, 활동 그룹의 지도교사, 활동인원, 활동계획을 위한 안내 등을 정한다.

　　(바) 지역사회 내에 있는 기업들의 협조를 받을 수 있는 방안을 모색한다.

5) 교육청 수준의 자원봉사활동 운영에서의 유의 사항

교육청은 관내 학교에서 실시되는 모든 봉사활동을 위한 안내자이면서 관리자이며 동시에 수범적인 동반자 역할을 수행해야 하는 입장에 있다. 이러한 맥락에서 교육청은 다음과 같은 사항들에 유념하여 봉사활동의 교육적 의의를 높이는 데 노력해야 할 것이다.

(1) 각급 학교 수준에서 필요한 정보가 무엇인지를 사전에 파악하여 학교에 도움을 줄 수 있는 정보와 자료를 제공한다.

(2) 교육청 수준의 봉사활동을 통해 얻게 된 결과들을 교과와 관련해서 활용할 수 있도록 안내한다. 특별히 관련성이 높은 교과는 사회과와 국어과, 과학과 등을 들 수 있다.

(3) 봉사활동 유관 기관과 학교 간에 결연 관계를 맺어 지속적이고 유기적으로 봉사활동이 이루어질 수 있도록 교육청 수준에서 지역 전체의 봉사활동 유관 기관에 관한 통일적인 정보와 자료를 제공한다.

(4) 봉사활동 지도교사와 청소년자원봉사활동과 관련을 맺고 있는 봉사활동 유관 기관의 담당자 그리고 학부모 등을 대상으로 하는 연수교육 과정을 설치 운영한다.

6. 학교 수준의 자원봉사활동 운영 방안

1) 학교 수준의 자원봉사활동의 의미

학교 수준의 자원봉사활동은, 교육청 수준에서 수행되는 봉사활동과 유기적인 관련을 맺으면서, 학교의 지도, 관리하에 학교 단위나 학년 단위, 학급 단위, 그룹 단위, 그리고 개인 단위로 이루어지는 활동을 말한다.

여기서 수준이라는 용어는 봉사활동을 기획, 운영, 평가하는 주체의 수직적 위계를 의미하며, 단위라는 용어는 봉사활동을 실제로 하는 봉사자의 집단 크기를 말한다.

교육과학기술부의 지침에 의하면, 특별 활동의 일환으로 이루어지는 학급 활동이나 학교 활동, 단체 활동, 그리고 클럽 활동 등은 특별 활동으로 규정되어 있는바, 특별 활동의 차원에서 이루어지는 일체의 봉사활동은 여기서 말하는 학교 수준의 봉사활동에서 제외된다.

2) 학교 수준의 자원봉사활동 영역

학교 수준에서의 자원봉사활동은 학교 자체에서 마련하여 교내 또는 학교 주변에서 이루어지는 활동과 교육청에서 제공된 자원 자료(봉사활동 유관 기관, 지역의 사회적 요구, 지역사회의 문제점과 현황 등)를 토대로 학교에서 편성한 프로그램에 따라 지역사회에서 이루어지는 활동으로 구성된다.

학교 수준에서의 자원봉사활동은 개인 단위에서부터 그룹 단위, 학급 단위, 학년 단위, 그리고 학교 단위에 이르기까지 그 활동 단위가 다양하게 조직될 수 있으며, 활동 단위의 조직은 활동 내용의 성격과 목적, 연속성, 규모 등에 따라 달라진다.

일회적 또는 단일적이면서 독립적인 성격을 지닌 활동으로서 전교생이 참여할 수 있을 정도로 활동인원이 많을수록 좋은 경우에는 학교 단위의 활동이 이루어지는 것이 바람직하다. 예를 들면, 농촌 지역에서의 농번기 일손 돕기 활동이나 도시 주변 지역에서의 육림 활동 및 자연 보호 활동 등이 이에 해당된다.

반면에 연속적이면서 장기적인 성격을 지닌 활동으로서 활동인원이 제한적일 경우에는 활동인원의 규모에 적합하게 개인 또는 그룹 단위의 활동 단위를 조직해야 한다. 예를 들어, 지체 부자유 학우나 학습 지체 학우를 돕는 활동 등은 연속적으로 이루어져야 하는 활동이면서 동시에 개인 단위로 이루어져야 하는 활동이다.

활동을 위한 계획 및 프로그램의 편성, 운영, 평가 등은 교육청과의 협력을 기초로 학교 수준에서 이루어져야 한다. 프로그램의 편성, 운영, 평가 등의 내용은 청소년들에게 공개 설명되어야 한다.

3) 학교 수준에서의 자원봉사활동 운영

(1) 운영을 위한 기획 모임

학교에서는 위와 같은 봉사활동 프로그램을 편성, 운영하기에 앞서, 지역과 학교의 실정을 고려하는 한편, 어떠한 프로그램을 어떻게 운영하고, 추수 지도해야 하는지 등에 대해 기획하는 과정을 선행적으로 가져야 한다. 기획 모임에는, 각 학년의 요구를 대표하는 청소년 대표, 교직원(봉사활동 지도교사 포함), 학부모, 봉사활동 전문가, 봉사활동 유관 기관 대표 등이 참석할 수 있도록 한다.

(2) 운영을 위한 논의 사항

- 활동 단위와 학년, 학교급 등을 고려해서 적합한 프로그램(활동 내용)을 편성한다.
- 편성할 프로그램의 목적을 명료히 한다.
- 봉사활동을 수행하는 과정에서 나타날 수 있는 문제점을 파악하여 사전에 예방 조치를 강구한다.

- 주변 학교와의 협력을 통해, 고등학생과 중학생, 초등학생이 한 조를 이루어 활동할 수 있도록 학교급 간, 학년 간 연계 방안을 모색한다.
- 봉사활동 프로그램별로 봉사활동반을 조직하고, 운영 목적, 운영 방침(방향), 지도교사, 운영 과정, 활동반원 교육(봉사활동을 위한 오리엔테이션) 등을 기획한다.

(3) 봉사활동 그룹의 조직 및 운영 방안의 예
- 상설 조직이 필요한 봉사활동을 학교 수준에서 결정한다. 결정 시 고려해야 할 사항: 활동반의 목적, 학교의 여건, 지역사회의 여건, 교사와 학부모의 태도(입장) 등
- 봉사활동반 지도교사를 선정한다.
- 봉사활동반에 참여할 청소년을 모집한다.
- 지도교사와 청소년들이 협력해서 연간 활동계획을 수립한다. 기획 단계에서 다른 봉사활동반의 활동 목표와 내용 등을 고려한다.
- 수립된 계획에 따라 활동하게 될 내용과 관련된 정보와 자료를 수집한다. 활동 내용과 관련된 유관 기관에 대한 정보, 활동 내용에 대한 지역사회의 요구, 봉사활동반에 공공 서비스를 제공할 수 있는 자원 발굴 등
- 봉사활동의 경험과 결과를 평가하고 토론하는 모임을 갖는다. 모임의 결과를 정리하여 후속 활동에 반영한다. 관련 교과 시간에 교과 지도교사는 청소년들의 활동 내용이나 경험 등을 학습 자료 또는 소재로 활용할 수 있도록 한다.
- 봉사활동에 대한 인정 방안을 마련한다. 활동반 셔츠, 배지, 인

정서, 관련 기관의 감사장, 봉사상 등

- 학교 수준의 봉사활동 운영을 위한 운영 조직(가칭 자원봉사활동 운영위원회)을 구성한다. 운영 조직의 구성에서 고려되어야 할 부서는 다음과 같다. 위원장 및 부위원장: 교장, 교감, 학교 운영위원회 위원장 등
  - 지도 및 자문 기구: 지역사회 봉사단체, 교육청, 봉사활동을 위한 유관 기관, 봉사교육 관련 연구소, 봉사활동 전문가 등
  - 협력 기구: 학교 운영 위원회, 봉사활동 유관 기관, 기업, 학부모, 지방행정기관, 지역 내 대학교 등
  - 주무부서: 현행 연구부 또는 생활지도부 등을 중심으로 주무 조직을 편성하고, 하위 실무조직으로 기획, 집행(실행), 홍보, 평가, 정보 수집 및 섭외 등을 선택적으로 편성할 수 있다.
- 지역사회 내에 있는 관련 집단(기업, 학부모, 봉사 단체, 공공기관, 교육청 등)의 협조를 받을 수 있는 방안을 모색한다. 예) 기업과의 협의를 통해 기업의 협조(기금 제공, 차량 편의, 연수원시설 이용 등)를 구한다.

(4) 기관 배치를 활용한 봉사활동의 안내

현재 우리나라의 실정을 고려할 때, 청소년자원봉사활동이 사회복지시설기관이나 환경, 문화, 스포츠 단체, 공공기관, 봉사 단체 등을 활용해서 이루어질 수밖에 없는 경우가 많다. 따라서 학교에서는 이러한 기관들에 대한 정보를 확보하고 있어야 한다. 청소년들을 기관에 무조건 보내기보다는, 기관에서 청소년들을 받아들일

수 있는 프로그램과 운영 여건, 실태 등을 선행적으로 파악해야 한다. 이러한 측면에서 학교에서는 교육청과의 협조를 통해 지역사회에 있는 유관 기관들로부터 이와 같은 정보를 제공받아 유기적인 체계 속에서 봉사활동이 이루어지도록 해야 한다.

4) 학교 수준의 자원봉사활동 운영에서의 유의 사항

봉사활동이 성공적으로 수행되기 위해서는 교육청과 학교, 지역사회, 그리고 학부모 등의 관계가 유기적이면서도 통합적인 관계로 맺어져야 한다. 그러나 현실적으로는 이러한 여건이 충족되지 못하는 경우가 많다. 그럼에도 불구하고, 청소년들의 자원봉사활동은 성인들의 봉사활동과는 달리 학습이라는 의미를 지니고 있기 때문에 학교를 중심으로 운영될 수밖에 없으며, 나아가 그 일차적인 책무를 학교가 떠안게 되는 현실적인 어려움이 뒤따른다. 그러나 여건이 어려울수록 학교의 역할이 그만큼 커지는 것으로 볼 수 있다.

5) 학교 수준의 자원봉사활동 운영에서의 대안

학교는 개인단위의 봉사활동에서부터, 그룹단위, 학급단위, 그리고 학교 단위의 봉사활동에 이르기까지, 학교 수준에서 이루어지는 일체의 봉사활동을 기획하고 운영, 평가하는 과정에서 직면하게 될 현실적 여건과 문제점 등을 예상하여 그에 대응하기 위한 대안적 처방과 개선 방안 등을 모색해야 할 것이다.

(1) 지역사회와의 연계를 통해 지원을 받도록 한다
　●지원을 받을 수 있는 자원의 예: 지역사회의 기업, 봉사 단체,

공공기관, 학부모 등

- 지원받을 내용의 예: 활동에 필요한 장비 및 시설, 정보, 자원
인사, 재정, 봉사활동 프로그램 등

(2) 학부모의 인식을 제고하고 지원을 받도록 한다

- 가칭 자원봉사활동운영위원회를 구성하여 운영한다.
- 학교운영위원회의 협조를 구한다.
- 학부모 교육 및 홍보를 강화한다.
- 학부모를 자원봉사활동 지도교사 자원으로 활용한다.
- 청소년들과의 동반 활동 방안을 모색한다.

(3) 동일한 활동을 연속적으로 봉사하게 할 것인지 또는 여러 활동을 다
양하게 봉사하게 할 것인지 봉사활동의 성격을 고려하여 결정한다

- 연속적인 봉사를 요구하는 활동: 지도 활동(학습 부진 학생, 하
급생, 유치원생 등 돕기)이나 위로 활동(장애인, 노인, 고아 등
의 위로)과 같은 대인 봉사활동은 일차적인 인간관계를 기초로
하기 때문에 봉사자와 대상자 간의 만남이 계속되어야 한다.
- 일회적인 봉사가 가능한 활동: 계몽 활동이나 일손 돕기 활동
등과 같은 활동은 전, 후의 활동과 관련이 미미하기 때문에 한
청소년이 다양하게 경험할 수 있도록 하는 것이 요구된다.

(4) 청소년 요인을 고려하여 청소년 중심의 봉사활동을 운영한다

- 진로를 고려한 지도: 의대 지원생일 경우, 병원 일손 돕기 또
는 장애인 위로 활동 등을 할 수 있도록 지도한다.
- 능력과 성향, 흥미 등을 고려한 지도: 학습에 흥미를 갖고 있으
며, 지도능력이 있는 경우 학습 부진 청소년 돕기를 권장한다.

- 청소년의 사회와 경제적 배경을 고려한 지도: 배경이 높은 청소년들에게는 불우 이웃 돕기 활동이나 위문 활동 등을 하도록 권장한다.
- 적성에 맞는 봉사활동이 진로에 도움을 준다.

청소년들이 할 만한 자원 봉사활동은 무수히 많다. 자원봉사가 학교를 중심으로 진행될 경우 교사들은 청소년의 적성과 흥미를 고려해서 진로에 도움을 줄 수 있는 봉사지도를 해야 한다. 청소년의 적성과 흥미를 무시한 봉사활동은 일회적으로 끝나버릴 가능성이 높다. 청소년들이 스스로 좋아하는 분야에서 자원봉사를 함으로써 학습으로서의 봉사활동의 의미와 진로 지도로서의 의미가 동시에 충족될 수 있게 된다.

의대에 진학할 예정인 청소년은 병원에서의 봉사활동을 통해서, 사회복지학과를 지망하는 청소년은 지역사회개발 봉사활동을 통해서, 국문학에 관심이 있는 청소년은 글을 모르는 노인이나 장애인에게 글을 가르치는 문맹자 교육 봉사활동을 통해서, 그리고 사범대학을 지망하는 청소년은 야학이나 학습 지도 봉사활동 등을 통해서 '봉사'와 '학습', 그리고 '진로 준비' 등의 목적을 동시에 달성할 수 있게 되는 것이다.

(5) 봉사활동에 참여하고 있는 청소년들의 관리가 계속되어야 한다
- 계획된 대로의 진행 여부, 활동상의 애로 사항, 봉사 대상과의 문제점 등을 수시로 파악하여 개선을 위한 노력을 계속한다.

(6) 획일적이거나 강제적 또는 점수와 연관시키는 지도가 이루어지지 않도록 한다

(7) 봉사활동에 들어 있는 봉사 정신을 내면화할 수 있도록 명상, 훈화, 사전 교육 등의 교육을 수시로 실시한다

● 교육내용: 자원 봉사활동의 개념과 특성, 봉사자가 지녀야 할 자세, 봉사자가 지켜야 할 사항, 봉사 대상자와 좋은 관계를 맺기 위한 원칙, 봉사 대상 기관에 대한 이해 등

(8) 현재 특별활동(학급활동, 자치활동, 단체활동, 클럽활동 등)을 통해서 이루어지고 있는 봉사활동을 점진적으로 축소해 가는 대신 순수한 봉사활동 영역을 확대하도록 한다

(9) 현재 교내에서 이루어지고 있는 봉사활동은 지역과 학교의 사정을 고려해서 필요한 경우에 개인 수준에서 이루어지는 개인 단위의 봉사활동을 위한 프로그램으로 운영한다

6) 학교 수준의 자원봉사활동 운영에서의 대안

각 학교 수준에서의 자원봉사활동계획 수립은 학교가 주관하여 실시할 자원봉사활동에 대한 계획과 아울러 각 학년이나 학급단위, 그리고 그룹이나 개별 청소년 단위로 자원봉사활동을 제대로 시행할 수 있도록 지도·조언하기 위한 계획의 수립이 필요하다.

각 학교 수준에서 자원봉사활동을 성공적으로 추진하기 위해서는 준비단계, 실천단계, 평가단계들이 유기적으로 상호 작용할 수 있도록 철저한 계획수립과 성실한 실천이 요구된다.

(1) 준비 단계

학교수준에서 자원봉사활동에 대한 준비단계를 크게 ① 자원봉사활동 목록 작성(자원봉사활동 대상 조사, 실천 가능한 자원봉사

활동 선정, 봉사 대상 기관 협조 요청, 자원봉사활동 목록 작성), ② 홍보활동(자원봉사활동 지도교사 연수, 자원봉사활동 프로그램 안내, 게시판, 교내 신문, 방송 홍보), ③ 계획서 제출(학교단위 자원봉사활동계획서 작성, 학년단위 자원봉사활동계획서 작성, 학급단위 자원봉사활동계획서 작성, 그룹 및 개인단위 자원봉사활동계획서 작성, 학급별 자원봉사활동 상황표 작성)로 나눌 수 있다.

① 자원봉사활동 목록 작성

학교수준에서 자원봉사활동을 위해 수행해야 할 가장 기본적인 업무는 해당 학교의 여건과 상황을 충분히 고려하되 해당 학교 청소년들이 행하기를 원하는 자원봉사활동의 목록을 작성하는 것이다. 이를 위해 먼저 청소년들이 할 수 있는 자원봉사활동으로 어떠한 것들이 있는지를 파악한 후, 실천 가능한 자원봉사활동 목록을 작성한다. 이때 학교나 지역사회의 필요에 의해 새로운 자원봉사활동 프로그램을 개발할 수도 있다. 자원봉사활동의 목록을 작성하기 위한 절차를 크게 다음의 4가지로 나눌 수 있다.

첫째, 자원봉사활동 대상 조사: 학교나 지역사회에서 청소년들이 할 수 있는 봉사활동의 대상을 조사한다.

- 청소년들에게 과제를 부여하여 주변에서 자원봉사활동을 필요로 하는 대상을 찾아보도록 한다.
- 교육청, 유관 기관, 학부모, 그리고 지역 주민들로부터 정보나 의견을 수렴한다.
- 목록 작성에 필요한 사항이 빠지지 않도록 '자원봉사활동 대상 조사서'를 배부하여 자원봉사활동 대상을 조사해 오도록 하고 중복되는 대상은 제외한다.

● 학교나 지역사회의 필요에 따라 새로운 자원봉사활동 프로그램을 개발한다.

둘째, 실천 가능한 자원봉사활동 선정: 학교 내의 자원봉사활동 전담부서나 위원회는 교직원, 육성회, 어머니회, 명예교사회 등의 의견수렴 과정을 거쳐, 앞서 조사한 자원봉사활동 대상들 중에 해당 학교 청소년들에게 추천할 구체적인 자원봉사활동 프로그램들을 선정한다.

셋째, 봉사대상 기관 협조요청: 선정된 자원봉사활동 대상을 중심으로 관련 기관과 협조공문, 전화, 방문 등을 통하여 구체적인 활동 일정과 방법 등을 협의한다.

넷째, 자원봉사활동 목록 작성: 학교단위나 학년, 학급, 그리고 그룹이나 개인 단위로 행할 수 있는 자원봉사활동의 목록을 작성한다. 최종적인 자원봉사활동 목록을 제시할 때는 교육청 수준에서 작성된 예비 목록이나 목록 작성 방식을 충분히 숙지한 후, 자원봉사활동의 구체적인 내용 및 성격, 대상 기관이나 장소, 필요한 인원, 활동 가능한 시간, 주소, 연락처(전화번호 및 담당자 이름) 등을 자세히 기록하는 것이 바람직하다.

목록 작성의 예: 내용·성격 기관·장소 소요인원 가능한 시간대 주소 연락처 비고

지도활동(교통지도), 교문 앞 3거리, 등하교시, 각각 6명, 학기 중 오전 7-8, 오후 4-5

서울시 서초구 우면동 92 전화: 000-0000, 담당자: ○○○ 지도교사: ○○○

② 홍보활동

학교에서 작성한 프로그램 목록을 학교 게시판, 학급 게시판, 가정통신문, 교내 방송 및 신문, 훈화 지도 등을 통하여 교사나 청소년이나 학부모들이 그 내용을 충분히 숙지할 수 있도록 한다. 아울러 교사들을 대상으로 자원봉사활동에 대한 자체 연수프로그램을 운영하여 자원봉사활동의 필요성과 중요성을 충분히 인식할 수 있도록 하여 청소년들을 지도하는 데 차질이 없도록 한다.

③ 자원봉사활동계획서 제출

자원봉사활동 프로그램이 완성되고 충분한 홍보가 이루어지면 학교단위, 학년단위, 학급단위, 그룹 및 개인단위 자원봉사활동계획서를 작성한다. 특히 그룹 및 개인단위 자원봉사활동계획서 작성은 담임교사와 충분히 상의하여 작성하는 것이 바람직하다. 담임교사는 청소년들의 자원봉사활동계획서를 신중하게 검토하여 가능한 한 여러 가지 내용의 자원봉사활동을 두루 시행할 수 있도록 지도하고 조정하는 것이 바람직하다. 또한 담임교사는 학급별 자원봉사활동 상황표를 작성하여 해당 학급 청소년들의 자원봉사활동 내역을 일목요연하게 파악할 수 있도록 하는 것이 좋다.

학교 내의 자원봉사활동 전담부서나 위원회는 학교단위 및 학년단위 자원봉사활동계획서를 작성하고 교사, 학부모, 청소년들에게 홍보하여 학급별 계획이나 그룹 및 개인별 계획수립과 중복되지 않도록 해야 한다.

- 학교 행사 계획에 의한 활동의 예: 조기청소, 교통지도, 자연보호, 방학 중 학교 청소 등
- 학년 계획에 의한 활동의 예: 소풍이나 백일장 행사 후 청소,

극기 훈련 후 자연보호, 환경정화 등

● 학급 계획에 의한 활동의 예: 체육대회 등 학교행사 후 운동장 정리, 화단정리, 유리창 청소

● 그룹 및 개인 계획에 의한 활동의 예: 폐휴지 수거, 양로원 방문, 사회복지관 자원봉사, 도서 정리 등

● 학교수준에서 청소년들의 자원봉사활동을 준비 시 구체적으로 고려해야 할 사항들은 다음과 같다.

① 해당 학교 내에 자원봉사활동을 전담할 부서나 위원회가 구성되었는가?

② 자원봉사활동의 대상 기관이나 사람들에 대한 조사가 충분히 이루어졌는가?

③ 자원봉사활동의 중요성이나 필요성에 대해 교사들에게는 물론 청소년, 학부모, 지역사회 주민, 봉사대상 기관의 직원 등에게 충분한 홍보가 이루어졌는가?

④ 청소년들의 나이나 발달단계에 적절한 자원봉사활동을 추천하고 있는가?

⑤ 목록 작성을 위해 교사, 학부모, 유관 기관 인사 등 여러 사람들로부터 충분한 의견 수렴과정이 있었는가?

⑥ 해당 학교의 여건이나 주변 상황을 충분히 반영하여 자원봉사활동 목록을 작성하였는가?

⑦ 자원봉사활동 목록이 청소년들이 쉽게 활용할 수 있도록 충분히 구체적인가?

⑧ 학교에서 추천하는 자원봉사활동의 구체적인 내용에 대해 청소년이나 학부모에게 충분한 홍보가 이루어졌는가?

⑨ 청소년들이 자발적으로 참여하고자 하는가?

⑩ 학교단위, 학년단위, 학급단위, 그룹 및 개인단위 자원봉사
   활동에 대한 연간, 학기 간, 월간, 주간 계획이 구체적으로
   수립되었는가?

(2) 실천 단계

사전에 수립된 계획에 따라 자원봉사활동을 성실히 실천하되 예
기치 못한 상황의 발생이나 주변의 여건변화 등을 고려하여 융통
성 있게 계획을 수정하여, 청소년들은 물론 봉사 대상기관이나 사
람들에게 유익한 활동이 되도록 해야 할 것이다. 학교수준에서 자
원봉사활동을 실천하면서 고려해야 할 사항들은 다음과 같다(구체
적인 내용들은 본 지침서 제6장 이하에 기술하고 있다.).

① 자원봉사활동을 수행할 청소년들의 사전 교육은 충분히 이루
   어졌는가?
   ● 자원봉사활동을 위한 유의사항에 대해 충분히 숙지하고 있
     는가?
   ● 안전사고 예방을 위한 교육은 충분한가?
   ● 청소년의 적성이나 특성에 맞는 자원봉사활동을 선택하고
     있는가?
   ● 청소년의 자원봉사활동에 대한 학교의 지도·조언은 충분한가?

② 자원봉사활동을 제대로 실천하고 있는가?
   ● 사전에 수립한 계획대로 제대로 진행되고 있는가?
   ● 상황이나 여건변화에 따라 융통성 있게 계획의 수정은 가능
     한가?
   ● 봉사 대상 기관이나 사람들과 좋은 관계를 유지하고 있는가?
   ● 형식적이지 않고 자발적이면서도 적극적으로 실천하는가?

- 학부모나 지역 자원인사의 충분한 협조 속에 수행되고 있는가?
- 청소년들이 지도교사의 지도나 조언을 쉽게 구할 수 있는가?

③ 다른 학교나 상급 기관과 긴밀한 협조 속에 이루어지고 있는가?

- 지역 내 초·중·고등학교와 긴밀한 협조 속에 이루어지고 있는가?
- 상급 기관인 교육과학기술부나 교육청과 긴밀한 협조 속에 이루어지고 있는가?

(3) 평가 단계

학교수준에서 자원봉사활동과 관련된 평가활동을 하면서 고려해야 할 사항들은 다음과 같다. 각각의 사항들에 대해서는 ① 설문조사나 ② 면접 혹은 ③ 소감문이나 ④ 우수 사례 발표대회 등을 통해 파악할 수 있을 것이며, 파악한 내용을 근거로 자원봉사활동의 결과를 평가하고 앞으로의 개선활동에 적극 활용해야 할 것이다(구체적인 내용들은 본 지침서 제3부 9장 이하에 기술하고 있다.).

① 청소년의 개인적인 측면에서 교육적인 성과가 있는가?
② 청소년들 개개인이 자원봉사활동에 대해 만족하는가?
- 학교수준에서 준비하고 지도하는 활동에 대해 만족하는가?
- 자원봉사활동의 결과에 대해 스스로 만족하는가?
- 봉사 대상 기관이나 사람들의 반응에 대해 만족하는가?
- 자원봉사활동에 대한 지역 주민들의 반응에 대해 만족하는가?
③ 봉사 대상 기관이나 사람들이 만족하는가?
④ 학교 수준에서 청소년들의 자원봉사활동에 만족하는가?
- 교사들은 청소년들의 자원봉사활동에 만족하는가?
- 자원봉사활동의 준비단계에 대해 만족할 만한가?

● 자원봉사활동의 실천단계에 대해 만족할 만한가?

⑤ 상급기관에서는 청소년들의 자원봉사활동에 만족하는가?

⑥ 학부모들은 자녀들의 자원봉사활동에 대해 만족하는가?

⑦ 지역사회의 일반인들이 청소년들의 자원봉사활동에 대해 만족하는가?

7. 개인 수준의 자원봉사활동 운영 방안

1) 개인 수준의 자원봉사활동의 의미

개인 수준의 봉사활동은, 학교 수준 또는 교육청 수준에서 개인 단위로 이루어지는 봉사활동과는 달리 개인 수준에서 개인 단위로 이루어지는 봉사활동을 말한다. 즉 개인 수준의 봉사활동은 개인 스스로 봉사활동을 계획, 실행, 평가하는 것으로서 유관 기관과의 연계, 활동 내용 선정, 활동의 관리 등 봉사활동과 관련된 모든 일이 개인 차원에서 이루어지는 것을 말한다.

2) 개인 수준의 자원봉사활동 영역

개인 수준의 자원봉사활동은, 학교 또는 교육청 수준에서 마련된 개인 단위의 봉사활동과는 달리, 개인 수준에서 개인 단위로 이루어질 수밖에 없는 제한적인 경우의 봉사활동을 의미한다. 따라서 개인 수준에서의 봉사활동 영역은 학교 수준이나 교육청 수준에서 마련된 봉사활동 프로그램 이외에 봉사활동으로 인정될 수 있는 모든 봉사활동을 포함한다.

학교 또는 교육청 수준에서 마련하는 봉사활동 프로그램의 목적 동기가 봉사에 있는 것이기는 하나, 또 하나의 목적 동기로서 학습 기회의 부여를 빼놓을 수는 없다. 즉 학교나 교육청 수준의 봉사활동에는 교육(학습)의 의미가 들어 있는 것이다.

이에 반해 개인 수준의 봉사활동에는 목적 동기로서의 교육의 의미가 들어 있지 않다. 개인 수준의 봉사활동은, 마치 성인이 순수한 의미에서 봉사를 위한 봉사활동을 하는 것처럼, 청소년 스스로 봉사를 위한 봉사활동을 계획, 실행하는 것을 의미한다. 따라서 개인 수준의 봉사활동은 개인적 동기 요인(관심, 적성, 친사회성, 봉사정신 등)에 의해 이루어지게 되며, 그만큼 학교 수준에서 이를 계획하고 안내하기가 어렵게 된다.

다만 개인 수준의 봉사활동이라 할지라도 학교생활기록부의 취지에 따라 이를 인정하고 평가하는 과정이 뒤따라야 한다는 차원에서, 개인 수준에서의 봉사활동에 대한 학교 차원에서의 추수 지도가 요청된다고 말할 수 있다. 즉 개인 수준에서 이루어진 봉사활동을 확인하고 인정하여 후속적인 활동으로 연계될 수 있도록 보상하고 장려하는 한편, 누가 기록을 통해 관리하는 등의 지도가 이루어져야 할 것이다.

3) 개인 수준의 자원봉사활동을 위해 학교에서 취해야 할 조치들

　(1) 개인 수준의 자원봉사활동의 성격에 대한 학부모의 이해를 높여 가정에서의 지도를 바탕으로 하는 봉사활동이 이루어질 수 있도록 한다.

　(2) 개인 수준의 자원봉사활동을 위한 계획서와 확인서, 자기

평가서 등의 양식을 학교 차원에서 일괄적으로 준비한다. 계획서를 작성함에 있어 교사의 지도를 받아 검토, 수정하는 과정을 거치도록 한다. 교내 봉사활동을 개인 수준에서 할 경우에는 개인 계획에 따르는 것이 아니라 학교 계획에 의한다.

(3) 자원봉사활동의 개념과 성격, 지역 내의 봉사활동 유관 기관, 인정, 확인을 위한 절차 또는 양식, 봉사활동에서의 유의 사항 등에 대한 선행적인 교육을 실시한다.

(4) 개인 수준의 자원봉사활동은 가급적 결연이나 봉사 단체에의 가입 등을 통해 동일한 활동을 지속적으로 하는 방향으로 지도한다.

(5) 개인 수준의 자원봉사활동 비중이 30%를 넘지 않도록 한다.

4) 개인 수준의 자원봉사활동이 이루어지는 과정

(1) 개인 봉사활동 실시 계획서 제출
● 봉사활동 대상기관 및 지도교사와의 사전협의를 거친다.

(2) 봉사활동의 실행
● 계획서의 내용대로 실천한다.

(3) 활동 결과의 인정 및 자기반성
● 봉사활동 일지, 봉사활동 카드, 봉사활동 확인서 양식에 따라 내용을 작성하여 학교에 제출한다.

(4) 봉사활동 누가 기록부 작성
● 학생이 제출한 양식을 토대로 담임교사는 누가 기록부를 작성

하고, 학생과의 면담을 통해 후속적인 봉사활동으로 연결되도록 지도한다. 활동의 내용에 따라서는 활동의 결과를 홍보하거나, 교과 시간에의 활용, 보상 등으로 이어질 수 있도록 한다.

8. 자원봉사활동 유관 집단의 협조

청소년자원봉사활동이 활성화되고 바람직한 성과를 거두기 위해서는 교육과학기술부나 교육청 및 학교 측의 노력뿐만 아니라, 정부 관련 부처 및 지역사회의 협조가 절실히 요구된다. 청소년자원봉사활동이 이루어지는 터전은 학교만이 아니라 지역사회 전반에 걸쳐 있다. 따라서 관계 기관 및 관련 인사들이 교육적 관점에서 청소년자원봉사활동을 지원하고 협조를 할 때에만 소기의 성과를 거둘 수 있을 것이기 때문이다.

1) 정부 관련 부처의 협조

(1) 청소년자원봉사활동과 연관된 업무를 담당하는 정부 관련 부처들은 학생봉사활동을 지원하고 활성화시킬 수 있는 정책을 개발한다.

청소년자원봉사활동이 활성화, 정착되기 위해서는 우리 사회에서 청소년자원봉사활동의 필요성을 인식하고 적극 지원하려는 분위기가 형성되어야 한다. 이 같은 분위기 형성 및 청소년자원봉사활동에 대한 행·재정적 지원이 가능하도록 관련 부처들은 정책을 적극 개발하고 홍보토록 한다.

(2) 정부 관련 부처들은 각 지역 산하 기관 및 단체들과 연계하여 청소년자원봉사활동을 지원할 수 있는 체제를 갖추도록 한다.

문화체육부, 내무부, 법무부, 보건복지부 등 관련 부처들은 각종 청소년 관련 단체, 관공서, 사회복지기관 등과 연계하여 각 지역의 청소년자원봉사활동을 실질적으로 지원할 수 있는 체제를 갖추도록 한다.

(3) 장기적으로는 정부차원의 봉사활동 단체 조직 및 활성화를 통해 청소년자원봉사활동을 지원하고, 청소년들과 성인들의 봉사활동을 연계시켜 나가도록 한다.

선진국들의 경우와 같이, 정부차원의 봉사활동 단체를 조직하고 활성화시켜 청소년자원봉사활동을 지원하게 함과 아울러 청소년자원봉사활동과 성인들의 봉사활동을 연계시켜 나가도록 한다. 이렇게 함으로써 학교를 중심으로 사회 전반의 봉사활동이 정착될 수 있을 것이다.

2) 지역사회 유관 기관 및 단체의 협조

(1) 지역사회의 봉사활동 관련 기관 및 단체들은 청소년들이 봉사활동을 할 수 있는 프로그램을 적극 개발하고, 교육청 및 학교를 통해 홍보하도록 한다.

지역사회 내의 관련 기관이나 단체들은 초·중·고교 청소년들이 봉사활동을 통해 의미 있는 경험을 할 수 있는 활동 영역이나 프로그램을 적극 개발하도록 한다. 그리고 이를 교육청이나 학교를 통해 청소년들에게 널리 홍보하여 자발적으로 참여하도록 한다.

(2) 지역사회의 봉사활동 관련 기관이나 단체들은 청소년들의 봉

사활동을 원활히 지원할 수 있는 체제를 갖추도록 한다.

청소년들의 봉사활동 대상 기관이나 단체는 '청소년 오리엔테이션 프로그램', '청소년 배치 방안', '구체적인 활동 거리', '지도, 감독 및 안전사고 예방 방안' 등을 마련한 후에 청소년들이 대상 기관에서 봉사활동을 할 수 있도록 준비한다. 이를 위해 해당 기관이나 단체에서는 봉사활동 담당자를 배치하면 좋을 것이다.

(3) 청소년들의 자원봉사활동을 지도, 감독하여 의미 있는 활동이 이루어지도록 한다.

청소년들이 활동을 하는 동안에는 봉사 대상 기관이나 단체의 담당자가 청소년들의 활동을 지도, 감독하도록 한다. 이는 관계 전문가의 지도, 감독을 통해 보다 효율적인 봉사활동을 펼침으로써 청소년 자신에게도 도움이 되고, 봉사 대상 기관이나 단체에서도 실질적인 도움을 얻기 위해서 반드시 필요하다. 특히, 장애인이나 노인 및 어린이 등을 대상으로 봉사활동을 하는 경우에는 청소년들에게 봉사 대상자에 대해 이해시키고, 적절하게 돕는 방법을 지도한다.

(4) 청소년들의 자원봉사활동 결과를 확인하고, 적절한 평가를 하도록 한다.

일정 기간의 봉사활동이 끝나면 봉사 대상 기관이나 단체의 담당자는 청소년들의 활동 결과를 확인하고, 적절한 평가를 하도록 한다. 평가 방식은 해당 학교와 상의하여 결정하도록 한다.

3) 학부모 및 지역 주민의 협조

(1) 학부모와 지역 주민들은 청소년들에게 자원봉사활동의 모범

을 보이도록 한다. 특히, 학부모들은 자녀와 함께 봉사활동을 펼침으로써 좋은 성과를 거둘 수 있을 것이다.

청소년들은 부모를 비롯한 어른들의 모범을 통해 봉사 정신을 잘 배울 수 있다. 학부모와 지역 주민들은 가능한 한 스스로 봉사활동의 모범을 보이도록 하고, 경우에 따라서는 청소년들과 함께 봉사활동을 하도록 한다.

(2) 학부모와 지역 주민들은 청소년자원봉사활동을 지도하고, 안내하도록 한다.

학부모와 지역 주민들은 청소년들이 봉사활동을 잘할 수 있도록 적극 지원하고, 경우에 따라서는 청소년들을 지도하고, 안내하도록 한다. 특히, 봉사활동을 하는 동안에 발생할 수도 있는 안전사고에 대비하도록 지도한다.

(3) 학부모나 지역 주민이 직접 지도, 안내하거나 감독한 경우에는, 학생봉사활동 결과를 확인해 준다. 이때 청소년들에게 미치는 교육적 영향을 감안하여 공정하고 객관적으로 활동 결과를 평가하도록 하며, 확인 절차는 해당 학교의 방식을 따르도록 한다.

제2장 청소년자원봉사활동의 관리

1. 청소년자원봉사활동 추진위원회 구성 · 운영

1) 위원회의 조직

청소년자원봉사활동의 내실화 및 질 관리를 위해서 단위학교에 '학생자원봉사활동추진위원회'를 설치 · 운영한다. 단, 학교 실정에 따라 성적관리위원회, 교육과정위원회에 자원봉사활동 업무 담당교사를 참여시켜 위원회의 기능을 대신할 수 있다.

    (1) 위원회는 위원장, 부위원장, 계획, 실행, 평가위원 등 학교의 여건에 따라 필요한 위원을 둔다.

    (2) 위원장은 교감, 부위원장은 담당부장이 되고, 각 위원은 학교 여건을 고려하여 위원장이 임명한다.

    (3) 학교 여건에 따라 성적관리위원회에 자원봉사활동 업무 담당교사를 참여시켜 위원회의 기능을 대신할 수 있다.

2) 위원회의 임무

    (1) 위원장은 청소년자원봉사활동 업무를 총괄해야 하며, 부위원장은 위원장을 보좌하여 청소년자원봉사활동이 내실화될 수 있도록 지도 · 감독한다.

    (2) 위원회에서는 청소년자원봉사활동의 인정과 관련된 제반사항(인정범위, 실적, 확인자의 범위, 인정시간 등)을 심의한다.

    (3) 계획위원은 청소년자원봉사활동 전 영역에 걸쳐 활동할 수

있도록 대상기관, 지역사회 여건, 학교교육과정, 활동내용 등 학년별 단계에 맞게 활동계획을 수립한다.

(4) 실행위원은 자원봉사활동 영역별, 학년별 발달 단계에 따른 프로그램 개발 업무를 담당한다.

(5) 평가위원은 평가계획, 결과분석 및 처리업무를 담당한다.

3) 위원회의 운영

(1) 위원회는 청소년자원봉사활동 관련 제 지침과 지도 자료를 근거로 학교 실정에 알맞게 청소년자원봉사활동계획을 수립·시행한다.

(2) 청소년자원봉사활동에 대한 교직원 연수 및 학부모 연수를 실시하여 교직원 및 학부모가 청소년자원봉사활동의 교육적 의미를 이해하고, 적극적으로 참여하도록 한다.

(3) 지역사회의 여건을 고려하여 대상기관과 유기적인 협조 체제를 구축한다.

(4) 청소년자원봉사활동의 질 관리를 위하여 지도교사가 반드시 현장지도를 할 수 있도록 하고, 부득이한 경우 자원봉사자의 지원을 받아 현장지도를 강화한다.

(5) 청소년자원봉사활동 시행 전에 반드시 사전 교육을 실시해야 한다(사전 교육에는 자원봉사활동의 필요성, 활동 영역, 유의사항이 포함되어야 하며, 사전 교육 시간은 자원봉사활동 시간으로 인정한다).

(6) '학생자원봉사활동추진위원회'를 수시로 개최하여 자원봉사활동 운영상에 나타날 수 있는 제반 사항을 검토하여 청

소년자원봉사활동이 효율적으로 운영될 수 있도록 한다.

2. 청소년자원봉사자의 관리과정

자원봉사자의 관리과정이 어떻게 이루어지냐는 것은 자원봉사자의 소속기관에 대한 만족도 및 지속성에 결정적인 역할을 할 뿐 아니라 지역 주민들에게 제공하는 서비스의 질과 효율성을 결정하는 중요한 부분이다.

청소년자원봉사활동이 청소년들에게 적절한 인성교육의 장으로 제 역할을 다하기 위해서는 청소년자원봉사자를 활용하는 각 기관에서의 과학적이고 전문적인 관리가 필요하다.

청소년자원봉사활동이 단순히 접수 관리를 위한 편의를 제공하는 장이 되어서는 안 될 뿐만 아니라, 자원봉사활동의 이념과 중요성을 인식하여 체계적이고 과학적인 관리과정을 도입하여 효율적인 청소년자원봉사자 활용방안이 강구되어야 한다.

이에 청소년자원봉사관리에 필요한 각각의 과정 및 관리담당자를 살펴보면 다음과 같다.

1) 모집 및 배치

(1) 모집

자원 봉사자의 모집은 조직에서 필요로 하는 적합한 인원을 확보하는 첫 번째 과정으로 공급원의 개발이 가장 중요한 관건이 된다. 올바른 인원을 모집하려면 어디서, 어떻게 발견하고, 자원봉사에의 참여를 호소하고, 업무에 투입하는 방법을 면밀히 계획하여야 한다. 최상의 모집을 위한 도구는 성실한 기획과 업무설계를 거쳐서 완성된 탁월한 자원봉사 프로그램과 자원봉사자들의 욕구동기에 맞는 의미 있는 업무 내용들이다.

하지만 청소년자원봉사자들의 경우 일반자원봉사자 모집과는 다소 다르다. 청소년들의 경우 다소 의무적인 형태로 자원봉사활동을 하여야 하므로 적절한 프로그램만 있다면 모집에는 크게 애로점이 없으리라 본다.

자원봉사자의 모집방법은 크게 세 가지로 나눌 수 있는데 첫째, 개별 기관별로 직접 모집하는 방법, 둘째, 자원봉사센터나 기관을 통해 의뢰하는 방법, 셋째, 기관들이 지역차원에서 공동으로 모집하는 방법 등이 있다. 모집기술로는 인적 자원을 통한 개별모집과 매스컴을 통한 대중모집이 있으며 모집 시기를 결정할 때는 잠재적 자원봉사자의 생활주기를 파악하여 적절한 시기를 선택해야 한다.

청소년자원봉사자를 모집할 때는 어떠한 모집방법으로 어떠한 시기에 모집할 것인지를 기관 측에서 충분히 고려하여 모집하는 것이 필요하다.

(2) 배치

배치란 선발된 사람의 인적 특성과 업무를 대응시키는 과정을 의미한다. 기관이 자원봉사자로부터 최대의 혜택을 기대하고 자원봉사자들 역시 만족을 얻게 하려면 각각의 자원봉사자들에게 가장 적합한 업무를 부여해서 배치하여야 한다. 자원봉사활동에 참여하는 개개인이 자원봉사활동에서의 기대, 목표, 참여 동기 등을 확인하고 이에 적합한 업무가 부여되어야 한다. 적절한 사람을 적합하고 잘 계획된 업무에 배치하는 것이 자원봉사관리자에게도 가장 보람 있는 경험이 된다. 자원봉사자들의 불만 및 중도탈락의 이유 중에는 ① 자원봉사활동은 시간의 낭비다. ② 기술과 재능이 적절히 활용되지 않는다. ③ 적합한 업무에 배치되지 않았다는 것들이 주류를 이루고 있다. 이처럼 자원봉사자들의 배치는 자원봉사자들을 중도에 탈락시키지 않고 지속적으로 활동하도록 하는 데 무엇보다 중요한 역할을 한다.

자원봉사자들의 업무 배치에 고려되어야 할 점은 다음과 같다.

첫째, 자원봉사자 수요기관의 조건이다. 자원봉사자를 필요로 하는 기관에서 요구하는 업무내용과 조건, 기관에 대한 기본적인 이해(설립취지, 교통수단, 서비스 수용태도), 이전 또는 기존의 자원봉사자 활동현황 등을 고려해야 한다.

둘째, 자원봉사활동 집단 또는 조직에 대한 조건이다. 자원봉사자들이 개별로 활동하는 것이 아니라 팀으로 활동할 경우 활동을 하게 할 집단이나 조직에 대한 충분한 정보를 제공하여야 한다. 따라서 집단이나 조직의 주요 활동, 구성원의 속성, 정기모임, 기입방법 등에 대한 정보를 알아야 한다.

셋째, 자원봉사자의 조건이다. 자원봉사자가 희망하는 활동내용은 물론 지역시간의 한정 여부, 자원봉사자의 속성, 의식 등을 고려해야 한다.

청소년자원봉사자들의 경우 이들의 자원봉사활동이 교육적으로 가지는 특수성 때문에 청소년들의 욕구를 전적으로 수용한 배치를 할 수 없다. 하지만 청소년들의 능력에 맞게, 어느 정도의 적성을 고려하여 기관 측에서 신중한 배치를 하여야 청소년들의 자원봉사활동을 지속시킬 수 있고 교육효과도 그만큼 커지게 된다.

2) 활동 및 활용

기관에서는 자원봉사자를 모집하여 활용하려 할 때 이들이 어떠한 욕구를 가지고 오는지를 파악하여야 한다. 약 23년간 사회사업가로서 자원봉사프로그램의 팀장을 담당한 경험이 있는 Francies가 위스콘신 대학의 도움을 받아 개발한 자원봉사자 욕구, 동기척도의 내용을 보면 다음의 일곱 가지로 나눠진다.

① 경험추구의 욕구(need to experience) — 실질적인 이득 및 자아성장
② 사회적인 책임감 표현 욕구(need to express social responsibility) — 이타적 동기들
③ 타인기대부응 욕구(need to meet other's expectation) — 의미있는 주의사람들의 압력, 영향
④ 사회적인 인정 욕구(need to social approval) — 사회적 존경
⑤ 사회적 접촉 욕구(need to social contact) — 친교 및 사교경험
⑥ 사회적 교환 욕구(need to provide future returns) — 미래의 보상에 대한 욕구
⑦ 성취욕구(need to achievement) — 개인적 성취

각 기관에 찾아와 자원봉사활동을 원하는 청소년들의 경우 이들이 가지는 자원봉사활동에 대한 욕구는 일반적인 봉사자들이 갖는 욕구와는 다르다. 청소년들은 다른 봉사자와는 달리 봉사활동과 동시에 교육적인 성격을 띠고 있다. 즉 청소년들이 수행하는 자원봉사활동은 교육과정의 연장선상에 놓여 있는 것이다. 자원봉사활동을 통해 학교 내에서는 경험할 수 없는 내용을 체득하게 하는 현장교육의 일환으로 인식되기 때문에 이들의 활동은 자발성보다는 다

소 강제성을 띠고 있어 일반 자원봉사활동과는 구별된다. 때문에 청소년들의 활동 및 기관에서의 활용은 청소년들의 자발적 욕구에 근거한 것이라기보다는 기관의 현실적 여건과 청소년들에 대한 교육적 배려에 근거해서 이루어진다. 하지만 교육적 효과를 배가시키기 위해서는 적절한 인원을 활용 시기, 활용 분야, 활용목적 등을 고려하여 활용할 수 있도록 해야 한다.

3) 교육

기관은 기관으로 찾아온 자원봉사자가 자신의 능력을 최대한 발휘하여 기관의 목표와 자원봉사자 개인의 목표달성에 공헌할 수 있도록 유도하는 것이 중요하다. 이를 위해서 기관은 자원봉사자가 그들의 환경과 직무에 대하여 적응하도록 교육훈련을 실시하여야 한다. 특히 청소년자원봉사자들의 경우 자원봉사활동을 해야만 한다는 부담감을 안고 기관으로 찾아오고 또 자원봉사활동을 하겠다는 의욕은 많으나, 경험이 없는 경우가 대부분이기 때문에 이들을 적절하게 활동 및 활용하기 위해서는 그들의 업무수행을 위한 교육이 요구되는 것이 많다.

각 기관의 자원봉사자 교육은 교육을 하는 시기에 따라 첫째, 특정한 업무를 시작하기 전에 기관의 목적, 정책, 구조, 절차 그리고 클라이언트에 대한 이해를 증진시키는 오리엔테이션 또는 사전훈련, 둘째, 특정한 업무에 대한 이해를 도와주는 준비훈련(강의 및 관찰), 셋째, 현직에서 업무수행에 필요한 지식 및 기술을 습득하게 하는 현직훈련(On - the - job training), 넷째, 각 개인의 최대한의 잠재력 개발과 실현을 도와줄 수 있는 계속교육 및 훈련 등으로 구분될 수 있으며, 그 대상에 따라 자원봉사자 교육, 자원봉사 전문가 교육, 직원교육 등으로 구분 지을 수 있다.

4) 평가

평가는 자원봉사활동의 효과성과 적합성을 인식할 수 있는 유일한 방법이며 자원봉사자와 직원, 자원봉사 조정자의 사기양양을 위해서도 중요하다. 평가 시기는 프로그램 진행 도중, 프로그램의 종료 후 등 프로그램의 특성에 따라 매달, 매년 또는 수시로 행해질 수 있다. 평가주관자는 자원봉사자, 유급직원, 자원봉사 조정자, 타전문가, 지역사회대표, 클라이언트 등이 참여할 수 있다.

자원봉사자 개개인의 업무수행 및 성과 그리고 자원봉사 프로그램의 전반적인 평가는 개별 자원봉사자는 물론 자원봉사 프로그램의 강점과 약점을 나타낸다. 자원봉사 프로그램에 있어서 평가유형은 첫째, 각 개별 자원봉사자에 대한 기관별 평가, 둘째, 자원봉사 서비스에 대한 클라이언트에 의한 평가, 셋째, 직원에 의한 자원봉사 프로그램의 평가, 넷째, 자원봉사 프로그램이 기관의 서비스에 주는 화폐적인 기여도의 평가 등이다.

자원봉사들의 업무수행과 실적은 자원봉사 프로그램 책임자, 업무지도 감독자 그리고 자원봉사자들 자신들에 의해 정기적으로 검토되고 평가되어야 한다. 평가자는 자원봉사자 개개인의 업무분장과 출석기록 등에 근거하여 성취한 업무실적을 측정, 평가하고 구체적으로 어떤 문제들이 해결되어야 하는지 또는 훈련의 필요성이 있는지의 여부를 결정할 수 있어야 한다. 이와 같은 평가활동을 위해서 자원봉사 담당자는 직원 및 자원봉사자 개개인에 대한 충분한 지식을 갖고 협조해 나가는 과정이 필요하다. 그리고 지속적인 의사소통을 통해서 평가의 필요성이 인식되고 형식이 갖추어져야 한다. 이러한 평가는 모집 시기부터 상호 계약되고 통보되어야 하며 자원봉사자 자신들이 업무수행의 능력을 향상시킨다는 긍정적인 태도를 가지고 평가활동에 참여할 수 있으며, 평가방법에는 질문지, 면접, 프로그램기록, 관찰 등이 있다.

현재 청소년자원봉사자에 대한 평가지나 평가방법 등이 확립되어 있지 않고 자원봉사활동 후에 확인하는 양식도 학교에서 요구하는 확인증 양식이나 기관에서 자체적으로 발행하는 확인증이면 가능하다.

5) 관리담당자

자원봉사 관리담당자는 자원봉사자를 관리하고 지도 감독하여 끊임없이 지지하고 원조하는 중요한 위치를 가지고 있어 이들 관리담당자의 태도가 자원봉사자의 태도에 영향을 미치는 정도는 결정적이라고 하겠다.

(1) 자원봉사자 관리담당자의 분류

자원봉사 관리담당자는 전문성의 정도에 따라 전문가, 준전문가, 리더로 세분화해 볼 수 있다. 자원봉사전문가는 자원봉사활동 전반에 대한 전문적인 교육과 훈련을 받고, 기관이나 시설에서 자원봉사자 관리 및 조정에 대한 일을 주된 업무로 하는 유급직원이다.

선진국의 경우 이미 오래전부터 자원봉사자관리를 전담하는 전문가를 자원봉사 감독자, 자원봉사 조정자, 자원봉사 감독자 등으로 세분화하여 부르고 있다. 자원봉사 감독자는 자원봉사자 교육이나 사례관리에 초점을 두고, 자원봉사감독자는 기관의 행정가와 같은 직책에서 행하는 역할이라고 할 수 있다. 그리고 자원봉사 조정자란 시설과 지역사회 사이에 위치하여 자원봉사자 등 지역사회 자원을 효과적으로 동원함으로써 시설 등이 목적으로 하는 사업을 효과적으로 수행하게 하는 한편 자원봉사활동에 대한 요구를 가진 지역사회의 가정이나 사람을 지원하도록 하는 전문가를 의미한다. 이러한 자원봉사 조정자는 크게 시설에서 활동하는 조정자와 자원봉사센터에서 활동하는 조정자로 나눌 수 있는데 소속기관에 관계없이 자원봉사활동에 관련된 계획을 수립하고 그에 따른 직무를 설계하여 위임, 조정하며 그 직무에 적합한 인력을 모집, 교육, 배치하여 지도감독하고, 평가하는 기능을 담당한다. 원활한 자원봉사 관리를 위해 행정(프로그램계획자, 재무대행자, 섭외, 모집자, 관리자), 훈련 교육(학습자, 교육자, 대중매체전문가), 카운슬링(진단자, 카운슬러, 배치후원자), 조사 평가(관찰자, 기록유지자, 평가자) 등을 담당한다.

자원봉사 준전문가는 자원봉사자 관리를 부차적으로 업무를 행하는 사람들로 사회복지사, 목사, 교사 등이 여기에 속한다. 이들은 자원봉사자 관리가 1차적 목적이 아니며 자원봉사전문가에 비해 전문성이 낮을 뿐 아니라 자신들의 고유의 업무를 담당하면서 자원봉사자 관리도 겸하고 있다.

자원봉사자 리더는 자원봉사자들 중에서 자원봉사자에 의해 선출되는 사람으로 여기에 속하는 대표적인 것이 자원봉사 조언자이다. 자원봉사 조언자란 자원봉사자로서 활동에 참가하면서 리더적인 역할을 담당하고 활동의 의욕을 가진 사람들의 근처에서 상담에 응하는 이를 말한다. 자원봉사 조언자의 가장 특징적인 성격은 직장의 동료, 부모, 노인, 같은 활동을 하고 있는 동료 등 정보제공이나 상담을 필요로 하는 사람과 같은 동료라는 것이다. 자원봉사 조언자는 생활체험, 활동을 공유하는 동료로서의 공감, 과정에 의해 그 사람의 자기결정을 충족시키는 측면에서부터 지원한다. 자원봉사 조정자와 자원봉사 조언자와의 기본적 차이는 자원봉사 조언자가 어디까지나 시민이며 자원봉사이기 때문에 동료라고 할 수 있는 데 반해 자원봉사 조정자는 자원봉사센터, 시설, 기업 등의 조직 기관에 있어 직원으로서의 입장에 있는 것이다.

(2) 청소년자원봉사 관리담당자

많은 자원봉사를 활용하는 기관은 보통 그들을 지도 감독하는 감독자를 두고 있다.

효과적인 지도감독을 하려면 첫째, 업무에 관해서는 완벽한 지시를 주고 어떤 질문에도 응답할 준비를 해야 하고, 둘째, 기관이 기대하는 것을 명확히 전달하며, 셋째, 자원봉사자의 활동에 인정과 감사를 표시하고, 넷째, 부적절한 행동은 바로 볼 수 있게 도우며, 다섯째, 자원봉사자의 욕구를 충족시키는 데 융통성을 발휘해야 하는 것이다.

청소년자원봉사자를 받아들이는 대부분의 시설이나 기관에서는 기관실무자가 청소년들을 맡아 봉사실습을 지도하며 관리조정자로서 역할을 담당하게 된다. 따라서 기관의 담당자가 청소년들에 대한 보다 깊은 이해와 적절한 지도능력을 갖추기 위해 지속적인 교육훈련이 필요할 것이다. 그러나 우리나라에서는 아직까지 각 기관에서의 자원봉사 관리조정자의 업무나 역할이 불분명하기 때문에 기관에서 누가 어떻게 청소년자원봉사자들을 맡아 지도할 것인지도 애매모호한 실정이고, 기관실무자에 관한 훈련이나 교육의 기회가 거의 없었다. 1994년부터 서울시 사회복지협의회에서는 연 1~2회씩 기관실무자의 훈련과정을 설계하고 있으나, 연수대상자의 업무성격이 일치되지 않고 불분명한 관계로 아직 구체적이고 체계적인 교육내용을 갖추는 데 있어 어려움을 겪고 있다. 다만 시설별로 전문 자원봉사 관리조정자는 아니더라도 전문 사회복지사가 있는 경우, 이들이 청소년자원봉사활동의 실습 지도를 담당할 수 있는 전문지도 인력으로 간주할 수 있을 것이다. 그러나 문제는 이러한 사회복지 분야의 전문인력조차도 앞으로 자원봉사활동을 원하는 청소년수요에 비하여 매우 부족한 실정이기 때문에, 대부분 비전문 인력에 의해 자원봉사활동 지도가 이루어지기 쉽다는 점이다. 전문 사회복지사도 본래의 담당업무 외에 추가로 부담을 안게 되어 내실 있고 책임 있는 봉사실습지도가 어려운 실정이다.

3. 지도교사의 역할과 교육연수

1) 지도교사의 역할

학교에서 봉사활동 지도를 잘하기 위해서는 교사들이 자신이 담당한 역할을 충실히 수행하고, 또 동료 교사들과 협력하는 것이 필요하다. 일반적으로 학교에서 봉사활동 지도를 위해 각 교사가 담당해야 할 역할을 제시하면 다음과 같다.

(1) 학교장
학교 봉사활동 지도에 대한 총괄적인 역할을 담당한다. 봉사활동

계획 수립 및 승인, 지역사회와의 연계 활동, 교사 업무분장, 봉사활동에 대한 교사 연수 등이 그것이다.

(2) 봉사활동 담당 교사

봉사활동을 담당하는 교사(별도의 전담 교사 혹은 다른 업무를 맡고 있는 교사 등)는 학교 봉사활동계획 수립, 봉사활동 영역 및 대상 개발, 사전 교육 실시, 봉사활동 운영 및 관리 등 학교 수준의 실무를 담당한다.

(3) 담임교사

학급 학생들의 봉사활동을 계획, 관리, 조언하고 봉사활동의 결과를 평가한다.

(4) 봉사활동 그룹 지도교사

봉사활동 그룹을 조직하고, 청소년들의 활동을 지도하며, 청소년들이 활동과정에서 겪는 문제를 해결하도록 돕는다.

(5) 봉사 기관의 담당자

봉사 대상기관의 담당자는 복지시설의 담당자, 관공서의 담당자 등은 청소년들이 하고자 하는 활동에 대해 전문적인 식견과 경험을 가지고 있으므로 청소년들의 활동을 잘 도울 수 있다. 따라서 청소년들이 봉사활동을 하게 되는 기관의 담당자는 청소년들이 제대로 활동을 할 수 있도록 지도하고 도와야 하며, 학교 및 인솔 교사와 잘 협조하여야 한다.

2) 자원봉사활동 관련자 교육 및 연수

(1) 교원 연수
- 학교별로 현직연수를 실시(분기별 1회 이상)한다.
- 자원봉사활동실적이 공정하게 기록되도록 한다.
- 청소년과 함께하는 교원의 자원봉사활동을 적극 권장한다.
- 자원봉사활동 지도에 따른 교사의 적절한 보상(시간외 근무 또는 출장 조치)이 될 수 있도록 한다.
- 시범학교 운영 및 정책 연구에 따른 결과자료를 실정에 맞게 활용한다.
- 자원봉사활동 내용은 담임교사가 학교생활기록부에 기록한다.

(2) 학부모 교육
- 학교행사, 학부모회의 시에 청소년자원봉사활동의 방법과 내용 등을 교육한다.
- 가정통신문을 발송하여 학부모들의 인식을 전환·제고시킨다.
- 자원봉사활동은 공동체 의식과 민주시민의 기본적 자질을 함양하기 위한 실천적 인성교육으로서의 학습임을 강조한다.
- 청소년봉사활동은 상급학교 진학 전형 준비를 위한 활동이 아님을 주지시킨다.

4. 자원봉사자 교육

1) 자원봉사활동의 교육적 의의

- 건전한 인격 형성과 인간의 존엄성 및 인간 사랑의 정신을 함양한다.
- 협동적인 자원봉사활동을 통하여 인간관계를 유지하게 함으로써 올바른 사회성을 기른다.
- 청소년기의 여가를 적절히 활용할 줄 알게 한다.
- 가치 있는 삶의 체험을 통하여 삶의 기쁨과 보람을 느끼게 한다.
- 자신의 능력과 적성을 발견하여 올바른 직업관을 갖게 한다.
- 청소년들에게 자신감을 갖게 하고, 잠재적인 지도력을 계발하며, 학습 경험을 보다 풍부하게 한다.
- 자원봉사활동을 통하여 성숙한 민주시민 정신을 함양한다.
- 사회적으로 유익하고 필요한 행동을 하게 하여 불건전한 행동을 예방하고 사회적 책임감과 애국심을 길러 준다.

2) 자원봉사활동 교육의 방법

- 학교장 훈화, 담임(담당)교사를 통해 분기별 1회 이상 교육을 실시한다.
- 자원봉사활동을 철저히 확인하여 형식적(거짓 확인서)이지 않도록 지도한다.
- 학기 초 청소년자원봉사활동계획을 수립하여 학교장의 승인을 받아 실시한다.
- 자원봉사활동실적이 우수한 청소년에게는 표창(봉사상)토록 한다.

- 비행청소년에게 장애우시설 자원봉사활동을 권장한다.
- 자원봉사활동은 가급적 개인 단독으로 실시하는 것보다 그룹을 편성·실시하여 자원봉사활동의 효율성을 높이고, 봉사자가 즐겁고 편안한 마음으로 활동할 수 있는 여건을 마련한다.

3) 교육내용

(1) 봉사활동의 개념, 의의, 필요성 등을 이해시킨다.

각 학교 및 학년의 수준에 알맞은 내용과 방법을 통해 봉사자인 청소년들이 봉사활동의 개념, 의의, 필요성 등을 이해하도록 지도한다. 학교 전체의 특강 시간, 담임교사의 시간, 교과교육 시간 등학교 형편에 알맞은 방식으로 지도한다. 뿐만 아니라, 명상의 시간, 학교 게시자료 등을 통한 다양한 방법으로 지도한다.

(2) 학교 내외의 다양한 봉사활동을 개발하고, 소개해 준다.

현재 우리 청소년들이 봉사활동을 하려고 하는 경우에 겪게 되는 가장 큰 어려움 중의 하나는 어떤 활동을 해야 할지를 알지 못한다는 것이다. 따라서 학교에서는 지역사회 관계 기관들과 긴밀히 협조하여 다양한 봉사활동 영역 및 대상을 개발하고, 청소년들에게 소개해 주어야 한다. 그리고 학교 내에서도 할 수 있는 봉사활동을 적극 개발하고 널리 알려서 많은 청소년들이 참여할 수 있도록 한다.

(3) 봉사활동 대상을 올바로 인식할 수 있도록 관련되는 프로그램을 개발하여 지도한다.

청소년들이 봉사활동을 하기 전에, 봉사할 대상에 대해 정확하게 인식하는 일이 매우 중요하다. 봉사 대상에 대한 이해 없이 봉사활동에 임하게 되면, 봉사자 스스로 애로를 겪게 될 뿐만 아니라, 자칫하면 봉사 대상자에게 불편과 마음의 상처를 주게 된다. 청소년들이 주로 봉사하게 되는 대상자들로는 장애인, 노인, 어린이들이 있다. 학교에서는 이들에 대해 청소년들이 올바로 인식할 수 있는 기회를 마련해 주어야 할 것이다.

(4) 봉사자의 자세, 봉사자가 지켜야 할 일 등을 명시하여 청소년들이 봉사활동에 임할 때 늘 염두에 두도록 지도한다.

봉사활동이 좋은 성과를 거두기 위해서는 봉사활동에 임하는 청소년들이 봉사자로서 갖추어야 할 바람직한 자세를 갖추어야 하며, 봉사 대상자나 봉사 기관에 피해가 가지 않도록 지켜야 할 일들을 잘 알고 실천해야 한다. 각 학교별로 청소년들에게 적절한 '봉사자의 자세'나 '봉사자가 지켜야 할 일' 등을 정하고, 청소년들에게 이를 숙지시키도록 한다.

(5) 자원봉사자의 자세
- 자신이 관심 있는 쉬운 일부터 시작한다.
- 자기 주위에 있는 일부터 조금씩 지속적으로 실시한다.
- 가족의 이해를 얻어 협조를 구한다.
- 겸손한 태도, 감사하는 마음으로 봉사한다.
- 봉사의 가치를 믿는다.
- 자발적, 적극적으로 책임감을 가지고 봉사한다.
- 물질적 보수를 바라지 않는다.
- 봉사를 통하여 배우려는 진지한 자세를 갖는다.

① 수혜자와의 관계 면에서의 자세
자원봉사자는 자유의지에 따라 봉사에 나섰다고 해서 함부로 행

동해서는 안 된다. 자원봉사자들은 흔히 자신을 도와주는 자, 베푸는 자로 생각하고 클라이언트를 자신의 도움이 필요한 사람으로 전제한다. 그러나 이것은 위험한 발상이다. 그 같은 생각에서 잘못 접근했다가는 봉사가 아닌 강요가 돼 클라이언트의 자존심을 건드리게 된다.

자원봉사자는 클라이언트를 자신과 대등한 인격적 존재로 대해야 한다. 특히 상대방의 입장에서 이해하는 자세로 신뢰관계를 쌓아가야 한다. 매사에 약속을 잘 지키며 책임 있고 겸손한 언동과 신뢰받는 활동이 되어야 한다. 그러나 한편으로는 자원봉사자는 자신의 한계를 깨닫고 클라이언트와의 관계를 확실히 해두는 게 좋다. 즉 자신은 때때로 봉사에 나서는 파트타임봉사자일 뿐 클라이언트들의 모든 것을 책임지는 사람이 아니라는 사실을 클라이언트에게 확실하게 인식시켜야 한다. 그리고 일의 양, 시간, 목적, 만나는 횟수 등의 한계를 정하여 이해가 되도록 해야 한다. 그렇지 않고 마치 자신이 모든 책임을 질 수 있는 것같이 행동했다가는 낭패를 볼 수가 있다.

② 기관과의 관계 면에서의 자세

자원봉사는 어느 경우, 어느 때나 환영받는 게 아니다. 어떤 분야나 일에선 자원봉사자를 배치하거나 그들에게 새로운 수준의 책임을 맡기려 할 때 직원 중에서 경계를 하고 저항하고 배척하는 경우가 있다. 그 저항은 많은 경우 전문직들에서 온다. 즉 일의 중요성과 전문성을 내세워 자원봉사자를 거부하는 것이다. 그것은 사실이 그럴 때도 있지만 때로는 전문직에 대한 자원봉사자들의 도전을 경계하기 때문일 때도 있다.

자원봉사자에 대한 경계는 직원들뿐 아니라 시설 기관장들에게서도 온다. 우리나라의 사회복지시설과 같이 열악한 환경 속에서 어렵게 살림을 꾸려 나갈 경우 어려운 상황을 외부에 노출시키지 않으려고 하는 경계심에 의한 것이라 할 수 있다.

자원봉사자는 결코 그 분수를 넘어서는 안 된다. 물론 시설원생들의 불만이나 애기를 듣거나 하지 말라는 것은 아니다. 그들의 말을 경청하되 그에 대해 100% 신뢰를 보내서는 안 된다는 말이다. 그렇다고 나하고는 관계없는 일이라고 무책임한 태도를 보여서도 안 된다. 원생과 시설 사이에 긴장관계가 있을 때 우선은 시설 기관장의 입장을 이해하는 자세에서 원생들의 불만에 지혜롭게 대처하는 슬기를 가져야 한다는 뜻이다. 자원봉사는 때때로 이처럼 쉬운 일이 아니고 누구나 할 수 있는 일도 아니다. 그러기에 훌륭한 자원봉사자가 되기 위해서는 많은 훈련을 받아야 하고 따라서 최근에는 '전문 자원봉사자'라는 단어까지 생겨나고 있다. 청소년자원봉사자라고 예외는 아니다.

(6) 자원봉사자가 지켜야 할 일
- 자원봉사활동에 정성을 다한다.
- 봉사하는 기관의 안내와 결정에 따른다.
- 자원봉사활동에 관한 약속은 꼭 지킨다.
- 신속하고 확실하게 일을 수행한다.
- 겸손한 태도로 상대방의 처지를 이해한다.
- 봉사자 상호 간에 서로 존중하고 협력한다.
- 웃는 얼굴로 공손한 언어를 사용하고, 몸가짐과 복장을 단정히 한다.
- 안전에 유의하며, 사고 예방에 힘쓴다.

(7) 봉사 대상자와 좋은 관계를 맺기 위한 원칙

- 상대방을 존중하는 태도를 보인다.
- 포용력을 가지고 상대방을 이해하려고 노력한다.
- 상대방의 말과 행동을 긍정적으로 받아들인다.
- 상대방의 뜻을 올바로 파악하려고 노력한다.
- 상대방에게 감사한 마음을 갖는다.

(8) 봉사 대상 기관에 대한 이해

- 자신의 역할을 분명히 한다.
- 기관의 목적, 조직, 사업 내용, 직원의 역할 등을 이해한다.
- 기관의 시설과 구조를 익힌다.
- 일할 양과 일의 성격을 파악한다.
- 기관의 봉사 업무 담당자를 알아둔다.
- 긴급히 연락할 전화번호를 알아둔다.

4) 자원봉사활동 지도 시의 유의점

학교에서 봉사활동을 잘 지도하여 소기의 성과를 거두기 위해서는 다음과 같은 점들에 유의해야 한다.

(1) 청소년들이 자발적으로 봉사활동에 참여할 수 있도록 격려한다.

자원봉사활동은 본래 각 개인이 남을 도우려는 순수한 동기에서 자발적으로 우러나와서 하게 되는 활동이다. 그런데 청소년들의 경우에는 자발적인 활동 이전에 평가와 관련하여 의무적으로 행하게 되는 형편이다. 따라서 자칫하면, 정해진 시간 수를 채우기 위해 '시간 때우기'식으로 활동을 전개할 수도 있다. 그렇게 되면, 청소년들에게 교육 효과가 없을 뿐만 아니라, 봉사 대상자나 봉사 기관에 대해서도 피해를 주게 된다.

따라서 가급적이면 교육청 혹은 학교별로 무리한 봉사활동 시수를 제시하는 것을 지양하고, 청소년들이 자발적으로 봉사활동에 참여할 수 있도록 지도한다. 특히, 각 교육청과 학교에서는 청소년들에게 적절한 봉사활동 영역과 프로그램을 적극적으로 개발하여 홍보함으로써 청소년들의 자발적인 참여를 유도하도록 한다.

(2) 반드시 계획에 의해서 봉사활동을 하도록 한다.

학교 수준에서 봉사활동계획을 수립하여 청소년들에게 제공하도록 하고, 개인 수준의 활동의 경우에도 반드시 사전에 계획을 세워 학교의 승인을 얻어 활동을 하도록 한다. 특히, 계획이나 사전 약속 없이 봉사 기관을 방문하여 활동을 하고자 하는 경우에 도움을 주기보다는 불편을 주는 경우가 많은 것으로 지적되고 있으므로, 주의하도록 한다. 봉사 대상 기관과 사전 협의 없이 주말이나 휴일에 개별적으로 찾아가 활동을 무리하게 요구하는 등의 행동을 하지 않도록 지도한다.

(3) 봉사활동 시 청소년들의 안전에 각별히 유의하도록 한다.

청소년들이 학교를 벗어나 활동을 하게 되는 경우에 가장 우려되는 것은 안전사고 문제다. 학교급별 혹은 지역사회의 여건에 따라 여러 가지 안전 교육을 실시하고, 아울러 봉사 대상 기관의 담당자나 학부모 등의 도움을 얻어 청소년들의 안전 지도를 할 수 있도록 한다.

(4) 학부모 및 지역사회 관계자들의 협조를 구한다.

청소년들의 봉사활동이 잘 이루어지기 위해서는 먼저, 학부모의 이해가 필요하고 또 지역사회 관련 인사들의 협조가 있어야 한다. 최근 우리 사회에서도 청소년자원봉사활동의 필요성에 대한 인식이 높아져서 예전에 비해 협조를 구하기가 더 용이하리라 예상된다. 학교에서는 '가정 통신문'이나 '협조 공문' 등을 통해 청소년들의 봉사활동에 대한 가정이나 지역사회 기관의 적극적인 협조를 구한다.

 청소년자원봉사활동의 지원체계

1. 외국의 청소년자원봉사활동 지원체계

1) 미국

미국의 대표적인 청소년자원봉사조직 중 하나인 평화봉사단은 케네디 대통령의 Frontier정책에서 비롯됐다. 1696년 공화당의 닉슨 대통령은 백악관 내에 자원봉사활동에 대한 특별위원회를 설치하였다. 위원회의 연구를 토대로 1970년에 전국자원봉사센터가 설립돼 민간기구들의 자원봉사활동을 지도하고 조정하는 역할을 담당하였다.

1971년 3개의 부처에서 독립적으로 운영해 오던 자원봉사프로그램을 별도의 독립기구인 Action 프로그램에 통합시키고 1973년에는 국내 자원봉사활동법을 통과시켰다. 이어 1973년에는 민간기구인 전국자원봉사센터(NCVA)를 자원봉사활동원으로 이름을 바꾸었다. 다시 1990년에는 전국자원봉사센터로 그 이름이 환원되었고 1991년에는 이를 촛불재단으로 확대하였다.

자원봉사활동의 민간주도 기조는 정권이 바뀌더라도 법률 개정 등을 통해 민간단체의 자원봉사활동들을 적극적으로 지원하고 지지한다는 것이 미국의 특성이다. 청소년들을 자원봉사의 자원으로 인정하고 활용하고자 하는 법안들은 대부분 90년대 들어서면서 제정되었다. 이 법안들을 근간으로 여러 가지 형태의 자원봉사활동을 격려하도록 기금을 조성하였는데 자원봉사활동의 활성화를 위해 쓰이고 있다.

2) 프랑스

청소년자원봉사정책은 가족법, 대중위생법, 사회복지법 등 각종 사회법들과 상호 연관되어 운영된다. 문화부, 청소년 체육부, 환경부, 사회부 등은 청소년자원봉사협회와 직·간접의 관계를 맺으며 필요한 예산을 지원하고 있다.

3) 일본

일본의 자원봉사활동기는 맹아기(1946 - 1968), 체제 정비기(1969 - 1989), 발전기(1990 -) 등으로 나눌 수 있다. 아시아에서는 비교적 일찍 자원봉사가 도입됐고, 고베 지진은 자원봉사에 대한 인식을 크게 향상시켰다. 자원봉사활동자를 하나의 직업으로 인정한 것도 이 시기다. 일본 정부는 자원봉사 지원법을 새롭게 제정하였다.[28]

---

28) 1997년부터 도입된 국가공무원 휴가제도는 대규모의 자연재해가 발생했을 때 국가 공무원들의 적극적인 참여를 유도하기 위한 것이다. 일본의 청소년자원봉사정책은 문부성과 후생성

4) 외국의 지원체계와 시사점

외국의 사례에서 볼 때 청소년들의 자원봉사활동 활성화를 위해서는 다음과 같은 조치가 병행될 때 효율화를 극대화할 수 있을 것이다.

첫째, 민간기관의 역할 정립이 필요하다.

정부 체제하에서 움직이거나, 스스로 계획에 의해 자원봉사활동을 주도하는 등의 형태를 확실하게 할 필요가 있다. 정부조직의 획일성과 경직성을 감안할 때 유연성과 자발적인 동기를 갖는 민간단체가 총체적으로 자원봉사활동을 책임지는 것이 바람직하다.

둘째, 재정의 확립이다.

외국에서는 기금조성, 정부의 예산지원, 자발적인 기부금 등으로 자원봉사와 관련된 많은 기금들이 적립되어 있다. 현실적으로 자원봉사기관의 재정 확보는 자원봉사활성화와 직결되는 요인이다. 우리나라의 경우 자원봉사단체의 재정은 정부의 지원에 의존하고 있으며, 예산은 태부족한 현실이다. 사정이 이렇다 보니 민간단체의 독립적이고도 바람직한 사업추진이 어렵다.

셋째, 봉사 영역의 다양화이다.

외국의 경우 시민활동을 비롯해 국제교류, 문화, 예술, 체육 등의 영역에 이르기까지 다양하게 그 영역이 시대에 맞게 개발되어 확대되고 있다. 우리나라는 여전히 사회복지시설에 청소년들의 자원

을 중심으로 한 재정적인 지원과 사업추진을 위주로 하는 정부주도형의 특징을 갖고 있다. 문부성은 고등학교 및 대학 입시에 행정적인 지도를 통해 자원봉사의 활성화를 기하는 정책을 펴고 있다. 후생성의 사회 원호국 지역복지과에서 자원봉사업무를 담당하고 있다. 1951년 제정된 사회복지사업법은 사회복지활동에 대한 주민들의 참가를 위해 재정적인 지원이 가능하도록 명시하였다. 후생성에서는 자원봉사활동의 중추적인 역할을 담당하는 전국자원복지협의회에 예산을 지원하고 있다. 1997년 현재 일본에는 3,414개의 지역협의회가 있으며, 시나 구 또 촌에는 모두 2,272개의 볼런티어센터가 운영되고 있다.

봉사활동이 집중되고 있으며, 그 업무도 단순 노동이 주류를 이루고 있다.29)

2. 우리나라의 청소년자원봉사활동 지원체계

1) 청소년활동진흥봉사센터

(1) 기본방향

5 · 31교육개혁방안에 따르면, 지역사회에서 자원봉사활동에 대한 정보 제공과 교육 연수 그리고 프로그램 등을 담당할 청소년자원봉사센터를 지역별로 설치 · 운영토록 한다는 취지로 한국청소년자원봉사센터를 문화체육부의 지원으로 한국청소년개발연구원에 중앙기구를 설치하여 중앙센터로서 기능을 수행하고 있다. 그리고 2차 연도에는 15개 시에, 이후부터는 시 · 군 · 구 단위까지 확대 설치하여 청소년의 자원봉사활동이 지역사회 중심으로 일상생활 속에서 쉽게 이루어질 수 있도록 유도한다는 것이다. 이와 같이 설립된 청소년자원봉사센터의 기본 방향과 역할은 다음과 같다. 지역사회 내에서 청소년자원봉사활동의 중심적 역할을 수행하여야 할 청소년자원봉사센터는 청소년이 쉽게 이용할 수 있는 생활권 내에 위치하여야 하며 자원봉사활동과 관련된 다양한 지원체계와 상호 연계될 수 있는 장소에 설치하며, 설치의 단위는 행정구역별로 설치하는 것이 바람직하며, 설치의 주체는 현재의 재정적 여건을 고

---

29) 1997년을 기준으로 볼 때 전국의 중고교 청소년들의 수는 451만 명이었다. 이들이 자원봉사활동을 하는 시간을 20시간으로 추산해 보면 천문학적인 수의 자원봉사가 실행되고 있음을 알 수 있다. 문제는 자원봉사활동의 수요처로 한국청소년자원봉사센터에 따르면 고작 우리의 청소년들이 자원봉사활동을 할 수 있는 수요처는 900여 개소에 불과하다는 것이다.

려할 때 중앙정부의 지원을 받고 해당 지방자치단체가 직접 설치
하며, 운영은 중앙센터의 경우 청소년 관련 전문기관으로 전문적인
이론연구와 정책개발의 시행이 가능한 곳에서, 지방 및 지역 센터
는 청소년자원봉사활동에 대한 상업운영 경험이 있는 청소년 단체
나 청소년 지도자 확보가 가능한 청소년시설 등에서 운영하는 것
을 기본방향으로 한다는 것이다.

(2) 전국적인 연계망 구축

청소년자원봉사활동의 진흥과 활성화를 위하여 지원 중심 역할
을 수행해야 하는 중앙 차원의 청소년자원봉사센터는 시·도에 설
치·운영되는 지방청소년자원봉사센터와 상호협력체계를 구축하여
정보의 교환은 물론 활동거리의 개발·보급 등의 업무를 수행함을
원칙으로 하고 있으며, 중앙 및 지방 청소년자원봉사센터 간 연계
협력체제 구축을 위하여 중앙센터인 한국청소년자원봉사센터가 중
심이 되어 청소년자원봉사센터의 사업방향과 사업내용을 총괄한다
는 방침을 세우고 있다. 또한 청소년자원봉사센터는 자원봉사활동
정보제공과 자원봉사자 지도자 교육 등 연구 개발활동에 청소년
단체는 자원봉사 캠프와 자원봉사대회 등 실천운동에 주력함으로
써 상호 기능을 보완한다고 보며, 청소년자원봉사센터와 청소년 단
체의 전문적인 영역과 각자의 고유한 역할은 구분될 수 있지만 궁
극적으로 이론 및 정책연구·개발과 정책시행·보급이 명확히 이
분화되기보다는 상호 보완되어 청소년자원봉사 활성화를 지원하는
하나의 역할을 하도록 한다는 것이다.

(3) 한국청소년자원봉사센터의 역할

한국청소년자원봉사센터는 우리나라 청소년자원봉사 업무를 관

장하는 중앙센터로서 청소년자원봉사활동 진흥을 위한 각종 기능을 담당하는 동시에, 서울 지역 청소년자원봉사 업무를 담당하는 지방 센터로서의 기능도 수행하고 있다. 또한 중앙센터로서의 기능을 중심으로 운영의 기본 방향을 설정하고 향후 단계적으로 운영 효과를 극대화하는 방향으로 확대, 개편한다는 계획을 갖고 있다. 사업으로는 연구·개발사업, 활동진흥사업, 홍보협력사업, 청소년자원봉사 전산망 운영 등으로 구분하며, 기능과 주요 사업을 수행함에 있어 한국청소년개발원의 우수 연구 인력과 최첨단 전산장비 및 청소년 육성에 관한 전문지식과 경험을 최대한 활용함으로써 기능을 충실히 발휘하고 사업성과를 높인다는 방침을 갖고 있다.

중앙센터의 기능은 연구·개발 측면에서 청소년자원봉사활동 지원 및 총괄사업과 자원봉사활동 조사·연구와 다양한 자원봉사활동의 내용을 개발·보급, 그리고 청소년자원봉사활동 관련 정책개발 및 제안을 하는 것으로 정하고 있다.

구체적인 사항으로는 청소년자원봉사활동의 수급관리 조정과 자원봉사자 및 자원봉사자 지도자 연수과정 운영, 그리고 활동 터전의 발굴, 보급 및 청소년자원봉사 사전지도 실시를 하도록 한다. 또한 홍보·협력 면에서는 청소년자원봉사활동 사회 인식 제고를 위한 홍보와 자원봉사 정보지 발간, 활동 터전 편람 제작·보급, 중앙 및 지방 청소년자원봉사센터 간 연간 협력 체제 구축과 전국 자원봉사센터 협의회 구성 운영 및 자원봉사활동 활성화를 위한 국제교류와 협력 등의 사업을 강조하고 있다. 전산망 운영에 있어서는 자원봉사활동 기록 유지·관리 및 학교 등 관련 기관 제공과 청소년자원봉사활동 기록관리 지원, 청소년자원봉사 전산망 구축 지원 및 자원봉사활동 수급 정보체계 개발 등의 사업을 중심으로 실시하고 있다.

2) 청소년자원봉사활동 관련 단체와 연계 시스템

(1) 자원봉사활동 유관 기관 결연 협조
　① 시청소년자원봉사센터, 시종합자원봉사센터(☎ 국번 없이
　　1365) 등 지역 내 자원봉사활동 유관 기관과 연계하여 자
　　원봉사활동 안내, 프로그램 및 정보 교환 등을 활성화함.
　② 학교 인근 자원봉사활동 유관 기관 결연 및 자원봉사활동
　　장소 결연 홍보.
자원봉사활동 영역별로 1개 기관 이상 결연(학교별 10개 기관 이
상 결연 추진). 공공기관 위주의 대상기관 선정보다는 교육적 성과
를 고려한 대상기관 발굴. 아파트 단지 주변 청소하기, 동네 가로
수 가꾸기, 전신주 부착물 제거하기, 하천·야산에 버려진 폐비닐
수거하기 등 생활 주변의 자원봉사활동 장려(아파트관리소장, 동사
무소 동장 등의 확인으로 인정).
　③ 자원봉사활동 기관편람 활용(시교육청 및 지역교육청, 학교
　　홈페이지 참고).
　④ 편람에 없는 기관은 학교 자원봉사활동추진위원회의 심의
　　후 자원봉사활동 기관 결정.

(2) 자원봉사활동 홍보코너 설치
　① 자원봉사활동 안내 게시판을 설치하고 기관 안내, 프로그
　　램 제공, 활동사례 안내
　② 학생회 중심 조직 운영(교사는 자문 역할), 학생회와 학급
　　조직 연계

③ 자원봉사활동 교사용 지도서 및 지침서 적극 활용

④ 학교 홈페이지에 자원봉사활동 코너 설치 및 자원봉사활동 기관안내, 관련 자료 탑재, 우수 사례 공유 등 청소년자원봉사활동이 활성화될 수 있도록 여건을 조성한다.

3) 청소년자원봉사활동 정보안내센터

서울특별시교육청 www.sen.go.kr 775 － 7887

동부교육청 www.sendb.go.kr 2233 － 7887

서부교육청 www.sens.go.kr 325 － 7884

남부교육청 www.nambuedu.seoul.kr 2677 － 7887

북부교육청 www.ben.seoul.kr 949 － 7887

중부교육청 www.senjb.go.kr 722 － 7887

강동교육청 www.edugd.seoul.kr 400 － 7178

강서교육청 www.gsedu.seoul.kr 2651 － 2041

강남교육청 www.knen.go.kr 3444 － 7887

동작교육청 www.djedu.go.kr 884 － 7887

성동교육청 www.sensd.go.kr 2286 － 3760

성북교육청 www.seongbukedu.go.kr 917 － 7887

서울특별시자원봉사센터 http://volunteer.seoul.go.kr 3707 － 8326 " `

한국스카우트연맹 http://www.scout.or.kr 6335 － 2000

한국걸스카우트연맹 http://www.girlscout.or.kr 734 － 8353

서울특별시사회복지협의회 http://www.s － win.or.kr 771 － 3460 "

YMCA http://www.ymcakorea.org 754 － 7891

YWCA http://www.ywca.or.kr 774 － 9702 " `

흥사단 http://www.yka.or.kr 743－2511 ˮ ˋ

유니세프 http://www.unicef.or.kr 735－2315

한국시민자원봉사회 http://www.civo.net 2663－4163 ˮ ˋ4

한국청소년진흥센터 http://www.kysc.or.kr/738－0924

서울특별시립 청소년진흥센터 홈페이지.

　　　http://www.sy0404.or.kr/index.htm. 849－0404 ˮ ˋ

제4장 청소년자원봉사활동 관련법안

　해방 이후부터 1950년대 초반에 이르기까지는 의무적인 초등교
육에도 힘에 부치는 양상이었다. 따라서 기아나 고아에 대한 사회
복지 서비스가 핵심을 이루었다. 이어 1960년대에 와서는 이들 결
손가정의 아동에 대한 정책이 강화되고 비행 청소년에 대한 선도
정책이 공고되었다. 청소년의 육성법이 제정된 것은 1980년대 후반
이다. 1990년 초에는 체육청소년부에서 한국청소년기본계획을 수
립하였다(김송희, 1999). 이 계획에서는 청소년자원봉사활동과 관련
된 사항이 언급되었는데, 단계적인 사업추진과제로 '학생봉사활동
의 활성화를 위한 종합대책연구'를 설정하였다. 자원봉사활동 담당
전문지도자의 양성방안, 자원봉사활동에 필요한 시설과 재원의 확
보, 교육과정의 정규과정 추진, 지역별 특성에 적합한 자원봉사활
동 모형개발 등이 주 내용을 이룬다.
　1995년에는 청소년자원봉사운동이 본격적으로 추진되었고, 교육
개혁위원회는 '신교육체제 수립을 위한 교육개혁방안'을 발표하였

는데 이것이 청소년자원봉사활동을 의무화하는 계기가 되었다.

1. 청소년 기본법

1991년 12월 31일 제정 시행된 청소년기본법은 청소년들의 자원봉사활성화를 위한 종합대책차원에서 마련되었다. 이 법 제3조의 3호를 보면 "청소년의 수련활동이라 함은 청소년의 생활권 또는 자연권에서 심신단련, 자질배양, 취미개발, 정서함양과 자원봉사로써 배움을 실천하는 체험활동을 말한다."는 규정이 있다.

이 법에 기초해 1996년 6월 29일에는 청소년기본법 시행령이 발효되었다. 청소년자원봉사센터가 설치운영이 가능하게 되었고 서울을 비롯한 광역시에 청소년자원봉사센터가 설치되었다. 현재 대전에는 대전광역시 청소년자원봉사센터가, 충남논산에는 충남청소년자원봉사센터가 각각 운영되고 있다.

2. 교육개혁안

1995년 5월 31일 교육과학기술부는 실천 위주의 인성교육 강화를 위해 청소년자원봉사활동을 의무화하고 청소년자원봉사기관 간의 협조체제를 구성할 것을 제시하였다. 이른바 교육과학기술부의 신교육체제 수립을 위한 교육 개혁방안 중 하나다. 교육과학기술부는 이를 근거로 초·중·고등학교의 학교생활기록부의 관리지침 1996. 1. 20. 교육과학기술부 훈령 제527호를 개정해 학교생활기록부에 학생봉사활동의 결과를 기재하는 것을 의무화하였다.

3. 자원봉사활동 지원의 법적 근거

① 대한민국 헌법 제34조

제1항 모든 국민은 인간다운 생활을 할 권리를 가진다.

제2항 국가는 사회보장, 사회복지의 증진에 노력할 의무를 진다.

② 사회보장기본법, 사회복지사업법

실질적인 사회보장과 복지 증진을 위한 제도적 장치 마련

③ 사회복지사업법 제9조

제1항 국가 및 지방자치단체는 사회복지 자원봉사활동을 지원 육성하기 위하여 자원봉사활동의 홍보 및 교육, 자원봉사활동 프로그램 개발 및 보급, 자원봉사활동 중의 재해에 대비한 시책의 개발, 기타 자원봉사활동의 지원에 필요한 사항을 실시하여야 한다.

제2항 국가 및 지방자치단체는 1항 각 호의 사항을 효율적으로 수행하기 위하여 사회복지법인, 기타 비영리법인, 단체에 이를 위탁할 수 있다.

④ 자원봉사활동지원법(안) 행정자치부 중심으로 입법 추진 중에 있다.

⑤ 531 교육개혁안 청소년자원봉사활동 활성화의 제도화

⑥ 교육법 자원봉사활동을 특별활동의 한 영역으로 포함시킨다.

⑦ 청소년기본법 수련활동의 한 영역으로 자원봉사활동을 포함시킨다.

제5장 청소년자원봉사활동의 학교생활기록부 기록 및 반영

1. 학교생활기록부의 봉사활동 상황란 신설 배경

정보화, 세계화로 특징 지어지는 21세기는 '다품종 소량 생산' 사회의 요구에 능동적으로 부응하기 위해서 창의적 인간, 세계와 협동하고 경쟁할 수 있는 능력 있는 한국인의 육성을 요구하고 있다. 이러한 미래 사회의 교육적 요구를 수용하기 위해서는 숭문 학벌주의의 사회 구조가 능력 인간주의의 사회 구조로 변해야 한다. 그리고 교과 성적과 편의에 입각한 입시 관련 선발 관행이 교과 성적 외에도 인성을 중시하고 다양한 기준에 의거 학생을 선발하는 관행으로 바뀌어야 한다. 그동안 우리의 교육은 총점과 서열 위주의 규준지향평가, 암기와 설명을 위주로 하는 획일적 교과 교육의 운영, 형식적 인성 교육 등 많은 문제점이 대두되었다. 따라서 앞으로의 우리의 교육은 개별 학생의 장점과 교과 목표의 성취를 중시하는 목표지향 평가, 학생 중심의 교수 – 학습과 학생들의 다양한 교육적 요구를 만족시켜 주는 선택 교과의 운영, 내실 있는 인간 교육의 실현 등 학교 교육 본연의 교육적 행위를 구현하는 체제로 바뀌어야 한다.

학교생활기록부는 이러한 변화를 유도하기 위해 마련된 일련의 교육개혁안 중의 하나이다. 특히 학교생활기록부에 봉사활동 결과를 기록하도록 한 것은 학교 교육이 성적 지상주의 교육에서 탈피하여 지성과 인성의 조화로운 발달을 위한 전인교육에 충실하도록 하는 데 목적이 있다. 또한 대학에는 학생들의 성적 외에도 봉사활동 결과를 자율적으로 선택하여 대학 입시 전형에 반영하도록 함으로써 학생 선발에 있어 대학의 다양성과 특성을 살리고자 한 것이다. 종전의 생활기록부에도 봉사활동 결과에 가산점을 주어 기타 활동란에 점수를 기록하게 하였다. 그러나 이 경우 가산점을 주는 봉사행동만을 더욱 유발할 가능성이 높고 가산점의 대상이 되지 못하는 봉사활동은 본래의 가치가 상실 또는 감소될 수 있다. 따라서 이러한 가능성을 배제하기 위해서 학교생활기록부에 봉사활동 상황란을 신설하고 자원봉사활동 내용을 기술하게 한 것이다.

2. 자원봉사활동상황 기록 절차 및 방법

학교생활기록부의 봉사활동 상황란은 학생들의 봉사활동상황을 기술하는 기록란이다. 학생들의 봉사활동상황을 정확하게 기록하기 위해서는 9장에서 살펴본 바와 같이 학생들의 봉사활동의 내용, 시간, 횟수 그 질을 기록하는 것이 바람직하다. 그러나 학교생활기록부의 봉사활동 상황란은 지면의 제한으로 봉사활동 내용, 시간, 횟수를 기록하도록 되어 있다.

학교생활기록부의 봉사활동 상황란을 기록하기 위해서는 봉사활동 확인서 또는 봉사활동 카드를 봉사활동 대상 기관에 제출하여 봉사활동에 대해 확인을 받은 후 학생들로 하여금 담임교사에게 제출하도록 하고, 담임교사가 학생들의 개인별 누가 기록부를 작성한 후 이에 근거하여 학생들의 봉사활동상황을 학교생활기록부에 기록한다.

1) 제출서류

봉사활동 실시 후 활동한 대상으로부터 봉사활동 확인서 또는 봉사활동 카드(부록 참조)를 확인받아 제출하도록 한다. 봉사활동의 확인서에는 봉사자의 성명, 소속, 봉사 장소, 활동 내용, 활동 시간, 확인자의 성명 등이 포함되어야 한다. 봉사활동 확인서의 활동 내용이나 확인자에 대한 인정 여부, 봉사활동 시간 수, 봉사활동의 범위 등의 사항에 관해서는 학교봉사활동 운영위원회(가칭)에서 결정한다. 봉사활동 확인서 또는 봉사활동 카드는 수시로 학급 담임에게 제출한다. 봉사활동 확인서와 봉사활동 카드 양식은 학급에 항상 비치를 하며 학생들이 사용하게 한다. 일단 사용되고 있는 봉사활동 카드는 학생이 소지하도록 하며, 수합된 확인서와 카드는 담임이 보관한다. 봉사활동 확인서 또는 봉사활동 카드가 수합되면 담임교사는 봉사활동의 적부 여부를 판단한다. 봉사활동 확인서와 카드는 학년 말에 교무부에 일괄 제출한다.

2) 학교급별 학교생활기록부 작성

학급 담임은 봉사활동 확인서(또는 봉사활동 카드)를 근거로 개인별 봉사활동 실적을 봉사활동 누가기록부에 기록하여 관리한다. 봉사활동 누가기록부에는 학년, 일시, 장소(또는 주관 기관명), 활동 내용 및 시간 수 등을 기록한다(부록 참조). 활동 내용을 기록함에 있어서는 봉사활동의 내용이 잘 드러나도록 진술을 한다. 봉사활동 누가기록의 예는 다음과 같다.

학년, 일시, 장소(또는 주관기관명), 활동내용, 시간 수

1학년, 2008. 6. 1.　　　○○학교 앞, 교통지도, 2시간

1학년, 2008. 8. 2.	○○군 ○○면 ○○리, 자연보호, 8시간
1학년, 2008. 9. 10.	○○학교 진입로, 환경정화, 4시간
1학년, 2008. 9. 15.	○○경찰서 앞, 교통지도, 2시간
1학년, 2008. 12. 12.	○○양로원, 양로원위문, 4시간

학급별로 봉사활동상황 일람표를 만들어 학급 학생의 봉사활동 내용별 횟수와 시간을 기록한다. 봉사활동상황 일람표 결과는 학생들의 봉사활동 지도에 활용한다.

봉사활동 누가기록부와 봉사활동상황 일람표를 근거로 학년 말에 학교생활기록부의 봉사활동 상황란에 봉사활동 실적을 학년 단위로 기록한다. 초등학교와 중·고등학교의 경우 그 작성 요령에 차이가 있다.

(1) 초등학교의 경우

초등학교의 경우 봉사활동을 실시할 수 있는 내용이 제한이 된다. 그러나 초등학교의 수준에서도 봉사활동이 있을 수 있으므로 실시한 봉사활동 중 1~2가지 중요한 내용을 활동 내용 중심으로 기술하도록 한다.

(2) 중·고등학교의 경우

봉사활동 연간 활동 상황을 담임교사가 누가 기록하였다가 누가 기록부의 기록을 근거로 각 학년 말에 활동 내용별로 활동 시간과 횟수를 합산하여 기입하되, ( ) 안에는 해당 활동의 총 시간 수를 기입한다.

예: 중·고등학교의 경우 봉사활동 상황란 기록의 예

• 교통지도 2회(4시간)

- 자연보호 1회(8시간)
- 환경정화 1회(4시간)
- 위문활동 1회(4시간)

3. 자원봉사활동상황 기록상의 유의점

- 봉사활동의 적부 여부를 판단함에 있어서 봉사활동과 일반적인 선행 활동을 구별하여 일반적인 선행이 봉사활동으로 기록되지 않도록 주의한다. 이 점은 봉사활동의 계획 및 사전 지도 과정뿐만 아니라 봉사활동 평가 결과 기록에 있어서도 주의를 요하는 사항이다.

- 학급활동, 학교활동, 클럽활동, 단체 활동 등 교육과정의 특별활동 시간으로 운영된 봉사활동은 특별활동의 해당란에 기입한다. 예를 들어서 학급활동 중 역할분담활동과 클럽활동에서의 봉사활동은 봉사활동 상황란에 기입을 하지 않고 특별활동으로 간주하여 기록한다.

- 중·고등학교의 경우는 봉사활동상황 지면의 제한을 감안하여 봉사활동 상황란에 대표적인 봉사활동 내용을 기록한다. 학생들이 1년 동안 수행하는 봉사활동은 학생에 따라서 그 내용이 몇 가지 안 되는 학생에서부터 그 내용이 복잡한 학생까지 아주 다양할 것이다. 학생의 봉사활동의 내용 특성이 잘 드러날수 있도록 대표적인 봉사활동 내용을 기술하도록 한다.

- 봉사활동 상황란에는 봉사활동 평가 결과를 점수화하여 기록하지 않는다. 봉사활동의 특성이 드러날 수 있도록 초등학교의

경우는 중요한 봉사활동의 내용을 기술하고 중·고등학교의 경우는 봉사활동 내용, 횟수 및 시간을 기록하도록 한다.

- 사전 승인을 받지 않은 개인 수준의 봉사활동은 봉사활동 운영위원회(가칭)의 사후 검토를 거쳐서 봉사활동으로 인정하도록 한다. 개인 수준의 봉사활동은 사전 계획에 의해 담임교사의 승인하에 실시되어야 하나, 계획되지 않은 봉사활동은 봉사활동 운영 위원회가 승인하는 경우 봉사활동으로 인정한다.

- 학교생활기록부의 봉사활동상황의 기록 내용과 방식은 종전의 생활기록부(1994년 11월 14일 교육과학기술부 훈령 제506호에 의한 유치원, 초등학교, 중학교, 고등학교, 생활기록부취급요령)에 있어서의 봉사활동상황 기록 내용 및 방식과 많은 차이가 있으므로 이를 유념하도록 한다. 종전의 생활기록부의 봉사활동상황 기재 사항을 학교생활기록부에 기재하는 방법은 다음과 같다.

- 종전의 생활기록부 ⇔ 학교생활기록부

① 전교 학생회 회장·부회장 및 부장, 학급 반장·부반장, 각 클럽활동 부서의 부장·차장, 학교 선도부 부원 등으로서 1년의 임기를 마친 자 중 품행이 방정하고 맡은 바 임무를 성실히 수행한 자⇔학급 학교활동과 클럽활동에 나누어서 기술식으로 명기한다.

② 환경 정화 활동, 교통질서 계도, 자연보호 운동, 거리 공원 청소, 국립묘지 정화 활동, 재해 복구 등의 봉사활동이나, 범죄·수재·화재 시에 인명 구조 및 재산 보호 활동 등으로 교내외 기관에서 표창을 받았거나 또는 추천을 받은 자 ⇔특별활동에서 실시되지 않은 것에 한하여 봉사활동 상황

란에 그 활동 내용과 시간 및 횟수를 기록한다.

③ BS, GS, RCY, MRA, 청소년 연맹, 해양소년단, 4H 등 각종 청소년 단체에서 봉사활동과 관련하여 표창을 받았거나 또는 그 기관에서 추천을 받은 자 등은 학교 사정 위원회 혹은 성적 관리 위원회에서의 심의 결정에 따라서 봉사활동에 있어서 1년에 1점의 가산점을 받을 수 있다⇔단체 활동란에 기술식으로 누가 기록하도록 한다.

1) 학교생활기록부 자원봉사활동 입력

(1) 학생들의 봉사활동 상황은 학급 담임교사가 봉사활동 기록표 또는 봉사활동 확인서를 근거로 학교생활기록부에 기재한다.

(2) 봉사활동 영역 중 학교에서 실시한 봉사활동 교육(봉사정신, 필요성, 태도) 등의 내용 및 시간과 개인적으로 실시한 봉사활동의 구체적인 실적은 별도의 양식인 '봉사활동 실적란'에 입력한다.

(3) 봉사활동의 생활화를 통하여 더불어 사는 21세기의 바람직한 민주 시민상 육성이라는 본래의 취지를 살리고, 상급학교 진학 시 봉사활동 실적을 평가하는 경우를 대비하기 위하여 봉사활동의 구체적인 실적을 기록할 때에는 연간 실시한 모든 활동을 기록하고, 평가는 특기사항이 있는 학생에 한하여 간단히 문장으로 활동내용과 함께 기록한다.

(4) 헌혈은 만 16세 이상 체중이 남자 50Kg, 여자 45Kg 이상인 경우에 시행하며, '특별활동 상황란'에 그 횟수만 기록한다.

(5) 일반적인 선행이 봉사활동으로 기록되지 않도록 유의한다.

(6) 봉사활동 실적 확인용 서류는 당해 학생 졸업 후 1년 이상 보관한다.

(7) 학교생활기록부의 '봉사활동 누가기록란'에 시작 일자, 종료 일자, 시간, 봉사활동 영역, 장소 또는 주관기관명, 봉사활동 내용 등을 입력한다. 봉사활동 평가는 특기사항이 있는 학생에 한하여 활동 내용과 함께 간단한 문장으로 '봉사활동 학교생활기록부 반영기록 특기사항란'에 기록한다. 봉사활동과 일반적인 선행 활동을 구별하여 일반적인 선행이 봉사활동으로 기록되지 않도록 유의한다. 봉사활동 실적 확인용 서류는 당해 학생 졸업 후 1년 이상 보관한다. 선도교육 프로그램의 일환(징계)으로 실시하는 '학교내봉사', '자원봉사' 등은 봉사활동 실적에 포함되지 않으므로 '봉사활동 누가기록란'에 기록하지 않도록 한다. 봉사활동 시간은 분 단위를 절사하여 기록한다.

2) 학교 교육과정에 의한 자원봉사활동

• [학생생활] 메뉴를 누른다.
• [학생생활]/[특별활동관리]/[봉사활동 누가기록관리] 메뉴를 누른다.
• 해당 반과 '반별'을 선택하고 '조회' 버튼을 누른 후 '일괄등록' 버튼을 누른다.
• 왼쪽에서 해당 학생들을 선택한 후 우측의 '저장' 버튼을 누른다.
• 결석생의 경우 선택버튼을 클릭(∨)하지 않는다(결석생은 봉사활동 실적기록 대상에서 제외하며, 부족한 봉사활동 시간은 개

인별 봉사활동으로 보충하도록 지도한다.).

- '시작 일자, 종료 일자, 봉사활동 영역, 봉사활동 내용, 장소 또는 주관 기관명, 시간을 입력하고 '저장'버튼을 누른다.

- 시작 일자와 종료 일자가 동일한 경우 시작 일자만 입력한다 (다를 경우는 종료 일자를 누르면 시작 일자가 자동 입력되고 종료 일자로 수정한다.).

<사례 1> 한 학급이 음성꽃동네에서 일손 돕기를 한 경우
– 입력 화면(4번 학생은 결석)

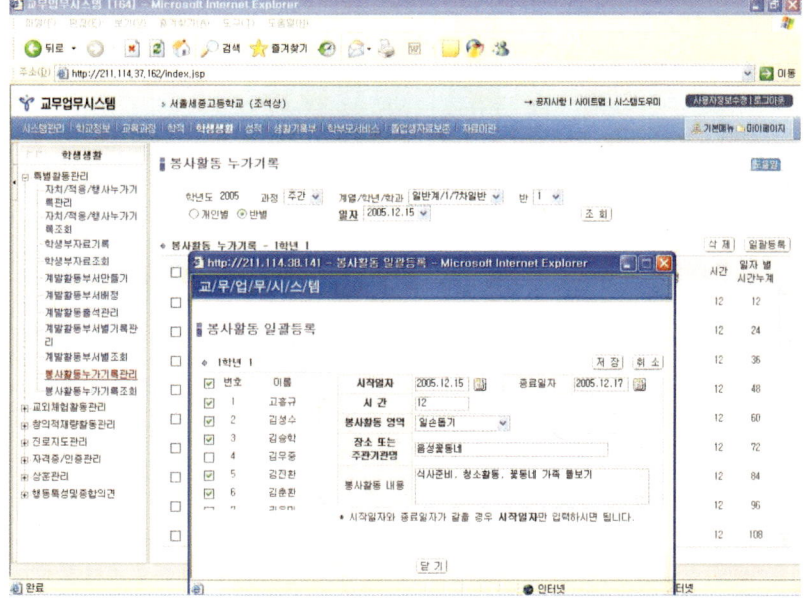

● 입력 결과 화면(4번 학생은 결석)

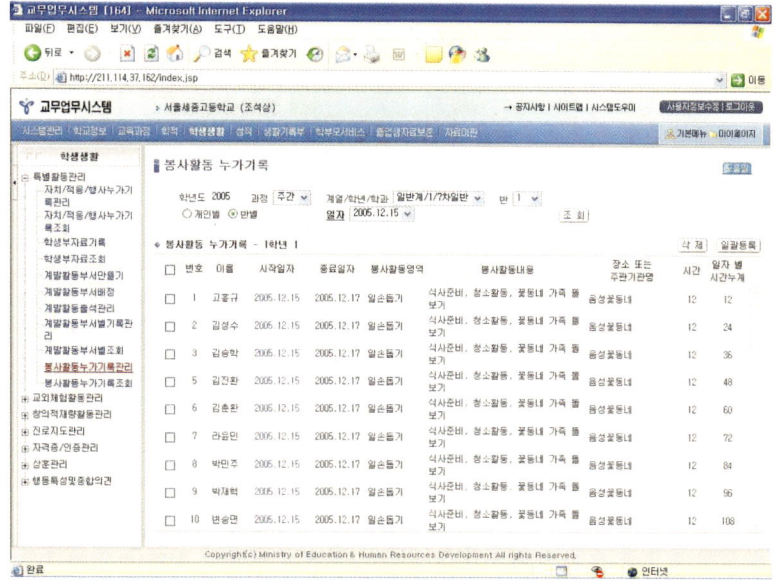

3) 개인 계획에 의한 봉사활동

● [학생생활]/[특별활동관리]/[봉사활동 누가기록관리] 메뉴를 누른다.

● 해당 반과 '개인별'을 선택하고 '조회' 버튼을 누른다.

● 왼쪽에서 해당 학생을 선택한 후 우측의 '등록' 버튼을 누른다.

● '시작 일자, 종료 일자, 봉사활동 영역, 봉사활동 내용, 장소 또는 주관 기관명, 시간을 입력하고 '저장' 버튼을 누른다.

<사례 2> 개인별 봉사활동 누가기록

● 입력 화면(2번 학생이 일손 돕기 활동을 한 경우)

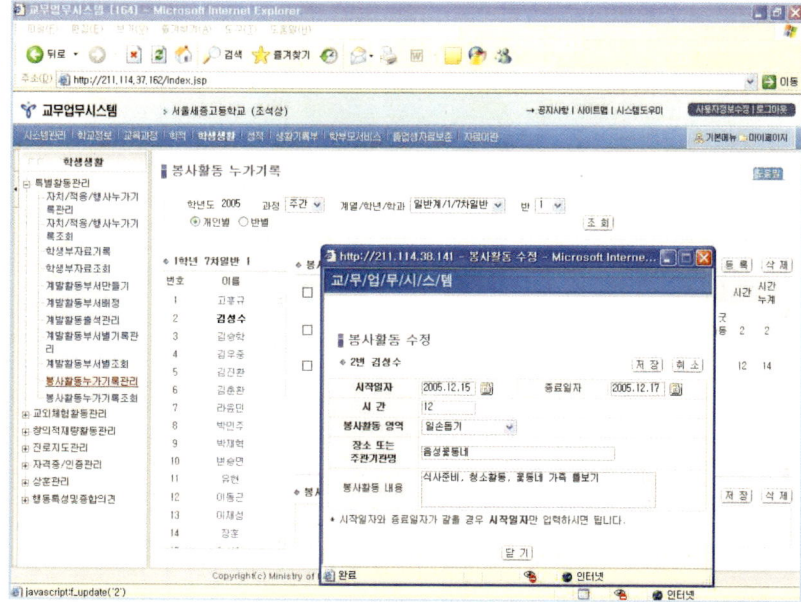

- 입력 결과 화면(2번 학생이 일손 돕기 활동을 한 경우)

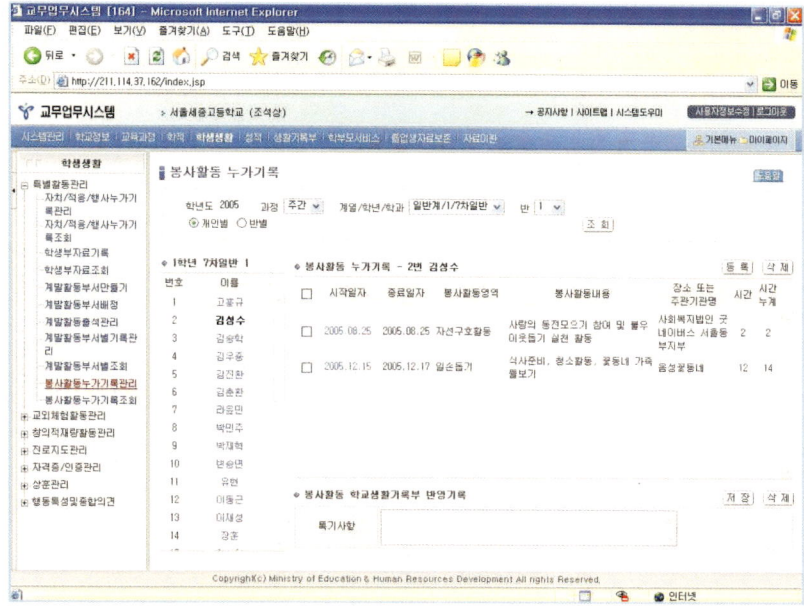

4) 헌혈 기록

- 헌혈 기록은 [봉사활동 누가기록관리] 메뉴에서 하단부의 '봉사활동 학교생활기록부 반영기록 특기 사항란'에 기록한다.
- 헌혈 횟수를 기록하고 ( ) 안에 날짜를 표기한다(예: 헌혈을 2회 실시한 경우 '헌혈 2회(2006. 7. 12. 2006. 12. 23.)'로 입력한다.).
- '봉사활동 학교생활기록부 반영기록 특기 사항란'에 기록한 내용은 '특별활동 상황란'에 반영된다.

<사례 3> 헌혈

● 입력 화면(4번 학생이 헌혈 1회 실시한 경우)

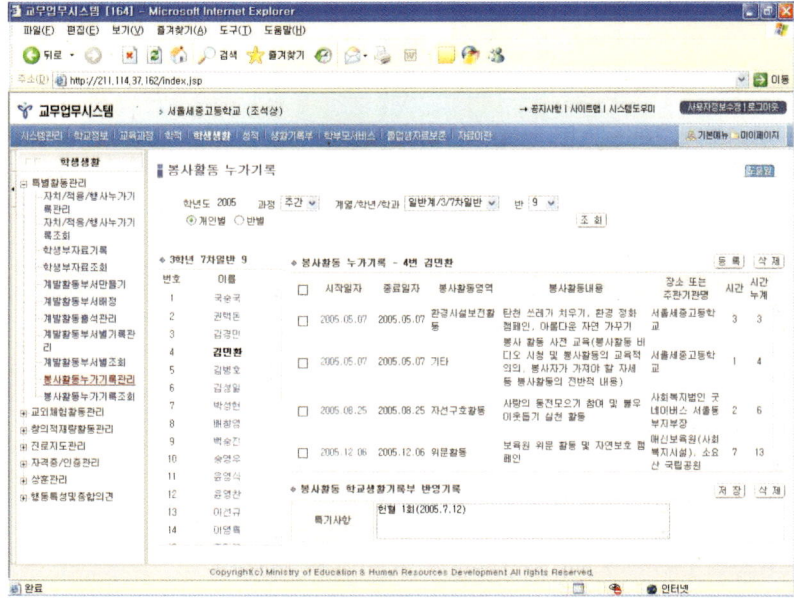

● 입력 결과 화면(4번 학생이 헌혈 1회 실시한 경우)

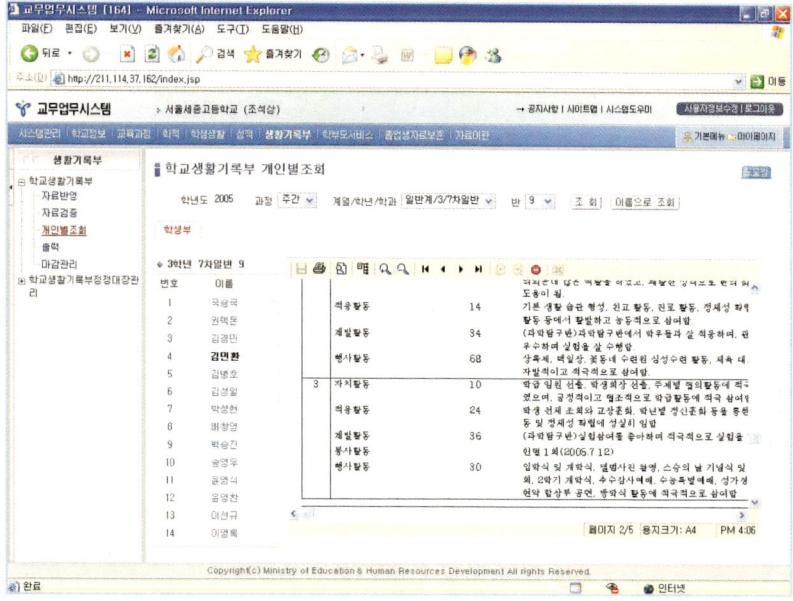

5) 특기사항 기록

● 봉사활동의 내용이 많거나 봉사정신이 투철하여 타의 모범이
되는 경우에 한하여 활동 내용과 함께 간단한 문장으로 '봉사
활동 학교생활기록부 반영기록 특기 사항란'에 기록한다.

● '봉사활동 학교생활기록부 반영기록 특기 사항란'에 기록한 내
용은 '특별활동 상황란'에 반영된다.

<사례 4> 특기사항

● 입력 화면(1번 학생이 특기사항이 있는 경우)

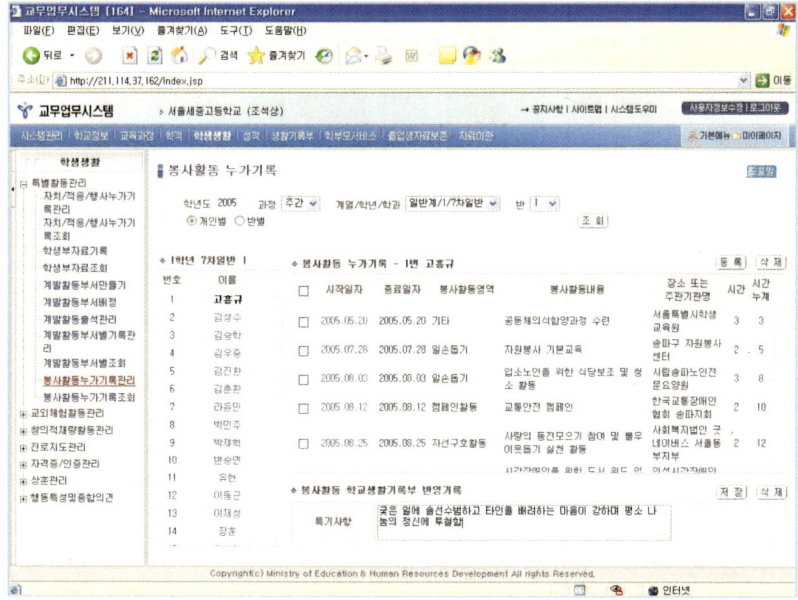

● 입력 결과 화면(1번 학생이 특기사항이 있는 경우)

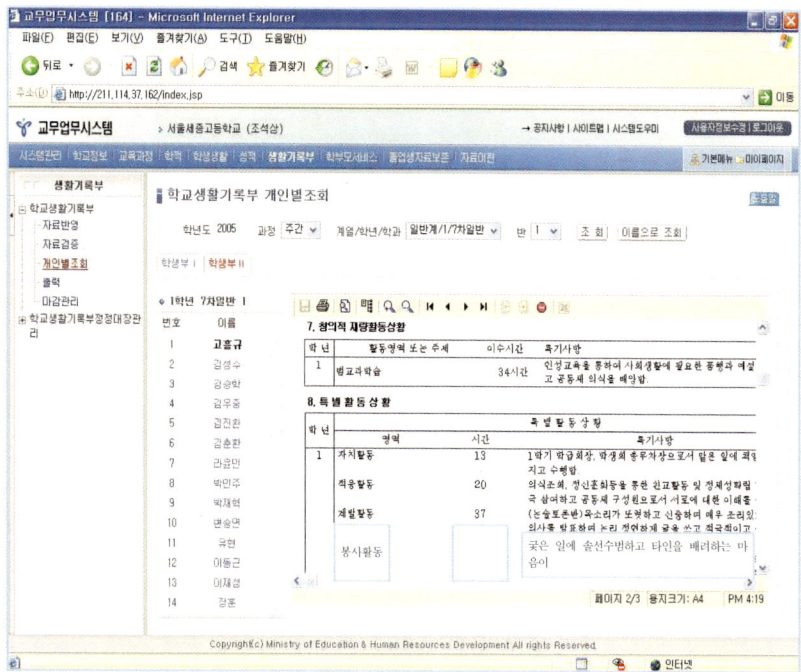

6) 봉사활동 실적 입력 후 학교생활기록부 반영

● 봉사활동 누가기록에 기록된 내용은 '봉사활동 실적란'에 반영
  된다.

<사례 5> 봉사활동 누가기록 입력 후 학교생활기록부 반영 결과

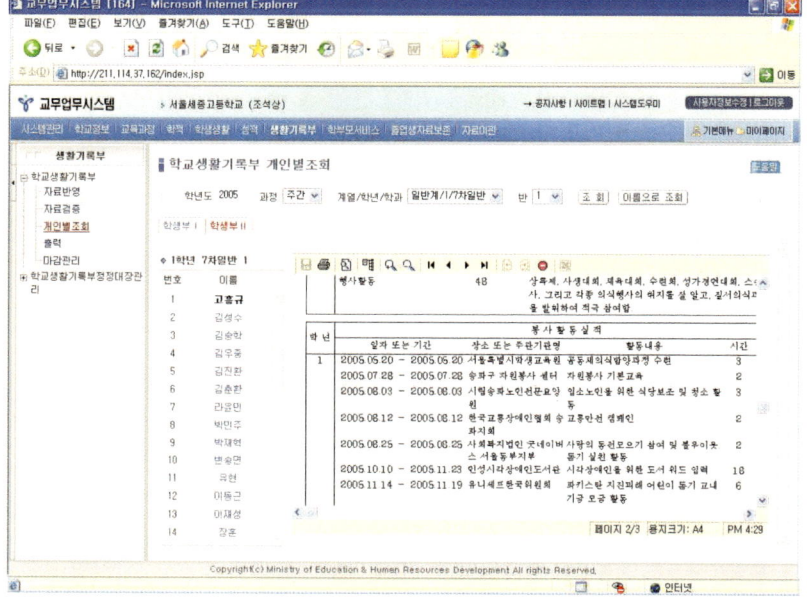

● 학교생활기록부 봉사활동 전산 입력의 예 ※

학년	봉사활동실적				
	일자 및 기간	장소 또는 주관 기관명	활동내용	시간	누계시간
1	2006. 3. 20.	각급 학교 교실	봉사활동의 의의와 필요성	1	1
	2006. 6. 2. – 5. 5.	○○학교 진입로	환경정화 활동	2	3
	2006. 9. 15.	○○경찰서 앞	교통지도	3	6
	2006. 11. 1. – 11. 8.	○○노인정	위문활동(가야금 연주)	11	17

4. 자원봉사활동 기록양식

1) 봉사활동 기록표

활동 일시 및 시간	기간: 년 월 일 ~ 년 월 일 종 ( )시간									
활동 장소										
활동 내용										
활동 상황										
학년	반	번호	이름	참가 여부	활동평가 및 특기사항	학년	반	번호	이름	참가 여부	활동평가 및 특기사항
확인란	지도교사 성명 (인)									

※ 크기와 내용을 간소화할 수 있음

2) 봉사활동 확인서

인적 사항	( )학교 ( )학년 ( )반 성명( )
활동 일시 및 시간	기간: 년 월 일 ~ 년 월 일(일간) 총 ( )시간
활동 장소	
활동 내용	
활동 평가 및 특기 사항	
확인자	직 책: 성명: (인) 전화:
확인 기관	기관명: (직인)

※ 크기와 내용을 간소화할 수 있음

3) 봉사활동 개인별 카드

(   )학교 (   )학년 (   )반 성명(   )/

담임 성명(   )

월 / 일	활동 장소 (전화번호)	봉사활동상황		활동 시간	확인	
		활동 내용	활동 평가 및 특기 사항		확인 기관명	확인자의 직위 성명 및 날인

※ 간단한 양식으로 구안하여 활용할 수 있음

5. 자원봉사활동 평가 결과의 활용

봉사활동 평가 결과의 활용은 학생의 이해, 봉사활동의 계획, 봉사활동의 추수지도, 상급학교 진학 및 취업 시의 참고 자료로서 활용을 할 수 있다. 그 내용을 살펴보면 다음과 같다.

1) 학생의 이해

봉사활동의 평가 결과는 우선 무엇보다도 학생을 이해하는 기초자료로 삼을 수가 있다. 예를 들어서 어떤 학생이 고아원에 주기적으로 몇 시간씩 방문하여 고아원아들을 위로하고 돌보아주고 있다는 기록을 통해서 이 학생은 상당히 봉사성이 뛰어난 학생임을 이해할 수가 있을 것이다.

2) 봉사활동의 계획

봉사활동의 평가 결과는 다음의 봉사활동을 계획하는 데 활용을 할 수가 있다. 봉사활동의 제 과정의 평가를 통해서 개인, 그룹, 학급 및 학년, 학교 봉사활동의 계획을 수립하는 데 참고 자료로 활용을 할 수가 있다. 예를 들어서 지난 학기의 봉사활동이 학생들의 수준에 너무 어려운 것이었다면 이번 학기에 봉사활동의 계획을 수립할 때 그 수준을 낮추어서 계획을 수립할 수가 있을 것이고, 봉사활동 과정에서 문제가 발생하였다면 봉사활동의 지도과정에 문제점을 보완하는 계획을 수립할 수가 있을 것이다.

3) 봉사활동의 추수지도

봉사활동의 평가 결과는 학생들을 이해하고 봉사활동을 계획하는 데 활용을 할 수 있을 뿐만이 아니라 다음의 봉사활동을 지도하는 자료로서 활용을 할 수가 있다. 예를 들어서 지난 봉사활동에서 안전 지도가 미흡했다면 다음의 봉사활동을 지도할 때에는 안전 지도를 유의해야 할 것이며, 학생의 봉사활동에서 일을 성실히 수행하지 않았다면 성실히 수행하도록 지도해야 하는 근거 자료가 된다.

4) 상급학교 진학 및 취업 시의 참고 자료

봉사활동의 평가 결과는 학생의 이해, 봉사활동의 계획 및 지도

자료로서 활용하는 외에 그 평가 결과를 상급학교 진학 및 취업 시의 참고 자료로서 활용을 할 수가 있다. 1996년부터 적용되는 학교생활기록부 관리 지침에 의하면 상급학교 진학에 봉사활동의 평가 결과를 반영할 수 있도록 하고 있다. 특히 대학 입학의 경우 내신 성적의 산출에 있어서 대학이 전공 영역에 따라서 학교생활기록부에 기록된 내용 중 특정 내용(예: 학생이 이수한 특정 교과목 성적, 특정한 특별활동 또는 봉사활동 등)에 가중치를 부여하여 반영할 수 있도록 하고 있다. 따라서 대학의 전공 영역에 따라서 봉사활동 평가 결과에 가중치를 부여하여 대학 입시 전형에 반영을 할 수가 있다. 또는 학과의 특성에 따라서 면접 점수에서 가산점을 주는 방법을 택할 수 있다.

고등학교 입학의 경우에는 해당 시, 도의 교육감이 입시 전형 방법을 결정하도록 하고 있다. 서울특별시의 경우는 1998학년도부터 고교 입학 전형에 중학교 내신 성적을 활용하며 학교생활기록부의 봉사활동 성적을 입학 총점의 8%를 반영하도록 하고 있다. 따라서 해당 시, 도 교육감의 결정에 따라서 학교생활기록부의 봉사활동 평가 결과를 고교 입학의 전형 자료로서 활용을 할 수가 있을 것이다. 취업의 경우에도 대학 입학시험의 경우와 마찬가지로 업무의 성격에 따라서 면접에서 가산점을 줄 수 있다. 외국의 예를 살펴보면 영국, 일본, 미국 등지에서 봉사활동 평가 결과를 상급학교 입학 사정 자료로 반영하고 있고, 취업 시에는 봉사활동 경험이 좋은 이력으로 작용하고 있다.

1. 인정(recognition)과 보상(rewards)

인정과 보상은 자원봉사자를 격려해서 지속적으로 활동하게 하는 중요한 도구 중의 하나이다. 보상은 조직 구성원이 조직체에서 수행한 일에 대한 대가로서 인적 자원 관리에서 가장 중요한 기능의 하나로 인식되고 있다. 보상은 조직 구성원의 만족감에 많은 영향을 주고 나아가서는 그의 활동성과에도 크게 작용한다. 인정 및 보상은 정신적인 요소와 물질적인 요소, 그리고 추상적인 요소와 구체적인 요소들을 다 포함하는 개념이다.

무엇보다 각 개인의 자원봉사 동기 및 욕구가 고려되어야 하며, 일률적으로 실시되는 공식적인 보상도 중요하지만 개별화하여 의미 있는 보상을 실시하는 것이 관리자의 중요한 임무이다. 즉 성취지향적인 사람에게는 더욱 책임 있고 중요한 업무를 부여하고, 권력지향적인 사람에게는 새로운 직책 부여나 다른 봉사자를 훈련시킬 수 있는 기회 부여 등이 개별화된 보상이 될 수 있다. 인정과 보상은 자기만족과 지속적인 참여 그리고 주변에 자원봉사활동을 권유함으로써 자원봉사 인원 확대의 계기가 되기도 한다.

자원봉사활동은 원래 대가를 바라지 않고 자발적으로 참여하는 활동이다. 그렇기 때문에 보상을 바란다는 것은 본래 이념에 어긋날지도 모른다. 그러나 자원봉사 자체가 일정한 영역에서 공익증진에 기여한다는 점에서 자원봉사자 개인에게도 자신이 국가와 사회에서 인정받고 있다는 책임감과 자부심을 갖게 할 것이다. 최소한의 실비 차원의 경제적 지원과 함께 사회 심리적인 보상 제도를 실시하여 노력에 대한 인정의 표시로서 사회적 보상체계가 마련될 때 자원봉사활동은 보다 활성화될 수 있을 것이다.

자원봉사활동에 대한 보상은 자원봉사활동 주관부처나 대상기관에서 자원봉사활동을 장려하는 차원에서 감사의 마음에서 주어지는 것이 바람직하며 자원봉사활동자는 자신이 행한 자원봉사활동이 대상기관이나 대상자에게 도움이 되었다는 보람을 안겨주는 의미에서 이루어지는 것이라 할 수 있다. 이러한 의미에서 시행할 수 있는 보상방법들의 예를 들면 다음과 같은 것들이 있다.

학교에서는 봉사시간을 학교생활기록부에 기록하여 진학 시 가산점을 주는 것 외에 모범적인 활동자에게는 표창을 시행할 수 있다. 기관에서는 기관의 자료와 증빙카드, 배지, 수첩, 컵, 가방 등 기념품을 만들어 제공하고 기관의 행사에 초대하는 방법과 언론매체 홍보, 인증서 발급, 보험 가입, 외부기관이나 정부 포상 추천, 기관 자체적인 포상이 있을 수 있으며, 교통비, 식비 제공 등 물질적 보상을 할 수도 있을 것이다. 또한 청소년들이 선호하는 패스트 푸드점을 할인 가격으로 이용할 수 있는 상품권, 가맹점 할인권, 문화공연권 등 각종 마일리지제나 신용권 등의 인정과 보상 등이 있다.

2. 청소년자원봉사활동 평가

1) 평가의 필요성

(1) 자원봉사활동에 대한 인정을 위해서

모든 사람들은 그들의 활동이 무엇이든지 그들의 노력이 중요하다고 인정받기를 원한다. 특히 봉사자들은 자원봉사활동에 대한 그 동기가 성취감과 만족감 그리고 인정의 감정과 연관되어 있다. 비록 자원봉사활동이 무보수성에 근거해야 한다고 할지라도, 이들의 노력이 인정받고 가치 있다는 것을 보여주기 위해서는 자원봉사활동의 행위를 적절히 평가하여 그 결과를 인정해 주어야 할 것이다.

(2) 자원봉사활동의 습관화와 내면화를 위해서

전인적인 인격 형성은 학교에서의 교과 중심의 교육만으로는 이루어질 수 없으며, 지적, 신체적, 사회적, 정서적 발달이 조화로워야 한다. 이러한 점에서 청소년들의 공동체 의식 함양을 위한 자원봉사활동이 필요하다. 그러나 행위는 그 행위에 대한 보상이 적절히 이루어질 때 더욱 강화된다. 따라서 자원봉사활동이 일회성에 그치지 않고 청소년 생활로의 습관화, 내면화가 이루어지게 하기 위해서는 자원봉사활동에 대한 올바른 평가가 필요하다.

(3) 자원봉사활동의 효과를 파악하기 위해서

학교에서 자원봉사활동 프로그램을 진행하고 있는 상황에서는 그 효과를 측정하여 자원봉사활동 프로그램이 청소년들의 행동과 의식에 있어서 변화를 가져왔는가, 봉사 대상 기관에 도움을 주고 있는가를 파악하여야 한다. 자원봉사활동 프로그램 실시 후 그 효과를 파악하기 위해서는 평가 활동이 필수적이다.

(4) 자원봉사활동의 개선을 위해서

어떤 프로그램이 효과를 거두기 위해서는 그 프로그램의 계획, 실천 과정 그리고 결과가 평가되어 그 전 과정에 재투입되어야 한다. 예를 들면 자원봉사활동 프로그램에 대한 제 과정에 대한 평가를 통해서 자원봉사활동 프로그램의 목표를 잘 세웠는가? 자원봉사활동 프로그램 계획이 잘되었는가? 자원봉사활동 프로그램 운영 조직상의 문제점은 무엇인가? 자원봉사활동 지도 과정의 개선점은 무엇인가? 자원봉사활동 프로그램을 통해서 참여 청소년들이 만족하고 성장하였는가? 자원봉사활동 프로그램을 계속할 것인가? 자원봉사활동을 위한 학교와 지역사회의 조건은 어떠한가 등의 문제를 해결하여 차후의 자원봉사활동의 프로그램이 성공적으로 이루어지도록 도울 수 있다.

2) 평가의 내용 및 기준

각 단계별 평가의 내용 및 기준은 다음과 같다.

(1) 자원봉사활동 목표 설정의 평가
 ① 교육 목표 및 구성원들의 요구 반영도
  • 교육과정상의 교육의 목표, 정부 수준의 지침, 청소년들의 요구, 청소년들의 심신 발달의 특성, 학부모, 교사, 지역사회의 요구, 교장의 교육 철학, 학교의 전통 및 교풍 등을 반영하고 있는가?
 ② 목표의 논리성
  • 목표 진술이 명확한가?
  • 목표들 간에 상충되는 부분은 없는가?
 ③ 실천 가능성
  • 교직원들이 자원봉사활동 목표를 내면화하고 있는가?
  • 학교의 규모, 교직원의 특성, 학교의 시설 등을 반영하고 있는가?

● 학교 및 학급 경영 활동에 반영하고 있는가?

(2) 자원봉사활동 목표 달성을 위한 실천 계획 평가

① 자원봉사활동계획의 수립 여부

● 자원봉사활동 기관이 조사되어 있는가?

● 자원봉사활동의 운영 및 지원 계획이 수립되어 있는가?(연간, 학기 간, 월간, 주간: 학년별, 학급별, 그룹별, 개인별)

● 자원봉사활동의 평가 계획이 수립되어 있는가?

② 자원봉사활동계획의 적합성

● 자원봉사활동계획의 내용이 적절한가?

● 자원봉사활동계획이 구체적인가?

● 학교 내외의 자원봉사활동의 조건을 고려하고 있는가?

● 전 교사들이 합의하는 자원봉사활동계획인가?

● 전 연도의 자원봉사활동 결과를 반영하고 있는가?

● 계획이 균형 잡히며 실천 가능한가?

● 학교 특성과 지역의 특성을 고려하고 있는가?

③ 자원봉사활동계획의 활용성

● 자원봉사활동의 계획을 어느 정도 활용하였는가?

● 자원봉사활동에 있어서 계획이 어느 정도로 공헌하였는가?

● 자원봉사활동계획을 계속적으로 수정 보완하였는가?

(3) 자원봉사활동 실천의 평가

① 조직과 행정

● 자원봉사활동을 위한 조직 및 담당 교사를 운영하고 있는가?

● 자원봉사활동 지도에 대한 교장, 교감의 행·재정적 지원은 어느 정도인가?

- 자원봉사활동 지도가 학교 교육의 일부로 인식되고 있는가?
- 자원봉사활동 지도 자료 및 연수 제공이 있는가?
- 자원봉사활동 지도를 위한 시간을 확보하고 있는가?
- 자원봉사활동 지도에 대한 보상 체제가 있는가?
- 자원봉사활동지도의 기본 목적을 달성하기 위한 자원봉사활동 담당 교사와 일반 교사의 협력 기반이 어느 정도 마련되어 있는가?
- 훌륭한 봉사자에 대한 보상 체제가 개발되어 있는가?
- 자원봉사활동 지도교사의 관리는 적절한가?
- 개인 또는 단체 자원봉사활동의 경우 학급 담임과 사전 협의 및 지도를 받는가?

② 자원봉사활동 지도의 과정
- 봉사 대상 기관과 협조 요청이 되어 있는가?
- 안전사고를 예방 지도하였는가?
- 효율적인 자원봉사활동을 전개하였는가?
- 자원봉사활동 지도가 체계적인가?
- 자원봉사활동에 대한 오리엔테이션이 있는가?(자원봉사활동의 교육적 의의, 봉사자의 자세, 봉사자가 지켜야 할 사항 및 자원봉사활동 프로그램에 대한 사전 교육을 실시하였는가?
- 사전에 자원봉사활동 내용이 제공되었는가?
- 지도교사의 관리는 적절하였는가?
- 그룹 단위의 자원봉사활동에 지도교사가 배정되어 있는가?
- 그룹 단위의 자원봉사활동 인원이 적정한가?
- 그룹 단위의 자원봉사활동 지도교사가 개개인의 청소년을 존중하는가?

- 청소년을 효과적으로 활용하였는가?
- 자원봉사활동 내용이 청소년에게 적합하였는가?

(4) 자원봉사활동 목표 달성 정도의 평가

① 자원봉사활동 프로그램의 평가
- 자원봉사활동을 통해서 청소년들이 배운 점이 있는가?
- 청소년의 태도에 변화를 가져왔는가?
- 봉사 대상자에게 도움이 되었는가?

② 청소년의 자원봉사활동 평가
- 자원봉사활동의 내용은 무엇인가?
- 자원봉사활동의 시간은 어느 정도인가?
- 자원봉사활동의 횟수는 어느 정도인가?
- 어려운 활동을 회피하려고 하지 않는가?
- 시간 약속을 잘 지키는가?
- 일을 성실히 수행하는가?
- 자원봉사활동에 흥미가 있는가?
- 자발적, 적극적이며, 책임지고 하는가?
- 다른 봉사자와의 관계가 좋은가?
- 봉사하는 기관의 규칙을 잘 지키는가?
- 자원봉사활동에 필요한 적절한 기술을 터득하고 있는가?
- 자원봉사활동을 위한 적절한 준비(용모)가 되어 있는가?

(5) 평가 활동의 평가
- 청소년들의 자원봉사활동에 대해 개인 기록을 하고 있는가?
- 청소년들의 자원봉사활동 개인 기록이 정확한가?
- 자원봉사활동 지도를 계속적으로 평가하게 하는 프로그램이

있는가?

- 청소년들 자신이 자신을 평가하는 과정이 있는가?
- 자원봉사활동에 대한 사후 토론을 통해 자원봉사활동을 조정 개선토록 하는가?

3) 평가 방법, 절차 및 도구(평가리스트)

자원봉사활동의 평가 방법, 절차 및 도구는 자원봉사활동의 평가 내용에 따라서 달라진다. 각 내용별 평가 방법, 절차 및 도구는 다음과 같다.

(1) 자원봉사활동 목표 설정의 평가

자원봉사활동을 위한 목표 설정의 평가는 교육과학기술부 및 시·도 교육청의 자원봉사활동 관련 지침, 자원봉사활동계획서 등의 검토, 교장 및 자원봉사활동 운영위원회(가칭) 회원 또는 자원봉사활동 담당교사, 담임교사 등의 면담 등을 통해서 실시할 수 있다. 평가는 1년에 두 차례 학기 초에 체크리스트를 작성하여 평가를 실시한다. 질문지는 그 내용에 따라서 3단계 혹은 5단계 평정척도로 대치할 수 있다. 체크리스트의 예는 다음과 같다.

예: 자원봉사활동 목표 설정 평가를 위한 체크리스트의 예

① 교육 목표 및 구성원들의 요구 반영도

- 교육과정상의 교육의 목표, 정부 수준의 지침, 청소년들의 요구, 청소년들의 심신 발달의 특성, 학부모, 교사, 지역사회의 요구, 교장의 교육 철학, 학교의 전통 및 교풍 등을 반영하고 있는가? 그렇다. 아니다.

② 목표의 논리성

- 목표 진술이 명확한가? 그렇다. 아니다.

- 목표들 간에 상충되는 부분은 없는가? 그렇다. 아니다.

③ 실천 가능성

- 교직원들이 자원봉사활동 목표를 내면화하고 있는가? 그렇다. 아니다.

- 학교의 규모, 교직원의 특성, 학교의 시설 등을 반영하고 있는가? 그렇다. 아니다.

- 학교 및 학급 경영 활동에 반영하고 있는가? 그렇다. 아니다.

자원봉사활동 목표 설정의 평가 결과는 자원봉사활동의 목표 수정 보완을 위한 근거 자료, 학교 또는 학급 경영을 위한 보조 자료, 관련 집단 간의 의사소통 통로, 청소년자원봉사활동의 지도 자료로 활용을 할 수 있다.

(2) 자원봉사활동의 실천 계획

자원봉사활동의 실천 계획의 평가는 자원봉사활동의 학교 수준의 개인별, 그룹별, 학급별, 학년별 계획서 및 학교 계획서 검토, 자원봉사활동의 지도교사 및 담임교사 면담 또는 질문지를 통해서 실시할 수 있다. 평가는 1년에 두 차례 체크리스트를 작성하여 각 하위 요소별 평가를 실시한다. 질문지는 그 내용에 따라서 3단계 혹은 5단계 평정척도로 대치할 수 있다. 체크리스트의 예는 다음과 같다.

예: 자원봉사활동 실천 계획 평가를 위한 체크리스트의 예

① 자원봉사활동 계획의 수립 여부

- 자원봉사활동기관이 조사되어 있는가? 그렇다. 아니다.

- 자원봉사활동의 운영 및 지원 계획이 수립되어 있는가? 그렇다. 아니다.

- 자원봉사활동의 평가 계획이 수립되어 있는가? 그렇다. 아니다.

② 자원봉사활동계획의 적합성

- 자원봉사활동계획 내용이 적절한가? 그렇다. 아니다.
- 자원봉사활동계획이 구체적인가? 그렇다. 아니다.
- 자원봉사활동계획이 학교 내외의 자원봉사활동 조건을 고려하고 있는가? 그렇다. 아니다.
- 전 교사들이 합의하는 자원봉사활동계획인가? 그렇다. 아니다.
- 전 연도의 자원봉사활동 결과를 반영하고 있는가? 그렇다. 아니다.
- 계획이 균형 잡히며 실천 가능한가? 그렇다. 아니다.
- 학교 특성과 지역의 특성을 고려하고 있는가? 그렇다. 아니다.

③ 자원봉사활동계획의 활용성

- 자원봉사활동계획을 활용하였는가? 그렇다. 아니다.
- 자원봉사활동에 있어서 공헌하였는가? 그렇다. 아니다.
- 자원봉사활동계획을 계속적으로 수정 보완하였는가? 그렇다. 아니다.

자원봉사활동 실천 계획의 평가는 자원봉사활동 담당자 또는 장학진이 평가하며, 평가 결과는 구체적 진술문 또는 수량화시킨 형태로 결과를 제시한다. 평가 결과는 봉사활동 담당자와 담임교사가 다음의 자원봉사활동계획 내용을 수정하는 데 활용된다.

(3) 자원봉사활동의 실천 평가

자원봉사활동의 실천 평가 중 행정 조직 및 운영 활동의 평가에 대해서는 자원봉사활동 지도 방침, 지도 내용 기록물의 검토, 학교의 교장, 교감 또는 자원봉사활동 담당 지도교사 또는 각 담임교사를 대상으로 한 면담을 통해서 이루어진다. 평가 절차는 각 분기별로 1회씩 체크리스트를 작성하여 평가를 실시한다. 그러나 자원봉사활동의 지도 과정은 청소년과의 면담 또는 청소년용 질문지를 통해서 수시로 평가할 수가 있다. 평가 결과는 자원봉사활동의 계획을 수정 보완하거나 자원봉사활동을 위한 운영 조직 및 행정을 수정 보완하고 자원봉사활동 지도과정을 반성하고 보완하는 데 활용된다. 각 질문은 그 내용에 따라서 3단계 혹은 5단계 평정척으로 대치할 수 있다. 자원봉사활동 실천 과정에 대한 체크리스트의 예는 다음과 같다.

　예: 자원봉사활동 실천을 위한 조직 및 행정 평가 체크리스트의 예

- 자원봉사활동을 위한 조직 및 담당교사를 운영하고 있는가? 그렇다. 아니다.
- 자원봉사활동 지도에 대한 교장, 교감의 행 재정적 지원은 있는가? 그렇다. 아니다.
- 자원봉사활동 지도가 학교 교육의 일부로 인식되고 있는가? 그렇다. 아니다.
- 자원봉사활동 지도 자료 및 연수 제공이 있는가? 그렇다. 아니다.
- 자원봉사활동 지도를 위한 시간을 확보하고 있는가? 그렇다. 아니다.
- 자원봉사활동 지도에 대한 보상 체제가 있는가? 그렇다. 아니다.
- 자원봉사활동 지도의 기본 목적을 달성하기 위한 자원봉사활동 담당교사와 일반 교사의 협력 기반이 마련되어 있는가? 그렇다. 아니다.
- 훌륭한 봉사자에 대한 보상 체제가 개발되어 있는가? 그렇다. 아니다.

- 자원봉사활동 지도교사의 관리는 적절한가? 그렇다. 아니다.
- 개인 또는 그룹 자원봉사활동의 경우 학급 담임과 사전 협의 및 지도를 받는가? 그렇다. 아니다.

예: 자원봉사활동 실천 중 지도 과정 평가를 위한 체크리스트의 예
- 안전사고를 예방지도하였는가? 그렇다. 아니다.
- 효율적인 자원봉사활동을 전개하였는가? 그렇다. 아니다.
- 자원봉사활동 지도가 체계적인가? 그렇다. 아니다.
- 자원봉사활동에 대한 오리엔테이션이 있는가? 그렇다. 아니다.
- 사전에 자원봉사활동 내용이 제공되었는가? 그렇다. 아니다.
- 지도교사의 관리는 적절하였는가? 그렇다. 아니다.
- 자원봉사활동반에 지도교사가 배정되어 있는가? 그렇다. 아니다.
- 자원봉사활동반의 인원이 적정한가? 그렇다. 아니다.
- 자원봉사활동반의 지도교사가 개개인의 청소년을 존중하는가? 그렇다. 아니다.
- 청소년을 효과적으로 활용하는가? 그렇다. 아니다.
- 자원봉사활동 내용이 청소년에게 적합한가? 그렇다. 아니다.

(4) 자원봉사활동의 목표 달성 정도 평가

자원봉사활동의 목표 달성 정도를 평가하기 위해서는 자원봉사활동 후의 청소년 질문지 및 봉사 대상 기관 질문지 또는 봉사 대상자 면담 등을 통해서 수행할 수 있다. 봉사 대상 기관의 질문지는 그 평가 결과를 청소년에게 확인하게 함으로써 청소년 스스로 자신의 자원봉사활동을 반성해 보는 기회로 활용을 할 수가 있다. 평가 결과는 청소년의 자원봉사활동 파악 자료, 학교의 자원봉사활동계획을 위한 기본 자료, 자원봉사활동 프로그램의 효과 이해를

위한 기본 자료로 활용될 수 있다.

(5) 평가 활동의 평가

자원봉사활동에 대한 평가 활동의 평가는 자원봉사활동에 대한 개인 기록물들의 검토 또는 자원봉사활동 담당교사 또는 담임교사와의 1년에 1~2회 체크리스트를 활용한 면담을 통해서 실시할 수 있다. 결과는 수량화 또는 문장식으로 기록한다. 각 질문은 그 내용에 따라서 3단계 혹은 5단계 평정척으로 대치할 수 있다. 체크리스트의 예는 다음과 같다.

예: 자원봉사활동에 대한 평가 활동의 평가를 위한 체크리스트의 예
- 청소년들의 자원봉사활동에 대해 개인 기록을 하고 있는가? 그렇다. 아니다.
- 청소년들의 자원봉사활동 개인 기록이 정확한가? 그렇다. 아니다.
- 자원봉사활동 지도를 계속적으로 평가하게 하는 프로그램이 있는가? 그렇다. 아니다.
- 청소년들 자신이 자신을 평가하는 과정이 있는가? 그렇다. 아니다.
- 자원봉사활동에 대한 사후 토론을 통해 자원봉사활동을 조정 개선토록 하는가? 그렇다. 아니다.

4) 평가 주의사항

(1) 자원봉사활동의 평가는 '봉사학습'의 효과를 파악하기 위한 평가로서, 자원봉사활동 프로그램별 목표 달성도를 평가한다.

(2) 자원봉사활동의 평가는 활동 상황의 관찰, 질문지, 청소년의 작품과 기록, 간담회 또는 발표회 등 다양한 평가도구를 활용하여

평가한다.

(3) 자원봉사활동 평가는 청소년들의 자원봉사활동을 인정하고 내면화하기 위한 평가로서, 활동 결과보다는 활동 과정에 대한 평가를 더 중시해야 한다.

(4) 평가 결과는 자원봉사활동 프로그램을 개선하기 위해 환류(feedback)한다.

(5) 학교 교육과정에 의한 자원봉사활동은 프로그램별로 활동 목표 확인, 평가 장면 선택, 평가 도구 제작, 학교에서 자원봉사활동 계획 수립 시 활용한다.

(6) 학교 교육과정 이외의 자원봉사활동 또는 개인 계획에 의한 자원봉사활동 대상기관의 활동 내용을 평가하고, 우수한 기관의 프로그램은 청소년들에게 적극 홍보하며, 활동내용이 부적절하거나 허위확인서를 발급하는 기관은 각급 학교에 홍보하여 청소년들의 자원봉사활동 참여 및 인정 여부를 엄격히 제한한다.

(7) '학교 교육과정에 의한 자원봉사활동'의 평가는 학교에서 자원봉사활동계획 수립 시 자원봉사활동 프로그램별로 활동 목표 확인, 평가 장면 선택, 평가 도구를 제작하여 평가한다. 자원봉사활동 프로그램 지도교사가 평가하여 자원봉사활동 기록표에 기록한 후, 담임교사에게 전달하여 기재한다.

(8) 자원봉사활동 대상 기관의 지도자가 청소년들의 자원봉사활동 상황을 평가하여 자원봉사활동 확인서에 기록한다. 자원봉사활동 확인서에 기재 사항이 부실한 경우에는, 학급 담임교사가 사실 내용을 해당 기관에 확인한 후 기록한다.

제**4**부

청소년자원봉사활동 활성화를 위한 지도지침

제3부 청소년자원봉사활동 지속요인에서 이루어진 연구결과에 대한 청소년자원봉사활동이 활성화될 수 있는 지도지침을 다음과 같이 제시한다.

<표 25> 청소년자원봉사활동 지도지침

구분	실천지침
가정	• 부모와 청소년이 함께 자원봉사활동에 참여할 프로그램 마련 • 사회복지 관련전공이나 관심 있는 학부모 자원 개발 • 자원봉사활동에 대한 학부모 및 청소년에 대한 정기적 홍보
학교	• 학교 내 자원봉사활동 분위기 조성 • 청소년자원봉사활동의 우수사례에 대한 발표 및 포상 • 학급 단위로 담임교사가 자원봉사를 함께 실천 • 교내 자원봉사활동계획과 지도에 대한 체계적인 관리 지침 마련 • 주 5일 수업제 휴업일을 위한 다양한 자원봉사활동 프로그램 개발 • 학교-학생-자원봉사센터 및 기관 간의 지원 네트워크 구축을 통한 정보 제공 • 청소년들의 특기와 능력, 흥미 등을 고려한 자원봉사활동 프로그램 개발 및 보급 • 학교의 상설 동아리 중에 자원봉사활동반 개설
기관	• 자원봉사활동 거리나 단체 및 영역에 대한 사전 교육 • 기관의 서비스 특성을 최대한 반영한 봉사 프로그램 개발 • 자원봉사활동 업무 수행에 대한 교육 • 자원봉사활동에 따른 인정과 보상

1. 부모와 청소년이 함께 자원봉사활동에 참여할 프로그램 마련

■ 부모가 자원봉사활동에 참여 및 경험이 있을수록 자원봉사활동을 지속하는 것으로 나타났다.

● 따라서 부모의 참여를 통해 청소년자원봉사활동의 봉사모델과 지지체계를 마련하기 위해 가족이 함께 참여할 수 있는 주말 가족봉사활동 프로그램 마련, 주부자원봉사단의 활동을 청소년 자원봉사활동과 연계

2. 사회복지 관련 전공이나 관심 있는 학부모 자원 개발

■ 부모가 자원봉사활동에 참여 및 경험이 있을수록 자원봉사활동을 지속하는 것으로 나타났다.

● 따라서 현재 학교의 한계성 보완과 청소년에게 참여 모델이 되기 위해 학부모들에게 자원봉사활동 홍보와 협조 요청, 학교 교직원에 대한 교육프로그램 개발, 지역자원봉사에 센터와 연계시킬 수 있는 중재자로서의 전문성을 지닌 학부모 자원 개발

3. 자원봉사활동에 대한 학부모 및 청소년에 대한
   정기적 홍보

■ 자원봉사활동에 대한 부모의 관심과 지지를 많이 받을수록 자
  원봉사활동을 지속하는 것으로 나타났다.
● 따라서 자원봉사활동에 대한 학부모의 관심 및 지지와 이해를
  높이기 위해 학교나 기관에서 자원봉사활동에 대한 소책자나
  가정통신문 활용

제2장 학교에서의 지도지침

[자원봉사활동에 대한 사전 교육]

1. 학교 내 자원봉사활동 분위기 조성

■ 학교에서 정기적으로 자원봉사활동에 대한 사전 교육을 받을
  수록 자원봉사활동을 지속하는 것으로 나타났다.
● 따라서 청소년들이 하루 중 대부분의 시간을 보내고 있는 학
  교에서 자원봉사활동을 실천할 수 있는 마인드를 가질 수 있
  는 사전 교육을 통해 자원봉사활동에 대한 학교 분위기 조성.

2. 청소년자원봉사활동의 우수 사례에 대한 발표 및 포상

- 학교에서 정기적으로 자원봉사활동에 대한 사전 교육을 받을 수록 자원봉사활동을 지속하는 것으로 나타났다.
- 따라서 학교에서 자원봉사활동에 대한 사전 교육 시 이론적인 것뿐만 아니라 우수사례 발표의 기회를 가지고, 조회 및 전체 행사 시간에 포상을 함으로써 자원봉사자의 활동 동기 강화와 자원봉사활동 모델화의 기회 마련.

[학교와 담임교사의 정보제공과 권장]

3. 학급 단위로 담임교사가 자원봉사를 함께 실천

- 학교와 담임교사의 자원봉사활동 권장을 받을수록 자원봉사활동을 지속하는 것으로 나타났다.
- 따라서 자원봉사활동을 청소년 개인적으로 실천하게 하기보다는 학급 담임교사의 주도로 이루어지도록 지도하고, 특히 고3인 경우 입시를 치르고 난 후 여유 있는 시간을 통해 자원봉사활동에 대해 충분히 느끼고 자연스럽게 성인이 된 후에도 자원봉사를 실천할 결의를 다질 수 있는 계기 마련과 자신의 진로와 관련된 분야에서 간접적인 체험을 해 볼 수 있도록 담임교사와 함께 실천.

[학교 내 자원봉사활동을 관장하는 부서체계와 도움]

4. 교내 자원봉사활동계획과 지도에 대한 체계적인 관리 지침 마련

■ 학교 내 자원봉사활동을 관장하는 부서체계의 도움이 클수록 자원봉사활동을 지속하는 것으로 나타났다.
● 따라서 학교 내 청소년자원봉사활동 관장 부서에서는 구체적인 목적, 봉사활동의 프로그램 선정, 자원봉사활동 과제 진단 및 확인과 구체적 실천 방안(실시 기간, 스케줄, 예비교육, 장소, 소요경비, 참여인원, 업무분담, 주의사항 등)과 자원봉사활동 후의 평가와 인정 그리고 앞으로의 개선점 등이 포함된 지침 마련.

5. 주 5일 수업제 휴업일을 위한 다양한 자원봉사활동 프로그램 개발

■ 자원봉사활동 실천 형태는 개인적으로 실천하고 주로 방학이나 휴일에 실천하는 것으로 나타났다.
● 따라서 자원봉사를 실천할 기관을 찾아가는 것이 막연하고 부담스러울 수 있기 때문에 학급별이나 소그룹으로 언제든지 실천하고자 할 때 교육과학기술부부터 실제 활동까지 체계적으로 이루어질 수 있는 학교나 지역사회 자원봉사센터 등에 다양한 토요일 프로그램 개발.

6. 학교 - 학생 - 자원봉사센터 및 기관 간의 지원 네트워크 구축을 통한 정보 제공

■ 학교 내 자원봉사활동을 관장하는 부서체계의 도움이 클수록 자원봉사활동을 지속하는 것으로 나타났다.
● 따라서 학교, 청소년단체, 사회복지단체, 시설 등과 유기적인 협조가 가능한 교사, 청소년단체 지도자, 청소년자원봉사센터 지도자, 유관 기관, 학교, 활동터전 등의 지역별 지원 네트워크 구축을 통한 소책자 매뉴얼의 정보 제공.

7. 청소년들의 특기와 능력, 흥미 등을 고려한 자원봉사 활동 프로그램 개발 및 보급

■ 학교 내 자원봉사활동을 관장하는 부서체계의 도움이 클수록 자원봉사활동을 지속하는 것으로 나타났다.
● 따라서 봉사학습 차원에서의 교육적이며 재능을 발휘하고 능력을 향상시킬 수 있는 다양하고 차별화된 프로그램의 지속적 개발.

8. 학교의 상설 동아리 중에 자원봉사활동반 개설

■ 학교 내 자원봉사활동을 관장하는 부서체계의 도움이 클수록 자원봉사활동을 지속하는 것으로 나타났다.
● 따라서 직접 봉사활동 프로그램을 계획하고 실천하는 기회를 마련할 수 있도록 학교의 상설 동아리에 자원봉사활동반 개설.

제3장 기관에서의 지도지침

1. 자원봉사활동 거리나 단체 및 영역에 대한 사전 교육

■ 자원봉사활동 기관에서 자원봉사활동 업무에 대한 사전 교육을 받을수록 자원봉사활동을 지속하는 것으로 나타났다.

● 따라서 기관에서 사전 교육을 받을수록 지속률이 높게 나타났으므로 직접 서비스 대상자를 접해 보고, 개인이나 지역사회문제해결 등에 주체가 되어 참여할 수 있도록 다양한 활동 거리 소개 등 자원봉사활동에 대한 사전 교육.

2. 기관의 서비스 특성을 최대한 반영한 봉사 프로그램 개발

■ 자원봉사활동 업무 내용의 만족 정도가 높을수록 자원봉사활동을 지속하는 것으로 나타났다.

● 따라서 청소년들은 자신의 적성과 흥미 그리고 특기를 발휘할 수 있을 때 만족도가 높게 나타났으므로 자원봉사활동 기관이나 구청, 동사무소 등의 자원봉사 담당 사회복지사는 지역 내의 봉사기관을 확보하고 이에 대해 어떤 적성, 흥미, 특기를 요하는지 일목요연하게 제시해 줄 기관의 서비스 특성을 반영한 봉사 프로그램 개발.

3. 자원봉사활동 업무 수행에 대한 교육

■ 자원봉사활동 기관에서 자원봉사활동 업무에 대한 사전 교육을 받을수록 자원봉사활동을 지속하는 것으로 나타났다.

● 따라서 자원봉사활동을 경험한 기관의 교육과 안내는 업무 만족에 영향을 끼치는 것으로 나타났으므로 자원봉사활동과정에서의 활동 분야별로 구체화된 내용을 실제 사례, 참가자의 소감문 등과 함께 기록한 소책자·지침서 등의 제공, 봉사활동과 관련된 실제적인 내용을 단계별로 교육하는 실무교육과 재교육 실시.

4. 자원봉사활동에 따른 인정과 보상

■ 자원봉사활동을 경험한 기관의 자원봉사 관리자에 대한 만족도가 높을수록 자원봉사활동을 지속하는 것으로 나타났다.

● 따라서 자원봉사활동에 대한 만족은 기관에 만족할 때 그 효과는 상승된 것으로 나타났으므로 기관에서는 기관의 자료와 증빙카드, 배지, 수첩, 컵, 가방 등 기념품을 만들어 제공하고 기관의 행사에 초대하는 방법과 진학 시 가산점, 언론매체 홍보, 인증서 발급, 보험 가입, 외부기관이나 정부 포상 추천, 기관 자체적인 포상 등 도덕적 보상이 있을 수 있으며, 교통비, 식비 제공 등 물질적 보상을 할 수도 있을 것이다. 또한 청소년들이 선호하는 패스트 푸드점을 할인 가격으로 이용할 수 있는 상품권, 가맹점 할인권, 문화공연권 등 각종 마일리지제나 신용권 등의 인정과 보상.

참고문헌

교육과학기술부(1996), 「종합생활기록부 관리 지침 해설」, 『장학자료』, 제111호, 서울.

교육과학기술부(2006), 『초·중·고등학교 학생 봉사활동의 이론과 실제』, 서울: 교육과학기술부.

구혜영(2008), 『자원봉사 실천론』, 서울: 신정.

국가청소년위원회(2007), 2007 『청소년 백서』, 서울: 국가청소년위원회.

권순미(2001), 「청소년자원봉사활동 지속성의 영향 요인에 관한 탐색 연구」, 서울여자대학교 박사학위논문.

권중돈 외(2000), 『자원봉사실무론』, 서울: 백산출판사.

길은배(2004), 『청소년지도 방법론』, 서울: 교육과학사.

김경(1999), 「청소년자원봉사활동의 원칙의 재고찰」, 『사회복지』, 겨울 호, 통권 143호, 서울: 한국사회복지협의회.

김경연·하영희(1998), 「사회화 요인들이 청소년의 도덕성 행동에 미치는 영향 분석 연구」, 『한국청소년 연구』, 제28집, pp.69-93, 서울: 한국청소년개발원.

김광웅·방은령(1992), 「아동기 도덕적 사회화 과정연구」, 『아동연구』, 제7권, 서울: 숙명여자대학교 아동연구소.

김동규(2005), 『청소년복지론』, 서울: 한국청소년개발원.

김동배·권중돈(1998), 『인간행동과 사회복지실천』, 서울: 학지사.

김동배·이희연(2003), 「사회복지실천에의 생태체계 패러다임과 연구방법론에 대한 고찰(1)」, 『연세사회복지연구』, Vol.9. 서울: 연세대학교 사회복지연구소.

김동배·조학래(1995), 『청소년자원봉사의 길잡이』, 서울: 동인.

김동일 외(2000), 『아동발달과 학습』, 서울: 교육출판사.

김두성·강남준(2000), 『회귀분석』, 경기 파주: 나남출판사.

김범수 외 9인 공저(2003), 『자원봉사의 이해』, 서울: 학지사.

김범수(2002), 『21세기 지역사회복지론』, 서울: 홍익재.

김범수(2007), 『자원봉사론』, 서울: 학지사.

김성환(2000), 「학원자원봉사활동 그 문제와 활성화: 외국의 학생자원봉사 교육 동향」, 『교육마당21』, 7월호, 서울: 교육과학부.

김세원(2000), 『청소년자원봉사활동의 활성화 요인 연구』, 한남대학교 대학원 석사학위논문.

김송희(1999), 「청소년자원봉사활동 활성화를 위한 지역사회 지원체계에 대한 연구: 구로구를 중심으로」, 가톨릭대학교 사회복지대학원 석사학위논문.

김숙경(2002), 「사회복지분야 자원봉사의 지속적 활동에 영향을 미치는 요인에 관한 연구」, 대구대학교 박사학위논문.

김영이(2007), 「청소년의 특기·적성을 활용한 자원봉사활동이 만족도에 미치는 효과」, 공주대학교 석사학위논문.

김영조·정연욱(2008), 『자원봉사론』, 대구: 영진대학출판부.

김영호 외 4인(2006), 『자원봉사의 이론과 실제』, 서울: 창지사.

김영호 외(1990), 『현대사회와 자원활동』, 서울: 한국여성개발원.

김영호(1989), 『자원복지 이론과 실제: 더불어 사는 사회를 위하여』, 서울: 홍익재.

김영호(1997), 『자원복지활동의 활성화 방안』, 서울: 학문사.

김영호(2007), 『현대사회와 자원봉사활동』, 서울: 한국여성개발원.

김영호·오정옥·전형미(2002), 『자원봉사의 이론과 실제』, 서울: 창지사.

김은경(2001), 「부모의 자원봉사활동 참여와 청소년자원봉사활동에 관한 연구」, 명지대학교 석사학위논문.

김정애(2006), 「자원봉사자의 지속의지에 영향을 주는 요인에 관한 연구」, 경원대학교 박사학위논문.

김종오(2003), 「청소년자원봉사활동의 중도 탈락에 관한 연구: 수원시 인문고 학생들을 중심으로」, 연세대학교 석사학위논문.

김철수(1997), 「자원봉사에 대한 의미와 기대효과가 자원봉사 참여 여부 및 참여 의향 여부에 미치는 영향: 서울시 거주자를 중심으로」, 『한국사회정책학회』, 제4권, 서울: 한국사회정책학회.

김혜숙(2002), 「청소년의 자원봉사활동 지속성에 영향을 미치는 요인에 관한 연구: 광주광역시 중학생을 중심으로」, 이화여자대학교 석사학위논문.

남기철(2007), 『자원봉사론』, 경기 파주: 나남출판사.

남정길·석희태(1994), 「법과 행정에서의 청소년의 위상 – 청소년 관계 법과 행정」, 『인간과 복지』, 서울: 한국청소년개발원.

대성학원(2008), 「2009학년도 전문대학 전형 자료」, 서울: 대성학원.

류기형 외 5인(2001), 『자원봉사론』, 서울: 양서원.

≪매일경제신문≫ (2008. 8. 14.), 매일경제신문사, 서울.

모옥희(1996), 「사회복지 자원봉사자의 봉사활동 중단 요인에 관한 연구」, 동국대학교대학원 석사학위논문.

박명숙(1999), 「생태체계이론에 대한 이해와 사회사업에의 적용에 관한 연구」, 『사회복지리뷰』, Vol.4(1), 부천: 가톨릭대학교 사회복지연구소.

박연호(2000), 『현대인간관계론』, 서울: 박영사.

박천수(1999), 「청소년의 자원봉사활동 의식에 관한 연구: 대전광역시 중·고등학생을 중심으로」, 한남대학교 석사학위논문.

변영계(2004), 『교수 – 학습이론의 이해』, 서울: 학지사.

보건복지진흥원(2005), 『사회복지 총람』, 서울: 한국산업정보원.

서울대학교(2008), 「2009학년도 수시모집 전형자료」, 서울대학교.

서울특별시(2007), 『서울통계 연보 2007』, 서울특별시.

서울특별시교육청(1995), 「봉사활동 활성화 방안」, 서울.

서울특별시교육청(2007), 『중·고등학교 학생봉사활동 지도 업무편람』, 서울.

서울특별시립 청소년진흥센터(2006), 『청소년봉사활동 실태·의식·만족도』, 서울.

서울특별시립 청소년진흥센터 홈페이지.
　　　http://www.sy0404.or.kr/index.htm.

성영혜·정길정(2000), 『21세기 자원봉사』, 서울: 동문사.

오영석(2005), 「청소년자원봉사활동의 지속성에 영향을 미치는 배경 요인에 관한 연구」, 전북대학교 석사학위논문.

원미순(2003), 「대학생의 봉사학습 성과에 영향을 미치는 요인들에 관한 연구」, 서울여자대학교 박사학위논문.

윤정일·김정래(1999), 『학생과 시민의 자원봉사활동』, 서울: 집문당.

이강현(1996), 「외국 청소년자원봉사활동의 현황과 전망」, 『청소년자원봉사와 지도』, 서울: 중앙일보사.

이명화(2003), 「청소년의 자원봉사활동 지속 요인」, 전북대학교대학원 석사학위논문.

이상현(2005), 「청소년자원봉사활동 참여와 중도 탈락에 영향을 미치는 요인 분석: 전라북도 여고생을 중심으로」, 명지대학교대학원 박사학위논문.

이성록(2003), 『제4의 물결』, 서울: 학문사.

이영휘(2000), 『청소년자원봉사활동의 만족도에 영향을 미치는 요인에 관한 연구』, 연세대학교대학원 석사학위논문.

이인정·최해경(1995), 『인간행동과 사회환경』, 경기 파주: 나남출판사.

이장현(2002), 「청소년 단체 활동에 관한 연구」, 『청소년보호지도연구』, 제2집, pp.31-47, 한국청소년보호지도학회.

이창호(1996), 「프로그램의 개발과 조직」, 『청소년자원봉사와 지도』, 서울: 중앙일보사.

이팔환·백남덕(2003), 『자원봉사론』, 서울: 형설출판사.

이해숙(2000), 「중·고등학교 자원봉사 지도와 평가 이대로 좋은가?, 중·고등학교 자원봉사 지도와 평가 이대로 바람직한가? 현실과 대안 모색」, 『한국자원봉사포럼 세미나 자료집』, 한국자원봉사포럼.

임정모(2004), 「청소년자원봉사활동의 지속성에 영향을 미치는 요인에 관한 연구: 경기 북부 지역 고등학교 2학년을 중심으로」, 경희대학교 석사학위논문.

임학순(1995), 『지방정부의 문화정책-지방자치 이렇게 해야 한다』, 서울: 한겨레신문사.

장상근(2005), 「자원봉사활동 결정 요인에 관한 연구」, 서울시립대학교 석사학위논문.

장인협(1993), 『사회사업 실천 방법론』, 서울대학교출판부.

정한숙(1997), 「청소년 봉사학습 역할 제고 방안에 관한 연구: 고등학생을 중심으로」, 이화여자대학교대학원 석사학위논문.

조성우(2005), 『SPSS를 활용한 사회복지조사연습』, 서울: 청목출판사.

조학래·권중돈(1996), 『청소년자원봉사활동의 내실화 방안,』 대전: 대전광역시 사회복지협의회.

조휘일(1988), 「자원봉사동기에 관한 이론적 고찰」, 『사회복지』, 서울:

　　　한국사회복지협의회.

조휘일(1990), 「한국 사회복지분야의 자원봉사 행동과 관련된 개인 및 조직 특성에 관한 연구」, 숭실대학교 박사학위논문.

조휘일(2002), 『현대사회와 자원봉사』, 서울: 홍익재.

주성수(2001), 『외국의 청소년자원봉사활동』, 서울: 한국청소년개발원.

중앙일보사(1995), 『시민사회 자원 봉사의 길』, 서울.

중앙일보사(1996), 『청소년자원봉사와 지도』, 서울.

진명신(2001), 「청소년자원봉사활동의 실태와 활성화 방안」, 원광대학교 대학원 석사논문.

차선경(2002), 「청소년자원봉사활동 유지에 관련된 요인에 관한 연구」, 서울여자대학교대학원 석사학위논문.

채명주(2002), 「청소년자원봉사활동 활성화를 위한 연구」, 중앙대학교대학원 석사학위논문.

청솔학원평가연구소(2008), 「2009 대학 정시지원 자료집」, 서울: 청솔학원.

최병권(1995), 『세계 시민 입문』, 서울: 박영률출판사.

최순영·김수정(1995), 『인간의 사회적 성격과 발달』, 서울: 학지사.

최승희(2008), 「입양으로 자녀를 상실한 미혼모들의 슬픔 연구(외적통제소, 자아존중감, 사회적 지지, 입양결정과정의 영향력을 중심으로)」, 『사회복지연구』, 제36권(봄), pp.203 - 225, 서울: 한국사회복지연구회.

최옥채·박미은·서미경·전석균(2002), 『인간행동과 사회 환경』, 서울: 양서원.

최윤근(2004), 『청소년자원봉사활동의 연속 의지 향상에 영향을 미치는 요인에 관한 연구: 춘천시 소재 고등학교를 중심으로』, 상지대학교대학원 석사학위논문.

최윤진(2000), 「아동의 권리와 청소년의 권리」, 『청소년학 연구』, Vol.7, No.2, pp.77 - 111, 서울: 한국청소년학회.

최일섭(1996), 『미국의 자원봉사 유래와 현황』, 서울: 한국사회복지관협회.

통계청(2008. 11.), 자료실, http://www.nso.go.kr/

하칠(2005), 「청소년자원봉사활동의 지속성 유지에 관한 연구: 전라북도를 중심으로」, 한일장신대학교 석사학위논문.

한국교육개발원(1993), 『민주적 학생 지도 민주적 학교 운영』, 서울: 대한교과서(주).

한국교육과정평가원(1995), 『세계화를 위한 교육의 국제 비교』, 서울.

한국대학교육협의회(2008), 『2009 수시 1·2학기 대학입학정보』, 한국 대학교육협의회 학사 지원부.

한국대학교육협의회(2008), 『2009 정시 대학입학정보』, 한국대학교육협 의회 학사 지원부.

한국사회복지협의회(1983), 『지역복지 봉사의 이론과 실제』, 서울.

한국사회복지협의회(2003), 「자원봉사활동 현황 및 활성화 방안」, 서울: 한국사회복지협의회 출판부.

한국사회복지협의회(2008), 『자원봉사활동 현황 및 활성화방안』, 서울: 한국사회복지협의회 출판부.

한국여성개발원(1990), 『현대 사회와 자원 활동』, 서울.

한국여성개발원(1994), 「청소년자원봉사활동: 교사용 참고 자료」, 서울.

한국여성개발원(1995), 『자원활동 정보편람』, 서울.

한국자원봉사연합회(1994), 『청소년자원봉사 워크북』, 서울.

한국청소년 개발원(1999), 『주요 외국의 청소년자원봉사』, 서울.

한국청소년개발원(2005), 『청소년자원봉사 및 동아리 활동론』, 서울: 교 육과학사.

한국청소년진흥센터 http://www.kysc.or.kr/

한국청소년진흥센터(2006), 『청소년자원봉사활동 백서, 서울: 한국청소 년진흥센터.

한덕웅(1984), 「목표설정이 동기와 수행에 미치는 효과」, 『한국경제』, 제12권 제1호, pp.33 - 55, 서울: 성균관대학교 한국산업연구소.

한수정(1999), 「대학생 자원봉사자의 자원봉사활동 지속에 영향을 미치 는 요인에 관한 연구」. 이화여자대학교대학원 석사학위논문.

한숙경(1999), 「초등학교 봉사활동 실천 방안 연구」, 『교육연구』, Vol.18, 전북익산: 원광대학교 교육문제연구소.

한승희·천정웅(1995), 「주요 외국의 청소년활동 정책 연구」, 『한국청 소년연구』, Vol.23, pp.64 - 84. 서울: 한국청소년개발원.

한은주(2000), 「노인학대의 원인에 대한 생태학적 연구」, 성신여자대 학교대학원 석사학위 논문.

한은주, 김태현(2000), 「노인학대의 원인에 대한 생태학적 연구」, 『한국노년학』, 20(2). pp.71 – 89, 서울: 한국노년학회.

한인영 · 홍순혜 · 김혜란(2004), 『학교와 사회복지 실천』, 경기파주: 나남출판사.

현외성 외(1998), 『대학 자원봉사론』, 서울: 유풍출판사.

현외성(1996), 『중 · 고등학생 자원봉사활동』, 서울: 유풍출판사.

황익중(2005), 「단위학교 책임경영 체제에서의 학교장의 교육과정 경영 전략에 관한 교원의 인식 연구」, 인하대학교 박사학위논문.

Alt, M. N.(1997). *National. Association of secondary School Principals Bulletin.*

Bandura, A., Barbaranelli, C., Caprara, G. V., e Pastorelli, C.(1996). Multifaced impact of self – efficacy beliefs on academic functioning. *Child Development,* Vol.67, pp.3 – 60.

Benjamin, Gidron(1984). Predictors of Retention and Turnover among Service Volunteer Workers, *Journal of Social Service Research.* Vol.8(1).

Bronfenbrenner, U.(1979). *The ecology of Human Development: Experiments by Nature and Design.* Cambridge, MA: Harvard University Press.

Bubolz, M., J. Eicher and S. Sontag(1979). The human ecology system: A model. *Journal of Home Economics* 71(1).

Conrad, D. & Hedin, D.(1981). Instruments and scoring guide of the experiential evaluation project. St. paul, MN: *Center for Youth Development and Research.* University of minnesota.

Germain, Caral B. & Gitterman, Alex(1980). *The Life Model of Social Work Practice.* New York: Columbia University Press.

Gidron, B.(1984) Predictors of Retention and Turnover Among Service Volunteer Workers. *Journal of Social Service Research*, 8(1), 1 – 1.

Ilsley, P. J.(1990). *Enhancing the Volunteer Experience:* New Insights on Strengthening Volunteer Participation, Learning, and Commitment. San Francisco: Jossey – Bass Publisher.

Kemp, A.(1998). *Abuse in the Family: An Introduction Brooks*/Coie Pub.

Kendall, J. C(1990). Combining service and learning: An introduction. In Kendall, J. C(ed.), *Combining service and learning*: A resource book for community and public service, vol. 1, Raleigh, N. C.:

National Society for Experiential Education.

Knowles, M. S.(1982). Motivation in Voluntarism: Synopsis of a Theory, *Voluntary Action News*, 31(Sept.1982), Voluntary Action Resource Center.

Manley, R.(1992). Citizenship, Voluntary organization and the state. In E. B. Jones & N. Jones(ed.), *Education for Citizenship*: Ideas and Perspective for Cross – Curricular Study. London: Kogan Page.

Mintz, S. D. & Hesser, G. W.(1996). "Principles of Good Practice In Service – Learning." in Jacoby B. etal., *Service – Learning in Today's Higher Education*. San Francisco: Jossey – Bass Pub.

Moore, L. F.(1985). *Motivating Volunteers*. Vancouver: The vancouver Volunteer Centers Pub.

Pancer S. Mark and Pratt M. W.(1999). In yates Miranda, Youniss James. *Roots of Civic Identity*: International Perceptives on Community Service and Active in Yuth. Cambridge University Press.

Rosenhan, D. H.(1970). The natural socialization of altruistic autonomy. In J. Macauley and L. Berkowitz, eds. *Altruism and helping Behaviors*, Orlando, Fl: Academic press.

Rubin, Allen · Baabbie, Earl(1997). *Research Methods for Social Work*. 성숙진 · 유태균 · 이선우 역(2001). 『사회복지 조사방법론』. 경기 파주: 나남출판사.

Seita, T. R.(1990). *Leadership Skill for New Age of Nonprofits*. Heritage Art Publishing.

Smith, D. H.(1994). Determinants of Voluntary Association Participation and Volunteering: A Literature Review, *Nonprofit and Voluntary Sector Quarterly*, Vol.23, pp.10 – 57.

Staub, E.(1981). Children's report of parental behavior: and inventory. *Child Development*. Vol.36, pp.109 – 133.

Szilagy, A. D.(1987). *Organizational Behavior and Performances, Glenview*: Scott Foreman and Company.

Wilson, M.(1976). *The Effective Management of Volunteer Programs*. Colorado:

Johnson Publishing Co.

Wright. D.(1974). The Psychology for Moral Behavior. *Middlesex England*: Penguin Book.

Yates Miranda, Youniss James(1999). *Roots of civic Identity*: International Perspectives on community Service and Activism in Youth. Cambridge University Press.

부록 1. 교차표

독립변수인 1~52번 문항의 응답 항목에 따른 종속변수 53번 문항의 '자원봉사활동을 의무시간(연간 20시간) 이외에도 지속적으로 참여하고 있습니까?'의 문항의 응답 항목 선택 비율은 다음과 같다.

질문	항목	지속 안 함		지속 참여함		합계	
		빈도	%	빈도	%	빈도	%
1. 학년은?	2학년	306	50.2	304	49.8	610	100
	3학년	234	49.8	236	50.2	470	100
2. 성별은?	남자	270	50.0	270	50.0	540	100
	여자	270	50.0	270	50.0	540	100
3. 종교는?	없다	262	53.3	230	46.7	492	100
	있다	278	47.3	310	52.7	588	100
4. 성적은?	하	123	61.2	78	38.8	201	100
	중	321	49.4	329	50.6	650	100
	상	96	41.9	133	58.1	229	100
5. 일반적으로 나는 곤란한 사람들을 돕는 데 적극적이다.	전혀 그렇지 않다	38	66.7	19	33.3	57	100
	그렇지 않다	99	65.1	53	34.9	152	100
	보통이다	258	51.4	244	48.6	502	100
	그렇다	112	41.2	160	58.8	272	100
	매우 그렇다	33	34.0	64	66.0	97	100
6. 나는 어려운 사람들을 위해 나의 시간과 물질을 사용할 용의가 있다.	전혀 그렇지 않다	35	71.4	14	28.6	49	100
	그렇지 않다	91	59.1	63	40.9	154	100
	보통이다	251	56.0	197	44.0	448	100
	그렇다	130	39.3	201	60.7	331	100
	매우 그렇다	33	33.7	65	66.3	98	100
7. 남을 돕는 것은 좋은 일이지만 자기희생을 하면서까지 할 필요는 없다.	전혀 그렇지 않다	27	51.9	25	48.1	52	100
	그렇지 않다	115	46.2	134	53.8	249	100
	보통이다	192	51.2	183	48.8	375	100
	그렇다	173	52.9	154	47.1	327	100
	매우 그렇다	33	42.9	44	57.1	77	100

질문	항목	지속 안 함		지속 참여함		합계	
		빈도	%	빈도	%	빈도	%
8. 버스나 지하철에서 내 앞에 노약자가 서 있다면, 나는 몸이 피곤하여도 자리를 양보한다.	전혀 그렇지 않다	27	69.2	12	30.8	39	100
	그렇지 않다	67	65.7	35	34.3	102	100
	보통이다	126	51.4	119	48.6	245	100
	그렇다	198	51.8	184	48.2	382	100
	매우 그렇다	122	39.1	190	60.9	312	100
9. 내가 갖고 싶어 하는 것을 얻기 위해 다른 사람이 피해를 입는 것은 어쩔 수 없는 일이다.	전혀 그렇지 않다	13	31.0	29	69.0	42	100
	그렇지 않다	92	61.7	57	38.3	149	100
	보통이다	159	51.6	149	48.4	308	100
	그렇다	202	46.2	235	53.8	437	100
	매우 그렇다	74	51.4	70	48.6	144	100
10. 청소 시간에 선생님과 친구들이 잘 보지 않는 곳은 대충 해 버린다.	전혀 그렇지 않다	56	44.4	70	55.6	126	100
	그렇지 않다	155	47.3	173	52.7	328	100
	보통이다	182	49.6	185	50.4	367	100
	그렇다	115	59.0	80	41.0	195	100
	매우 그렇다	32	50.0	32	50.0	64	100
11. 나는 학교에서 불우이웃 돕기나 환경 정리와 같은 특별한 일이나 행사에 적극적으로 참여한다.	전혀 그렇지 않다	54	62.8	32	37.2	86	100
	그렇지 않다	168	58.5	119	41.5	287	100
	보통이다	212	45.5	254	54.5	466	100
	그렇다	66	38.2	107	61.8	173	100
	매우 그렇다	40	58.8	28	41.2	68	100
12. 불우 아동, 노인, 장애인과 같이 사회적으로 소외된 사람들에 대해 내가 할 수 있는 일은 거의 없다.	전혀 그렇지 않다	65	50.8	63	49.2	128	100
	그렇지 않다	158	43.3	207	56.7	365	100
	보통이다	193	54.5	161	45.5	354	100
	그렇다	102	54.3	86	45.7	188	100
	매우 그렇다	22	48.9	23	51.1	45	100
13. 내신 성적에 반영되고, 진학에 도움이 되기 때문이다.	전혀 그렇지 않다	30	50.8	29	49.2	59	100
	그렇지 않다	33	43.4	43	56.6	76	100
	보통이다	83	34.0	161	66.0	244	100
	그렇다	206	52.8	184	47.2	390	100
	매우 그렇다	188	60.5	123	39.5	311	100
14. 가족, 친구, 선생님 등 주변 사람들이 자원봉사활동에 참여하라고 권해서이다.	전혀 그렇지 않다	85	53.5	74	46.5	159	100
	그렇지 않다	180	52.6	162	47.4	342	100
	보통이다	185	52.3	169	47.7	354	100
	그렇다	75	39.9	113	60.1	188	100
	매우 그렇다	15	40.5	22	59.5	37	100

질문	항목	지속 안 함		지속 참여함		합계	
		빈도	%	빈도	%	빈도	%
15. 도움도 주고 다양한 사람들과의 만남과 새로운 것을 경험도 해 보고 싶어서이다.	전혀 그렇지 않다	100	70.4	42	29.6	142	100
	그렇지 않다	166	52.7	149	47.3	315	100
	보통이다	176	50.1	175	49.9	351	100
	그렇다	84	40.6	123	59.4	207	100
	매우 그렇다	14	21.5	51	78.5	65	100
16. 이웃이나 지역사회, 국가 등에 조금이나마 도움을 주고 싶어서이다.	전혀 그렇지 않다	98	65.3	52	34.7	150	100
	그렇지 않다	161	52.3	147	47.7	308	100
	보통이다	205	51.8	191	48.2	396	100
	그렇다	72	37.3	121	62.7	193	100
	매우 그렇다	4	12.1	29	87.9	33	100
17. 도움도 주고 나 자신도 언젠가는 다른 사람의 도움을 받을 수도 있기 때문이다.	전혀 그렇지 않다	76	62.8	45	37.2	121	100
	그렇지 않다	102	52.0	94	48.0	196	100
	보통이다	199	51.2	190	48.8	389	100
	그렇다	129	44.9	158	55.1	287	100
	매우 그렇다	34	39.1	53	60.9	87	100
18. 도움도 주고 보람 있는 일을 했다고 하는 뿌듯한 마음도 갖고 싶어서이다.	전혀 그렇지 않다	60	63.8	34	36.2	94	100
	그렇지 않다	99	56.3	77	43.8	176	100
	보통이다	241	57.2	180	42.8	421	100
	그렇다	119	39.3	184	60.7	303	100
	매우 그렇다	21	24.4	65	75.6	86	100
19. 도움도 주고 새로운 경험, 지식도 얻기 위해서이다.	전혀 그렇지 않다	81	70.4	34	29.6	115	100
	그렇지 않다	119	50.0	119	50.0	238	100
	보통이다	208	51.5	196	48.5	404	100
	그렇다	122	47.7	134	52.3	256	100
	매우 그렇다	10	14.9	57	85.1	67	100
20. 도움도 주고 주변 사람으로부터 칭찬과 격려도 듣기 위해서이다.	전혀 그렇지 않다	120	58.5	85	41.5	205	100
	그렇지 않다	173	49.0	180	51.0	353	100
	보통이다	176	49.4	180	50.6	356	100
	그렇다	61	48.8	64	51.2	125	100
	매우 그렇다	10	24.4	31	75.6	41	100
21. 자원봉사활동은 자기희생을 통해 주변 이웃을 돕는 일이다.	전혀 그렇지 않다	50	65.8	26	34.2	76	100
	그렇지 않다	126	52.3	115	47.7	241	100
	보통이다	174	50.1	173	49.9	347	100
	그렇다	163	46.7	186	53.3	349	100
	매우 그렇다	27	40.3	40	59.7	67	100

질문	항목	지속 안 함		지속 참여함		합계	
		빈도	%	빈도	%	빈도	%
22. 자원봉사활동은 자기의 능력이나 특기 활용을 통해 사회에 기여하는 일이다.	전혀 그렇지 않다	34	68.0	16	32.0	50	100
	그렇지 않다	110	61.1	70	38.9	180	100
	보통이다	198	51.7	185	48.3	383	100
	그렇다	157	41.6	220	58.4	377	100
	매우 그렇다	41	45.6	49	54.4	90	100
23. 자원봉사활동은 다양한 사회 경험을 통해 자기성장과 발전을 도모하는 일이다.	전혀 그렇지 않다	36	78.3	10	21.7	46	100
	그렇지 않다	85	66.9	42	33.1	127	100
	보통이다	198	50.0	198	50.0	396	100
	그렇다	192	46.7	219	53.3	411	100
	매우 그렇다	29	29.0	71	71.0	100	100
24. 자원봉사활동은 경제적·시간적 여유가 있는 사람들만이 하는 것이다.	전혀 그렇지 않다	81	49.1	84	50.9	165	100
	그렇지 않다	171	52.6	154	47.4	325	100
	보통이다	147	51.6	138	48.4	285	100
	그렇다	92	42.8	123	57.2	215	100
	매우 그렇다	49	54.4	41	45.6	90	100
25. 청소년자원봉사활동은 봉사학습의 개념으로 자원봉사활동을 배우는 일이다.	전혀 그렇지 않다	48	68.6	22	31.4	70	100
	그렇지 않다	107	56.6	82	43.4	189	100
	보통이다	233	49.2	241	50.8	474	100
	그렇다	127	46.4	147	53.6	274	100
	매우 그렇다	25	34.2	48	65.8	73	100
26. 자원봉사활동을 학교의 의무시간을 채우기 위해 하는 일이다.	전혀 그렇지 않다	67	49.6	68	50.4	135	100
	그렇지 않다	131	51.6	123	48.4	254	100
	보통이다	182	49.7	184	50.3	366	100
	그렇다	99	46.5	114	53.5	213	100
	매우 그렇다	61	54.5	51	45.5	112	100
27. 부모님 중 한 분이라도 자원봉사활동에 적극적으로 참여하였거나 실행하고 계십니까?	참여하신 적이없다	237	59.0	165	41.0	402	100
	참여하신 적이있다	241	46.4	278	53.6	519	100
	현재 참여하고 계시다	62	39.0	97	61.0	159	100
28. 부모님은 내가 자원봉사활동을 계획하고 실천하려고 할 때 함께 의논하고 협력해 주신다.	전혀 그렇지 않다	115	64.2	64	35.8	179	100
	그렇지 않다	158	56.2	123	43.8	281	100
	보통이다	158	45.9	186	54.1	344	100
	그렇다	90	42.5	122	57.5	212	100
	매우 그렇다	19	29.7	45	70.3	64	100

질문	항목	지속 안 함		지속 참여함		합계	
		빈도	%	빈도	%	빈도	%
29. 부모님은 내가 자원봉사활동을 하고 있다는 것을 알고 계시며 그에 대해 관심을 가지신다.	전혀 그렇지 않다	110	67.9	52	32.1	162	100
	그렇지 않다	138	54.3	116	45.7	254	100
	보통이다	197	48.8	207	51.2	404	100
	그렇다	81	39.1	126	60.9	207	100
	매우 그렇다	14	26.4	39	73.6	53	100
30. 부모님은 내가 자원봉사활동을 하는 것에 대해 대견스럽다고 칭찬해 주신다.	전혀 그렇지 않다	81	71.1	33	28.9	114	100
	그렇지 않다	124	59.3	85	40.7	209	100
	보통이다	210	49.0	219	51.0	429	100
	그렇다	99	42.9	132	57.1	231	100
	매우 그렇다	26	26.8	71	73.2	97	100
31. 아버지의 학력은?	중졸 이하	35	68.6	16	31.4	51	100
	고졸	246	55.9	194	44.1	440	100
	전문대졸 이상	259	44.0	330	56.0	589	100
32. 어머니의 학력은?	중졸 이하	48	64.0	27	36.0	75	100
	고졸	275	52.3	251	47.7	526	100
	전문대졸 이상	217	45.3	262	54.7	479	100
33. 가정의 생활수준은?	매우 못사는 편이다	32	60.4	21	39.6	53	100
	못사는 편이다	98	59.4	67	40.6	165	100
	보통이다	324	51.2	309	48.8	633	100
	잘사는 편이다	67	39.6	102	60.4	169	100
	매우 잘사는 편이다	19	31.7	41	68.3	60	100
34. 학교 내 자원봉사활동 담당 부서에서는 자원봉사활동에 실제로 도움이 되는 교육을 정기적으로 해 주고 있다.	전혀 그렇지 않다	149	99.3	1	.7	150	100
	그렇지 않다	182	64.5	100	35.5	282	100
	보통이다	168	39.4	258	60.6	426	100
	그렇다	41	24.3	128	75.7	169	100
	매우 그렇다	0	.0	53	100	53	100
35. 담임교사와 선생님들은 자원봉사활동에 대해 관심 갖고 지도해 주시며, 관련 기관에 대해서 정보와 함께 실천하도록 권장해 주셨다.	전혀 그렇지 않다	143	100	0	.0	143	100
	그렇지 않다	200	69.9	86	30.1	286	100
	보통이다	154	41.6	216	58.4	370	100
	그렇다	37	16.4	188	83.6	225	100
	매우 그렇다	6	10.7	50	89.3	56	100

질문	항목	지속 안 함		지속 참여함		합계	
		빈도	%	빈도	%	빈도	%
36. 우리 학교는 자원봉사활동을 관장하는 주무부서 체계가 있고, 자원봉사활동을 중요하게 생각하여 적극적으로 도움을 주고 있다.	전혀 그렇지 않다	176	99.4	1	.6	177	100
	그렇지 않다	187	66.1	96	33.9	283	100
	보통이다	150	37.6	249	62.4	399	100
	그렇다	25	14.3	150	85.7	175	100
	매우 그렇다	2	4.3	44	95.7	46	100
37. 자원봉사활동을 시작하기 전에 안내와 교육을 받았다.	아니오	230	62.3	139	37.7	369	100
	예	310	43.6	401	56.4	711	100
38. 기관의 안내와 교육이 자원봉사활동을 하는 데 도움이 되었다.	전혀 그렇지 않다	101	52.1	93	47.9	194	100
	그렇지 않다	147	62.6	88	37.4	235	100
	보통이다	190	52.9	169	47.1	359	100
	그렇다	91	37.1	154	62.9	245	100
	매우 그렇다	11	23.4	36	76.6	47	100
39. 경험해 본 자원봉사활동 기관들에서는 귀하의 적성, 흥미를 파악하여 업무를 배치하였다.	전혀 그렇지 않다	161	58.5	114	41.5	275	100
	그렇지 않다	174	46.3	202	53.7	376	100
	보통이다	157	51.1	150	48.9	307	100
	그렇다	39	39.8	59	60.2	98	100
	매우 그렇다	9	37.5	15	62.5	24	100
40. 경험해 본 자원봉사활동 기관들에서는 희망에 따라 업무를 배치해 주었다.	전혀 그렇지 않다	159	58.9	111	41.1	270	100
	그렇지 않다	174	53.7	150	46.3	324	100
	보통이다	166	48.1	179	51.9	345	100
	그렇다	33	28.2	84	71.8	117	100
	매우 그렇다	8	33.3	16	66.7	24	100
41. 자원봉사활동은 업무량이 적절히 배분 되었다.	전혀 그렇지 않다	109	60.9	70	39.1	179	100
	그렇지 않다	142	60.2	94	39.8	236	100
	보통이다	225	49.6	229	50.4	454	100
	그렇다	58	31.4	127	68.6	185	100
	매우 그렇다	6	23.1	20	76.9	26	100
42. 경험해 본 자원봉사활동 업무들은 적성, 흥미를 고려한 취향에 맞는 편이었다.	전혀 그렇지 않다	147	69.3	65	30.7	212	100
	그렇지 않다	155	52.5	140	47.5	295	100
	보통이다	178	47.6	196	52.4	374	100
	그렇다	56	34.1	108	65.9	164	100
	매우 그렇다	4	11.4	31	88.6	35	100

질문	항목	지속 안 함		지속 참여함		합계	
		빈도	%	빈도	%	빈도	%
43. 나의 자원봉사활동은 기관의 발전에 영향을 주었고 보람 있었다.	전혀 그렇지 않다	110	75.3	36	24.7	146	100
	그렇지 않다	135	64.9	73	35.1	208	100
	보통이다	212	48.6	224	51.4	436	100
	그렇다	71	30.5	162	69.5	233	100
	매우 그렇다	12	21.1	45	78.9	57	100
44. 경험해 본 자원봉사활동의 업무 내용들은 만족하였다.	전혀 그렇지 않다	111	69.8	48	30.2	159	100
	그렇지 않다	143	64.7	78	35.3	221	100
	보통이다	217	49.4	222	50.6	439	100
	그렇다	64	30.3	147	69.7	211	100
	매우 그렇다	5	10.0	45	90.0	50	100
45. 기관 담당직원은 내가 하는 자원봉사활동에 관심을 보인다.	전혀 그렇지 않다	126	67.4	61	32.6	187	100
	그렇지 않다	180	56.8	137	43.2	317	100
	보통이다	195	45.3	235	54.7	430	100
	그렇다	32	28.1	82	71.9	114	100
	매우 그렇다	7	21.9	25	78.1	32	100
46. 기관 담당직원은 내가 하는 자원봉사활동에 대한 적절한 지도와 평가를 해 준다.	전혀 그렇지 않다	122	66.7	61	33.3	183	100
	그렇지 않다	156	55.9	123	44.1	279	100
	보통이다	200	49.0	208	51.0	408	100
	그렇다	53	30.3	122	69.7	175	100
	매우 그렇다	9	25.7	26	74.3	35	100
47. 기관 담당 직원은 나의 개인적 신상(생일, 시험)에 대한 관심을 갖고 대화의 시간을 갖는다.	전혀 그렇지 않다	190	63.8	108	36.2	298	100
	그렇지 않다	188	50.7	183	49.3	371	100
	보통이다	128	44.1	162	55.9	290	100
	그렇다	31	33.7	61	66.3	92	100
	매우 그렇다	3	10.3	26	89.7	29	100
48. 기관 담당 직원은 내게 고마움을 갖고 나의 역할을 존중하고 소중히 여긴다.	전혀 그렇지 않다	139	63.2	81	36.8	220	100
	그렇지 않다	133	53.8	114	46.2	247	100
	보통이다	207	48.6	219	51.4	426	100
	그렇다	57	36.5	99	63.5	156	100
	매우 그렇다	4	12.9	27	87.1	31	100
49. 기관 담당 직원은 친절하고 접근하기 쉬웠다.	전혀 그렇지 않다	114	67.9	54	32.1	168	100
	그렇지 않다	153	57.5	113	42.5	266	100
	보통이다	201	48.7	212	51.3	413	100
	그렇다	61	31.8	131	68.2	192	100
	매우 그렇다	11	26.8	30	73.2	41	100

질문	항목	지속 안 함		지속 참여함		합계	
		빈도	%	빈도	%	빈도	%
50. 기관 담당 직원은 나의 능력에 적합한 자원봉사활동을 제공했다.	전혀 그렇지 않다	143	66.8	71	33.2	214	100
	그렇지 않다	126	53.6	109	46.4	235	100
	보통이다	217	49.1	225	50.9	442	100
	그렇다	48	31.2	106	68.8	154	100
	매우 그렇다	6	17.1	29	82.9	35	100
51. 나는 자원봉사활동 담당 직원과 관계가 좋았다.	전혀 그렇지 않다	108	67.1	53	32.9	161	100
	그렇지 않다	133	60.7	86	39.3	219	100
	보통이다	239	49.2	247	50.8	486	100
	그렇다	52	31.0	116	69.0	168	100
	매우 그렇다	8	17.4	38	82.6	46	100

부록 2. 종속변수의 기술 통계 분석표

1) 활동시간은: 52. 지난 1년간(지난 학년 겨울방학, 금학년도 여름방학 포함) 귀하의 자원봉사활동을 했던 시간은 모두 몇 시간입니까? 시간을 기입해 주세요.

		평균	표준편차
전체		36.72	26.73
종교	없다	34.75	25.14
	있다	38.38	27.92
성적	하	31.61	23.78
	중	35.41	24.42
	상	44.93	33.07

2) 활동 시기는: 53. 자원봉사활동을 의무시간(연간 20시간) 이외에도 지속적으로 참여하고 있습니까?

		의무시간 이상 지속해 본 적이 없다.		의무시간 이상 지속하고 있다.		합체	
		빈도	%	빈도	%	빈도	%
전체		540	50.00	540	50.00	1080	100
종교	없다	262	53.25	230	46.75	492	100
	있다	278	47.28	310	52.72	588	100
성적	하	123	61.19	78	38.81	201	100
	중	321	49.38	329	50.62	650	100
	상	96	41.92	133	58.08	229	100

3) 활동 형태 중 언제 하는가: 54-1. 의무적인 봉사활동 외에 자원봉사활동을 지속하고 있거나 계속할 생각(지속의지)이 있다면

언제 하게 되나요?

		방학 중		학기 중		합계	
		빈도	%	빈도	%	빈도	%
전체		461	85.37	79	14.63	540	100
종교	없다	198	86.09	32	13.91	230	100
	있다	263	84.84	47	15.16	310	100
성적	하	66	84.62	12	15.38	78	100
	중	278	84.50	51	15.50	329	100
	상	117	87.97	16	12.03	133	100

4) 활동 형태 중 활동 간격은: 54 - 2. 의무적인 봉사활동 외에
자원봉사활동을 지속하고 있거나 계속할 생각(지속의지)이 있다면
활동 간격은?

		수시로(비정기적으로)		정기적으로		합계	
		빈도	%	빈도	%	빈도	%
전체		437	80.93	103	19.07	540	100
종교	없다	192	83.48	38	16.52	230	100
	있다	245	79.03	65	20.97	310	100
성적	하	66	84.62	12	15.38	78	100
	중	266	80.85	63	19.15	329	100
	상	105	78.95	28	21.05	133	100

5) 활동 형태 중 누구와 하는가: 54 - 3. 의무적인 봉사활동 외에
자원봉사활동을 지속하고 있거나 계속할 생각(지속의지)이 있다면
누구와 하게 되나요?

		개별적으로 봉사활동함.		단체(동아리)로 봉사활동함.		합계	
		빈도	%	빈도	%	빈도	%
전체		386	71.48	154	28.52	540	100
종교	없다	161	70.00	69	30.00	230	100
	있다	225	72.58	85	27.42	310	100
성적	하	58	74.36	20	25.64	78	100
	중	234	71.12	95	28.88	329	100
	상	94	70.68	39	29.32	133	100

부록 3. 청소년자원봉사활동 지속요인에 대한 설문지

Ⅰ. 다음은 귀하의 개인적인 사항에 대한 질문입니다.
    각 문항을 읽고 해당되는 번호 하나에만 ∨ 하여 주십시오.

* 질문문항	범례
1. 귀하의 학년은?	① 2학년 ② 3학년
2. 귀하의 성별은?	① 남자 ② 여자
3. 귀하의 종교는?	① 없다 ② 있다
4. 귀하의 학교성적은?	① 하 ② 중 ③ 상

*다른 사람을 돕는 사회적 책임성(도덕성) 질문	전혀 그렇지 않다	그렇지 않다	보통이다	그렇다	매우 그렇다
5. 일반적으로 나는 곤란한 사람들을 돕는 데 적극적이다.	①	②	③	④	⑤
6. 나는 어려운 사람들을 위해 나의 시간과 물질을 사용할 용의가 있다.	①	②	③	④	⑤
7. 남을 돕는 것은 좋은 일이지만 자기를 희생하면서까지 할 필요는 없다.	①	②	③	④	⑤
8. 버스나 지하철에서 내 앞에 노약자가 서 있다면, 나는 몸이 피곤하여도 자리를 양보한다.	①	②	③	④	⑤
9. 내가 갖고 싶어 하는 것을 얻기 위해 다른 사람이 피해를 입는 것은 어쩔 수 없는 일이다.	①	②	③	④	⑤
10. 청소 시간에 선생님과 친구들이 잘 보지 않는 곳은 대충 해 버린다.	①	②	③	④	⑤
11. 나는 학교에서 불우이웃 돕기나 환경정리와 같은 특별한 일이나 행사에 적극적으로 참여한다.	①	②	③	④	⑤
12. 불우 아동, 노인, 장애인과 같이 사회적으로 소외된 사람들에 대해 내가 할 수 있는 일은 거의 없다.	①	②	③	④	⑤

*자원봉사활동에 참여하게 된 동기 질문	전혀 그렇지 않다	그렇지 않다	보통이다	그렇다	매우 그렇다
13. 내신 성적에 반영되고, 진학에 도움이 되기 때문이다.	①	②	③	④	⑤
14. 가족, 친구, 선생님 등 주변 사람들이 자원봉사활동에 참여하라고 권해서이다.	①	②	③	④	⑤
15. 도움도 주고 다양한 사람들과의 만남과 새로운 것을 경험도 해 보고 싶어서이다.	①	②	③	④	⑤
16. 이웃이나 지역사회, 국가 등에 조금이나마 도움을 주고 싶어서이다.	①	②	③	④	⑤
17. 도움도 주고 나 자신도 언젠가는 다른 사람의 도움을 받을 수도 있기 때문이다.	①	②	③	④	⑤
18. 도움도 주고 보람 있는 일을 했다고 하는 뿌듯한 마음도 갖고 싶어서이다.	①	②	③	④	⑤
19. 도움도 주고 새로운 경험, 지식도 얻기 위해서이다.	①	②	③	④	⑤
20. 도움도 주고 주변 사람으로부터 칭찬과 격려도 듣기 위해서이다.	①	②	③	④	⑤

*자원봉사활동에 대한 인식 질문	전혀 그렇지 않다	그렇지 않다	보통이다	그렇다	매우 그렇다
21. 자원봉사활동은 자기희생을 통해 주변 이웃을 돕는 일이다.	①	②	③	④	⑤
22. 자원봉사활동은 자기의 능력이나 특기 활용을 통해 사회에 기여하는 일이다.	①	②	③	④	⑤
23. 자원봉사활동은 다양한 사회 경험을 통해 자기성장과 발전을 도모하는 일이다.	①	②	③	④	⑤
24. 자원봉사활동은 경제적·시간적 여유가 있는 사람들이 하는 일이다.	①	②	③	④	⑤
25. 청소년자원봉사활동은 봉사학습의 개념으로 자원봉사활동을 배우는 일이다.	①	②	③	④	⑤
26. 자원봉사활동은 학교의 의무시간을 채우기 위해 하는 일이다.	①	②	③	④	⑤

Ⅱ. 다음은 귀하의 가정적인 사항에 대한 질문입니다.

각 문항을 읽고 해당되는 번호 하나에만 ∨ 하여 주십시오.

*부모님의 자원봉사활동참여 및 경험유무 질문	참여하신 적이 없다	참여하신 적이 있다	현재 참여하고 계시다
27. 부모님께서는 자원봉사활동에 적극적으로 참여하였거나 현재 실행하고 계십니까?	①	②	③

*자원봉사에 대한 부모님의 관심과 지지 정도 질문	전혀 그렇지 않다	그렇지 않다	보통이다	그렇다	매우 그렇다
28. 부모님은 내가 자원봉사활동을 계획하고 실천하려고 할 때 함께 의논하고 협력해 주신다.	①	②	③	④	⑤
29. 부모님은 내가 자원봉사활동을 하고 있다는 것을 알고 계시며 그에 대해 관심을 가져 주신다.	①	②	③	④	⑤
30. 부모님은 내가 자원봉사활동을 하는 것에 대해 대견스럽다고 칭찬해 주신다.	①	②	③	④	⑤

*부모님의 교육수준 질문	범례
31. 아버지의 학력은?	① 중졸 이하 ② 고졸 ③ 전문대졸 이상
32. 어머니의 학력은?	① 중졸 이하 ② 고졸 ③ 전문대졸 이상

*부모님의 가정생활 수준 질문	매우 못사는 편이다	못사는 편이다	보통이다	잘사는 편이다	매우 잘사는 편이다
33. 가정의 생활수준은?	①	②	③	④	⑤

Ⅲ. 다음은 귀하의 학교적인 사항에 대한 질문입니다.

각 문항을 읽고 해당되는 번호 하나에만 V 하여 주십시오.

*학교의 관심과 지원 질문	전혀 그렇지 않다	그렇지 않다	보통이다	그렇다	매우 그렇다
34. 학교 내 자원봉사활동 담당부서에서는 자원봉사활동에 실제로 도움이 되는 교육을 정기적으로 해 주고 있다.	①	②	③	④	⑤
35. 담임교사와 선생님들은 자원봉사활동에 대해 관심을 갖고 지도해 주시며, 관련 기관에 대해서 정보와 함께 실천하도록 권장해 주셨다.	①	②	③	④	⑤
36. 우리 학교는 자원봉사활동을 관장하는 주무부서체계가 있고, 자원봉사활동을 중요하게 생각하여 적극적으로 도움을 주고 있다.	①	②	③	④	⑤

Ⅳ. 다음은 귀하의 자원봉사활동을 경험한 기관에 대한 질문입니다.

각 문항을 읽고 해당되는 번호 하나에만 V 하여 주십시오.

*기관에서의 교육 유무 질문	범례
37. 자원봉사활동을 시작하기 전에 안내와 교육을 받았다.	① 아니오　　② 예

*기관에서 교육의 효과성 질문	전혀 그렇지 않다	그렇지 않다	보통이다	그렇다	매우 그렇다
38. 기관의 안내와 교육이 자원봉사활동을 하는 데 도움이 되었다.	①	②	③	④	⑤

*자원봉사활동 직무배치 방식 질문	전혀 그렇지 않다	그렇지 않다	보통이다	그렇다	매우 그렇다
39. 경험해 본 자원봉사활동 기관들에서는 귀하의 적성, 흥미를 파악하여 업무를 배치하였다.	①	②	③	④	⑤
40. 경험해 본 자원봉사활동 기관들에서는 희망에 따라 업무를 배치해 주었다.	①	②	③	④	⑤
41. 자원봉사활동들은 업무량이 적절히 배분되었다.	①	②	③	④	⑤

*자원봉사활동 업무내용의 만족도 질문	전혀 그렇지 않다	그렇지 않다	보통이다	그렇다	매우 그렇다
42. 경험해 본 자원봉사활동 업무들은 적성, 흥미를 고려한 취향에 맞는 편이었다.	①	②	③	④	⑤
43. 나의 자원봉사활동은 기관의 발전에 영향을 주었고 보람 있었다.	①	②	③	④	⑤
44. 경험해 본 자원봉사활동의 업무 내용들은 만족하였다.	①	②	③	④	⑤

*자원봉사활동 담당 관리자와의 관계 질문	전혀 그렇지 않다	그렇지 않다	보통이다	그렇다	매우 그렇다
45. 기관 담당직원은 내가 하는 자원봉사활동에 관심을 보였다.	①	②	③	④	⑤
46. 기관 담당직원은 내가 하는 자원봉사활동에 대한 적절한 지도와 평가를 해 주었다.	①	②	③	④	⑤
47. 기관 담당직원은 나의 개인적 신상(생일, 시험)에 대한 관심을 갖고 대화의 시간을 가졌다.	①	②	③	④	⑤
48. 기관 담당직원은 내게 고마움을 갖고 나의 역할을 존중하고 소중히 여겼다.	①	②	③	④	⑤
49. 기관 담당직원은 친절하고 접근하기 쉬웠다.	①	②	③	④	⑤
50. 기관 담당직원은 나의 능력에 적합한 봉사활동을 제공했다.	①	②	③	④	⑤
51. 나는 자원봉사활동 담당직원과 관계가 좋았다.	①	②	③	④	⑤

Ⅴ. 다음은 귀하의 자원봉사활동 지속에 대한 질문입니다.

　문항을 읽고 해당되는 번호 하나에만 ∨ 하여 주십시오.

*자원봉사활동 지속 질문	범례		
52. 지난 1년간(지난 학년 겨울방학, 금학년도 여름방학 포함) 귀하의 자원봉사활동을 했던 시간은 모두 몇 시간입니까? 시간을 기입해 주세요.	(　　　　　　　　시간)		
53. 자원봉사활동을 의무시간(연간 20시간) 이외에도 지속적으로 참여하고 있습니까?	① 학교에서 실시할 때만 참여하고 의무시간 이상 지속해 본 적이 없다. ② 방학·학기 중 의무시간(연간 20시간) 이상 지속하고 있다. 　(②를 표시한 학생은 54번 문항도 응답해 주시기 바랍니다.)		
54. 의무적인 봉사활동 외에 자원봉사활동을 지속하고 있고, 계속할 생각(지속의지)이 있다면 어떤 형태로 하게 되나요?	54-1) 언제?	① 방학 중 ② 학기 중	
	54-2) 활동 간격은?	① 수시로(비정기적으로) ② 정기적으로	
	54-3) 누구와?	① 개별적으로 봉사활동함 ② 단체(동아리)로 봉사활동함	

* 수고하셨습니다. 끝까지 설문에 응해 주셔서 감사합니다. *

저자 윤기종 평택대학교대학원에서 사회복지학(석사·박사)을 공부하고 현재 고
등학교 교사 및 사회복지사로 활동하고 있다. 주요 관심사 및 전공은 청소년복지
와 대안학교, 청소년상담 분야이다.

청/소/년
자원봉사 활동론

초판인쇄 | 2009년 3월 30일
초판발행 | 2009년 3월 30일

지은이 | 윤기종
펴낸이 | 채종준
펴낸곳 | 한국학술정보㈜
주 소 | 경기도 파주시 교하읍 문발리 513-5 파주출판문화정보산업단지
전 화 | 031) 908-3181(대표)
팩 스 | 031) 908-3189
홈페이지 | http://www.kstudy.com
E-mail | 출판사업부 publish@kstudy.com

등 록 | 제일산-115호(2000. 6. 19)
가 격 | 29,000원

ISBN 978-89-534-1403-7 03370 (Paper Book)
       978-89-534-1404-4 08370 (e-Book)

이담
Books 는 한국학술정보(주)의 지식실용서 브랜드입니다.